風生水起

例證篇

蘇民峰

圓方立極

「天圓地方」是傳統中國的宇宙觀，象徵天地萬物，及其背後任運自然、生生不息、無窮無盡之大道。早在魏晉南北朝時代，何晏、王弼等名士更開創了清談玄學之先河，主旨在於透過思辨及辯論以探求天地萬物之道，當時是以《老子》、《莊子》、《易經》這三部著作為主，號稱「三玄」。東晉以後因為佛學的流行，佛法便也融匯在玄學中。故知，古代玄學實在是探索人生智慧及天地萬物之道的大學問。

可惜，近代之所謂玄學，卻被誤認為只局限於「山醫卜命相」五術及民間對鬼神的迷信，故坊間便泛濫各式各樣導人迷信之玄學書籍，而原來玄學作為探索人生智慧及天地萬物之道的本質便完全被遺忘了。

有見及此，我們成立了「圓方出版社」（簡稱「圓方」）。《孟子》曰：「不以規矩、不成方圓」。所以，「圓方」的宗旨，是以「破除迷信、重人生智慧」為規，藉以撥亂反正，回復玄學作為智慧之學的光芒；以「重理性、重科學精神」為矩，希望能帶領玄學進入一個新紀元。「破除迷信、重人生智慧」即「圓而神」，「重理性、重科學精神」即「方以智」，既圓且方，故名「圓方」。

出版方面，「圓方」擬定四個系列如下：

1.「智慧經典系列」：讓經典因智慧而傳世；讓智慧因經典而普傳。

2.「生活智慧系列」：藉生活智慧，破除迷信；藉破除迷信，活出生活智慧。

3.「五術研究系列」：用理性及科學精神研究玄學；以研究玄學體驗理性、科學精神。

4.「流年運程系列」：「不離日夜尋常用，方為無上妙法門。」不帶迷信的流年運程書，能導人向善、積極樂觀、得失隨順，即是以智慧趨吉避凶之大道理。

在未來，「圓方」將會成立「正玄會」，藉以集結一群熱愛「破除迷信、重人生智慧」及「重理性、重科學精神」這種新玄學的有識之士，並效法古人「清談玄學」之風，藉以把玄學帶進理性及科學化的研究態度，更可廣納新的玄學研究家，集思廣益，使玄學有另一突破。

作者簡介

蘇民峰　長髮，生於一九六〇年，人稱現代賴布衣，對風水命理等術數有獨特之個人見解。憑着天賦之聰敏及與術數的緣分，對於風水命理之判斷既快且準，往往一針見血，疑難盡釋。

以下是蘇民峰近二十年之簡介：

八三年　開始業餘性質會客以汲取實際經驗。

八六年　正式開班施教，包括面相、掌相及八字命理。

八七年　毅然拋開一切，隻身前往西藏達半年之久。期間曾遊歷西藏佛教聖地「神山」、「聖湖」，並深入西藏各處作實地體驗，對日後人生之看法實跨進一大步。回港後開設多間店鋪（石頭店），售賣西藏密教法器及日常用品予有緣人士，又於店內以半職業形式為各界人士看風水命理。

八八年　夏天受聘往北歐勘察風水，足跡遍達瑞典、挪威、丹麥及南歐之西班牙，回港後再受聘往加拿大等地勘察。同年接受《繽紛雜誌》訪問。

八九年　再度前往美加，為當地華人服務，期間更多次前往新加坡、日本、台灣等地。同年接受《城市周刊》訪問。

九〇年　夏冬兩次前往美加勘察，更多次前往台灣，又接受台灣之《翡翠雜誌》、《生活報》等多本雜誌訪問。同年授予三名入室弟子蘇派風水。

九一年　續去美加、台灣勘察。是年接受《快報》、亞洲電視及英國 BBC 國家電視台訪問。所有訪問皆詳述風水命理對人生的影響，目的為使讀者及觀眾能以正確態度去面對人生。同年又出版了「現代賴布衣手記之風水入門」錄影帶，以滿足對風水命理有研究興趣之讀者。

九二年　續去美加及東南亞各地勘察風水，同年 BBC 之訪問於英文電視台及衛星電視「出位旅程」播出。此年正式開班教授蘇派風水。

九四年　首次前往南半球之澳洲勘察，研究澳洲計算八字的方法與北半球是否不同。同年接受兩本玄學雜誌《奇聞》及《傳奇》之訪問。是年創出寒熱命論。

九五年　再度發行「風水入門」之錄影帶。同年接受《星島日報》及《星島晚報》之訪問。

九六年　受聘前往澳洲、三藩市、夏威夷、台灣及東南亞等地勘察風水。同年接受《凸周刊》、《一本便利》、《優閣雜誌》及美聯社、英國 MTV 電視節目之訪問。是年正式將寒熱命論授予學生。

九七年　首次前往南非勘察當地風水形勢。同年接受日本 NHK 電視台、丹麥電視台、《置業家居》、《投資理財》及《成報》之訪問。同年創出風水之五行化動土局。

九八年　首次前往意大利及英國勘察。同年接受《TVB 周刊》、《B International》、《壹周刊》等雜誌之訪問，並應邀前往有線電視、新城電台、商業電台作嘉賓。

九九年　再次前往歐洲勘察，同年接受《壹周刊》、《東周刊》、《太陽報》及無數雜誌、報章訪問，同時應邀往商台及各大電視台作嘉賓及主持。此年推出首部著作，名為《蘇民峰觀相知人》，並首次推出風水鑽飾之「五行之飾」、「陰陽」、「天圓地方」系列，另多次接受雜誌進行有關鑽飾系列之訪問。

二千年 再次前往歐洲、美國勘察風水，並首次前往紐約，同年 masterso.com 網站正式成立，並接受多本雜誌訪問關於網站之內容形式，及接受校園雜誌《Varsity》、日本之《Marie Claire》、復康力量出版之《香港 100 個叻人》、《君子》、《明報》等雜誌報章作個人訪問。同年首次推出第一部風水著作《蘇民峰風生水起（巒頭篇）》、第一部流年運程書《蛇年運程》及再次推出新一系列關於風水之五行鑽飾，並應無線電視、商業電台、新城電台作嘉賓主持。

〇一年 再次前往歐洲勘察風水，同年接受《南華早報》、《忽然一週》、《蘋果日報》、日本雜誌《花時間》、NHK 電視台、關西電視台及《讀賣新聞》之訪問，以及應紐約華語電台邀請作玄學節目嘉賓主持。同年再次推出第二部風水著作《蘇民峰風生水起（理氣篇）》及《馬年運程》。

〇二年 再一次前往歐洲及紐約勘察風水。續應紐約華語電台邀請作玄學節目嘉賓主持，及應邀往香港電台作嘉賓主持。是年出版《蘇民峰玄學錦囊（相掌篇）》、《蘇民峰八字論命》、《蘇民峰玄學錦囊（姓名篇）》。同年接受《3 週刊》、《家週刊》、《快週刊》、《讀賣新聞》之訪問。

〇三年 再次前往歐洲勘察風水，並首次前往荷蘭，續應紐約華語電台邀請作玄學節目嘉賓主持。同年接受《星島日報》、《東方日報》、《成報》、《太陽報》、《壹周刊》、《一本便利》、《蘋果日報》、《新假期》、《文匯報》、《自主空間》之訪問，及出版《蘇民峰玄學錦囊（風水天書）》與漫畫《蘇民峰傳奇 1》。

〇四年 再次前往西班牙、荷蘭、歐洲勘察風水，續應紐約華語電台邀請作風水節目嘉賓主持，及應有線電視、華娛電視之邀請作其節目嘉賓，同年接受《新假期》、《MAXIM》、《壹周刊》、《太陽報》、《東方日報》、《星島日報》、《成報》、《經濟日報》、《快週刊》、《Hong Kong Tatler》之訪問，及出版《蘇民峰之生活玄機點滴》、漫畫《蘇民峰傳奇2》、《家宅風水基本法》、《The Essential Face Reading》、《The Enjoyment of Face Reading and Palmistry》、《Feng Shui by Observation》及《Feng Shui — A Guide to Daily Applications》。

〇五年始 應邀為無綫電視、有線電視、亞洲電視、商業電台、日本NHK電視台作嘉賓或主持，同時接受《壹本便利》、《味道雜誌》、《三週刊》、《HMC》雜誌、《壹週刊》之訪問，並出版《觀掌知心（入門篇）》、《中國掌相》、《八字萬年曆》、《八字入門捉用神》、《八字進階論格局看行運》、《生活風水點滴》、《風生水起（商業篇）》、《峰狂遊世界》、《瘋蘇Blog Blog趣》、《師傅開飯》、《A Complete Guide to Feng Shui》、《Practical Face Reading & Palmistry》、《Feng Shui — a key to Prosperous Business》等。

蘇民峰顧問有限公司
電話：2780 3675
傳真：2780 1489
網址：www.masterso.com
預約時間：星期一至五（下午二時至七時）

序

在從事風水命理行業這三十年間，既有成功的例子，亦有失敗的例子，但無論成功或失敗，本人都已盡了最大的努力。正所謂「藥醫不死病，佛渡有緣人」，風水命理並不是萬能的，它只可以在有限的條件和情況下做到最好。故在豐富的例子當中，有成功，亦有失敗的個案。

又此書本來是不打算發表的，因其內容較為深入，恐一般讀者難以明瞭。但因近年本人在書刊及電視節目中均不停地推廣風水，故相信普羅大眾對風水已有一定程度的認識，於是才大膽發表此書。本書集本人多年來從事風水行業之真實個案，而最早的案例，更遠至一九九二年，希望讓各位讀者觸類旁通，對風水有進一步的認識。

目錄

第一章　八宅之各個吉凶方位圖

第二章　九宮飛星　一運至九運二十四山走向圖

第一章

八宅之各個吉凶方位圖

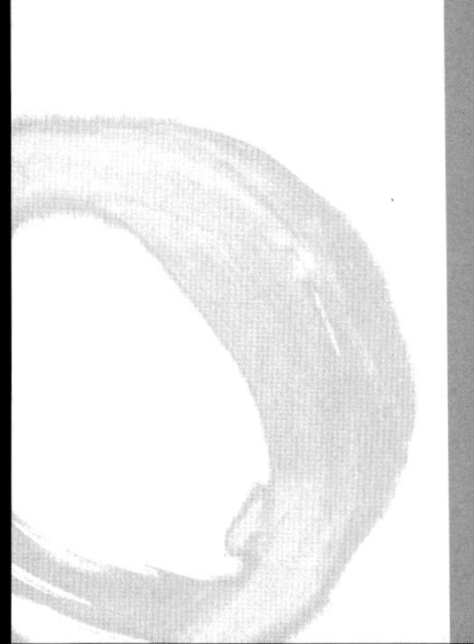

八宅配指南針方位度數

坎宅	坐正北大門向正南 （即大門向 $157\frac{1}{2}$ -$202\frac{1}{2}$ 度）
艮宅	坐東北大門向西南 （即大門向 $202\frac{1}{2}$ -$247\frac{1}{2}$ 度）
震宅	坐正東大門向正西 （即大門向 $247\frac{1}{2}$ -$292\frac{1}{2}$ 度）
巽宅	坐東南大門向西北 （即大門向 $292\frac{1}{2}$ -$337\frac{1}{2}$ 度）
離宅	坐正南大門向正北 （即大門向 $337\frac{1}{2}$ -$22\frac{1}{2}$ 度）
坤宅	坐西南大門向東北 （即大門向 $22\frac{1}{2}$ -$67\frac{1}{2}$ 度）
兑宅	坐正西大門向正東 （即大門向 $67\frac{1}{2}$ -$112\frac{1}{2}$ 度）
乾宅	坐西北大門向東南 （即大門向 $112\frac{1}{2}$ -$157\frac{1}{2}$ 度）

八宅每局之四吉位和四凶位

坎宅吉凶圖——即坐正北大門向正南（向157 1/2-202 1/2度）

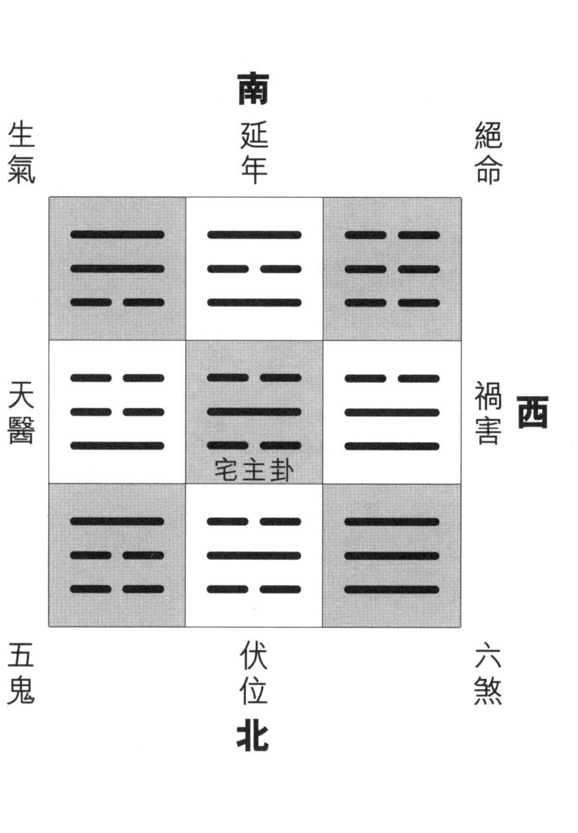

艮宅吉凶圖——即坐東北大門向西南（向202½-247½度）

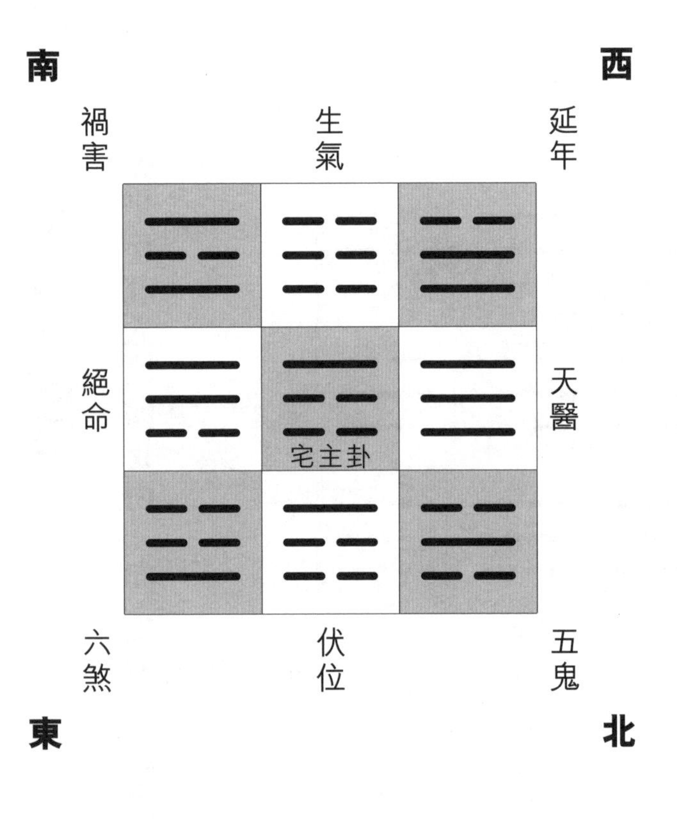

震宅吉凶圖——即坐正東大門向正西（向 247 1/2 - 292 1/2 度）

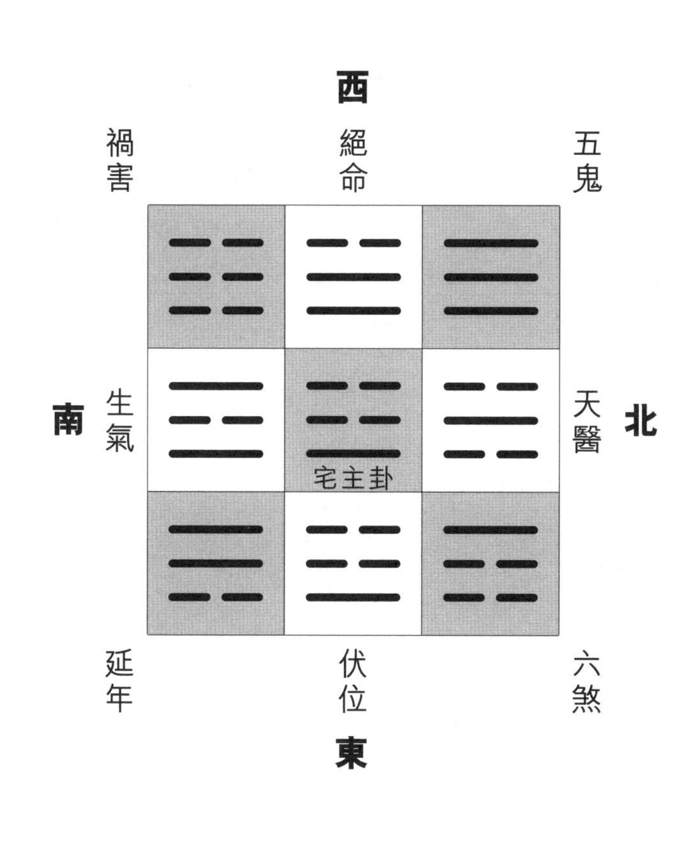

巽宅吉凶圖——即坐東南大門向西北（向 292 ½ - 337 ½ 度）

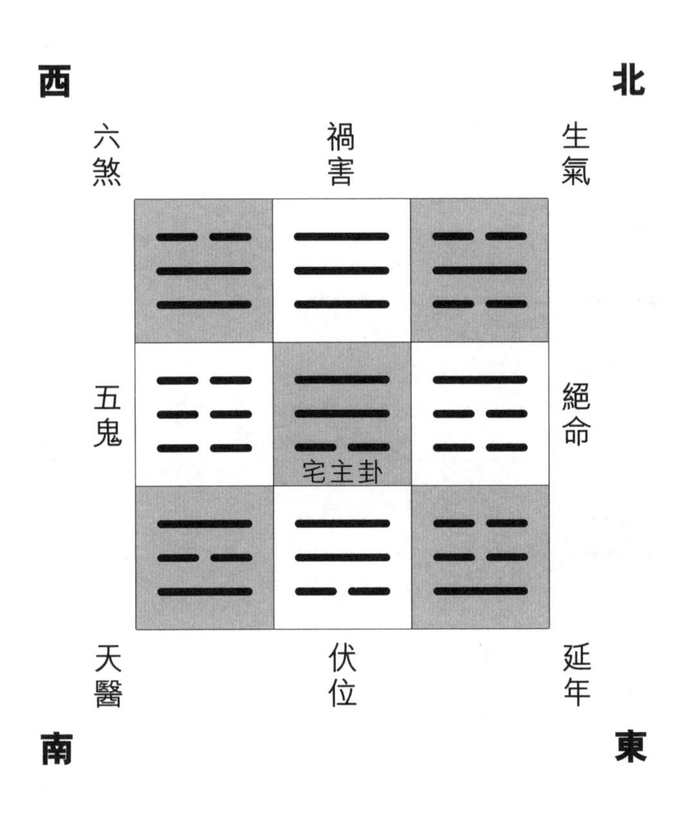

離宅吉凶圖——即坐正南大門向正北（向 $337\frac{1}{2}$-$22\frac{1}{2}$ 度）

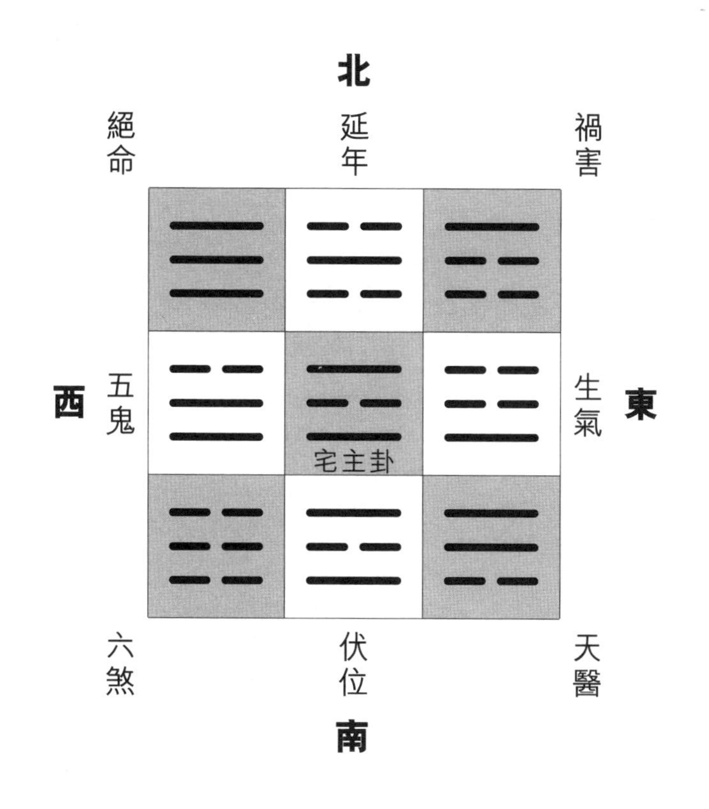

坤宅吉凶圖——即坐西南大門向東北（向22½-67½度）

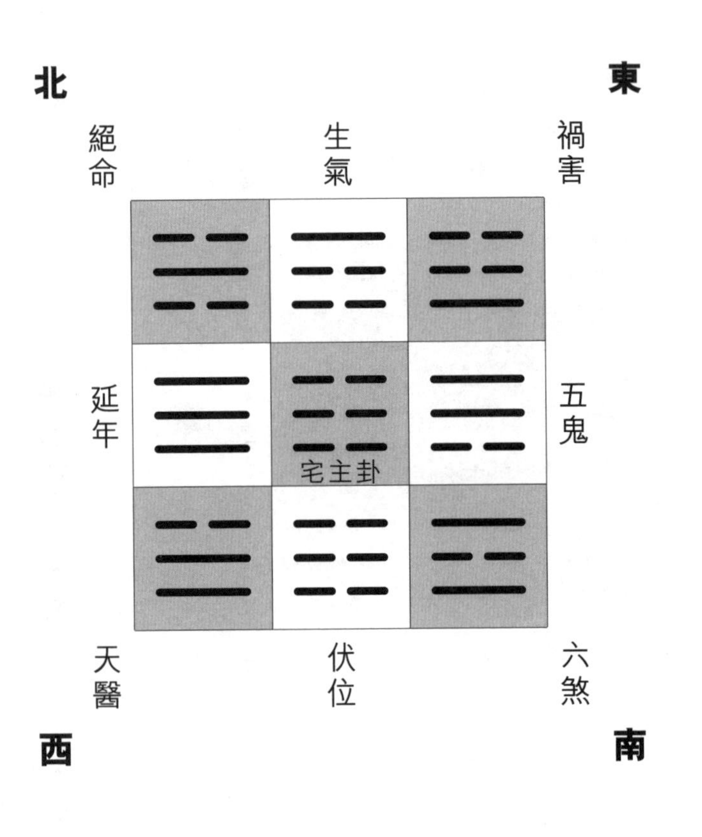

兑宅吉凶圖——即坐正西大門向正東（向67 $\frac{1}{2}$-112 $\frac{1}{2}$度）

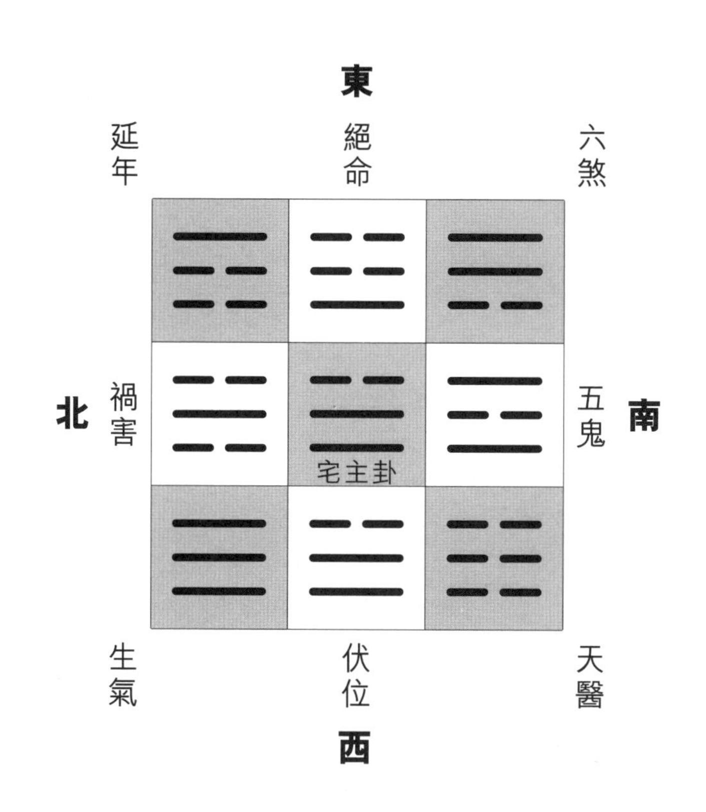

乾宅吉凶圖——即坐西北大門向東南（向 112 ½ - 157 ½ 度）

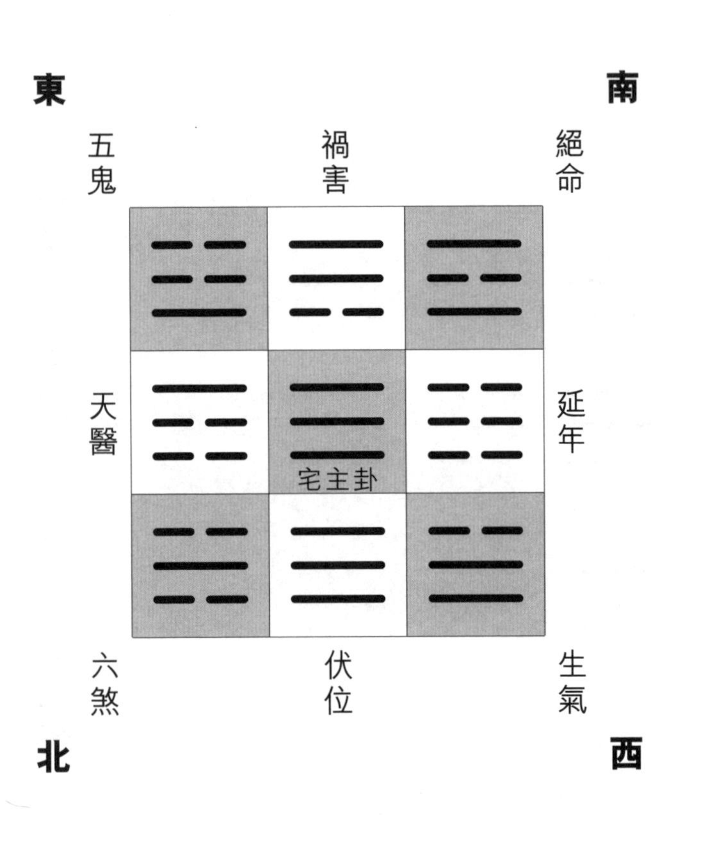

第二章

九宮飛星一運至九運二十四山走向圖

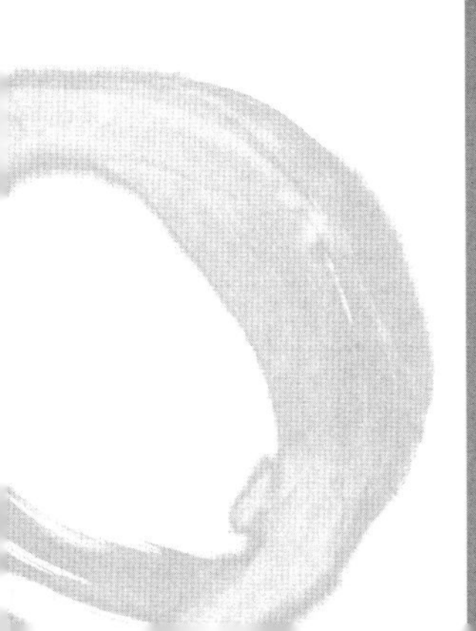

二十四山配指南針度數表

九宮飛星把大門坐向分成二十四個不同的方位，而每方位的位置為十五度，而十五度乘以二十四個方向就等於三百六十度。現把每一方向的指南針度數詳列如下：

正北	壬——337½ 度至 352½ 度 子——352½ 度至 7½ 度 癸——7½ 度至 22½ 度
東北	丑——22½ 度至 37½ 度 艮——37½ 度至 52½ 度 寅——52½ 度至 67½ 度
正東	甲——67½ 度至 82½ 度 卯——82½ 度至 97½ 度 乙——97½ 度至 112½ 度
東南	辰——112½ 度至 127½ 度 巽——127½ 度至 142½ 度 巳——142½ 度至 157½ 度
正南	丙——157½ 度至 172½ 度 午——172½ 度至 187½ 度 丁——187½ 度至 202½ 度
西南	未——202½ 度至 217½ 度 坤——217½ 度至 232½ 度 申——232½ 度至 247½ 度
正西	庚——247½ 度至 262½ 度 酉——262½ 度至 277½ 度 辛——277½ 度至 292½ 度
西北	戌——292½ 度至 307½ 度 乾——307½ 度至 322½ 度 亥——322½ 度至 337½ 度

三元甲子（近一百八十年之代表年份）

上元	一運── 一白水 （二〇四四年至二〇六三年） 二運── 二黑土 （二〇六四年至二〇八三年） 三運── 三碧木 （二〇八四年至二一〇三年）
中元	四運── 四綠木 （一九二四年至一九四三年） 五運── 五黃土 （一九四四年至一九六三年） 六運── 六白金 （一九六四年至一九八三年）
下元	七運── 七赤金 （一九八四年至二〇〇三年） 八運── 八白土 （二〇〇四年至二〇二三年） 九運── 九紫火 （二〇二四年至二〇四三年）

一運——二十四山，山向飛星圖

子山午向
（山即坐方，為向門大門向出方向）

午向

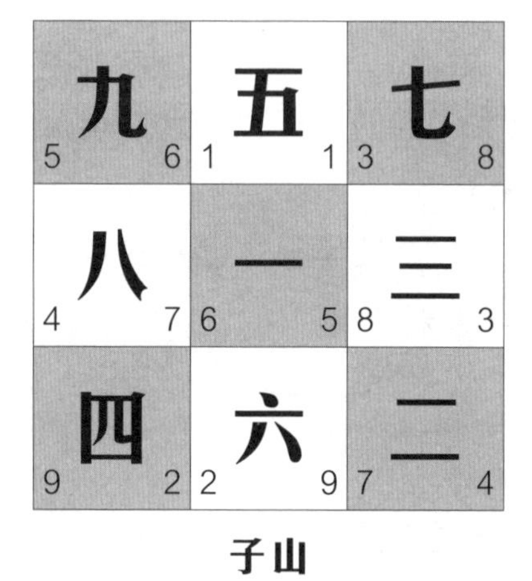

子山

雙星到向，旺財不旺丁局

癸山丁向

丁向

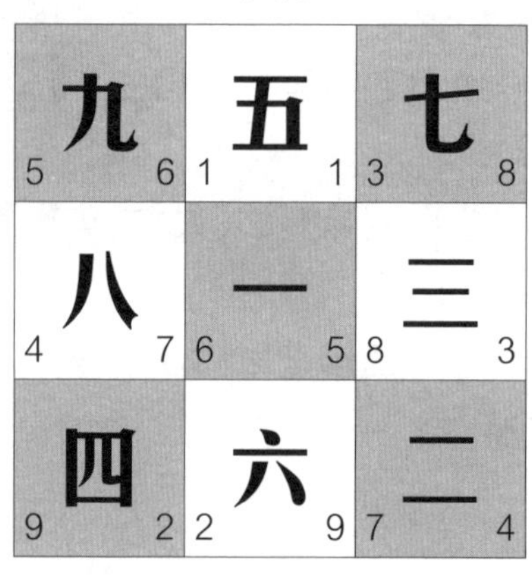

癸山

雙星到向，旺財不旺丁局

丑山未向

未向

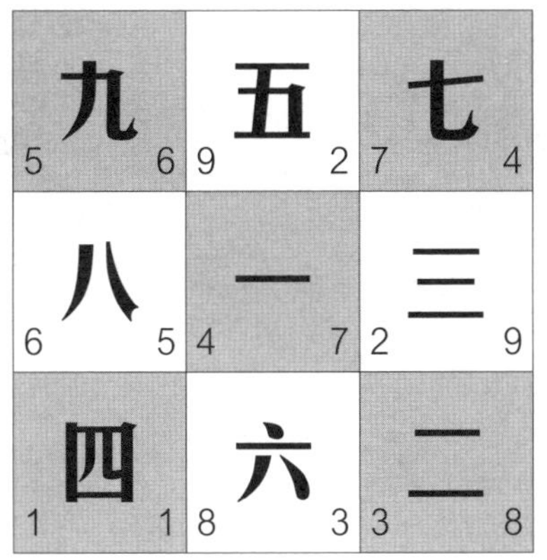

丑山

雙星到山，旺丁不旺財局

艮山坤向

坤向

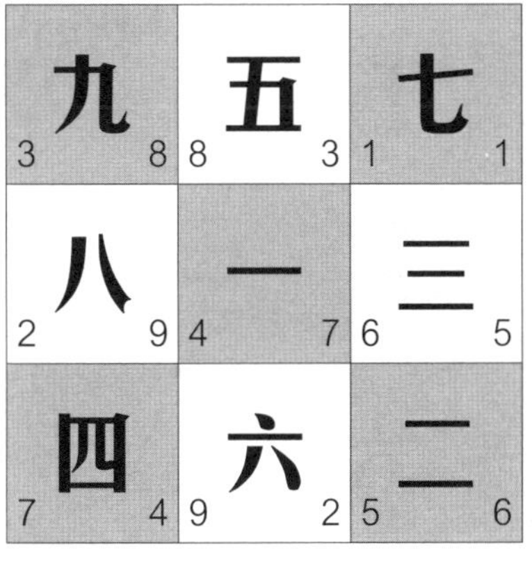

艮山

雙星到向，旺財不旺丁局

寅山申向

申向

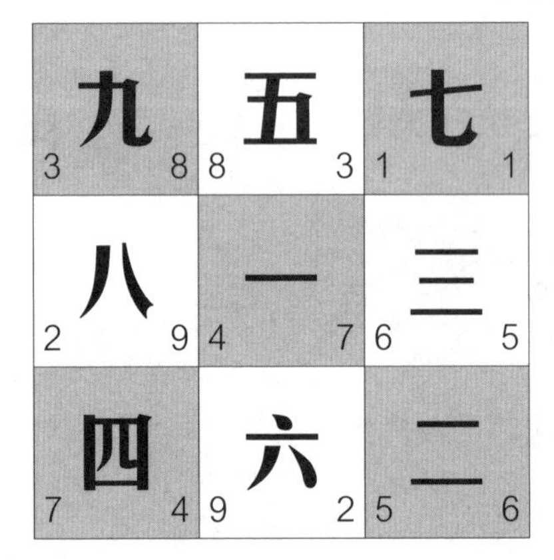

寅山

雙星到向，旺財不旺丁局

甲山庚向

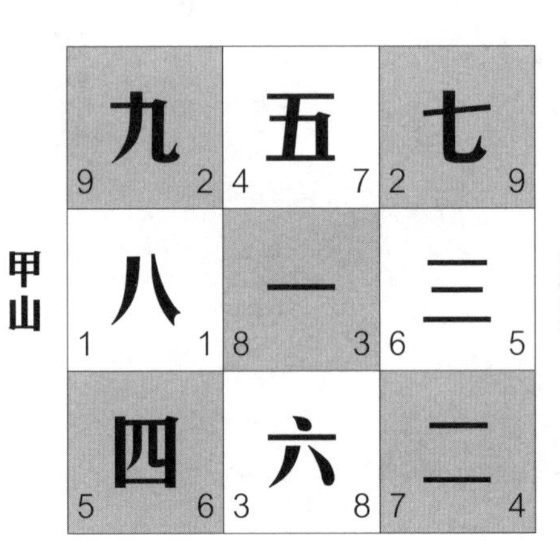

雙星到山，旺丁不旺財局

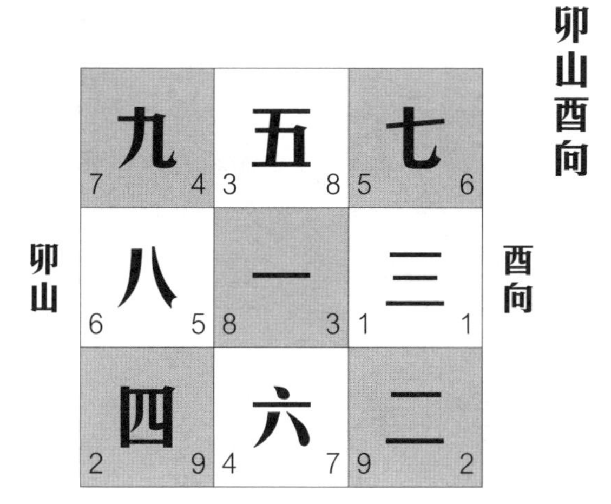

雙星到向，旺財不旺丁局

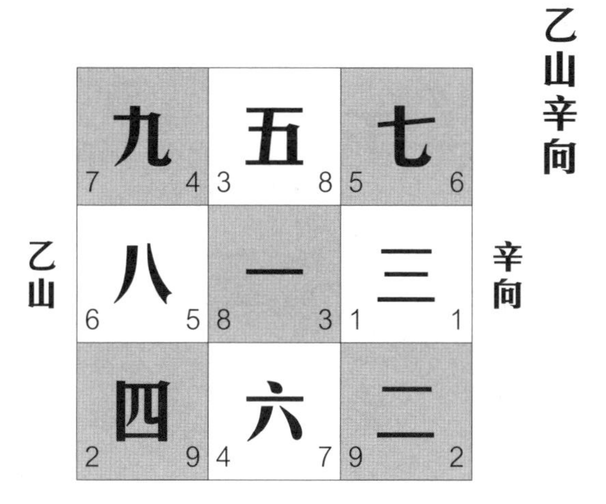

雙星到向，旺財不旺丁局

辰山戌向

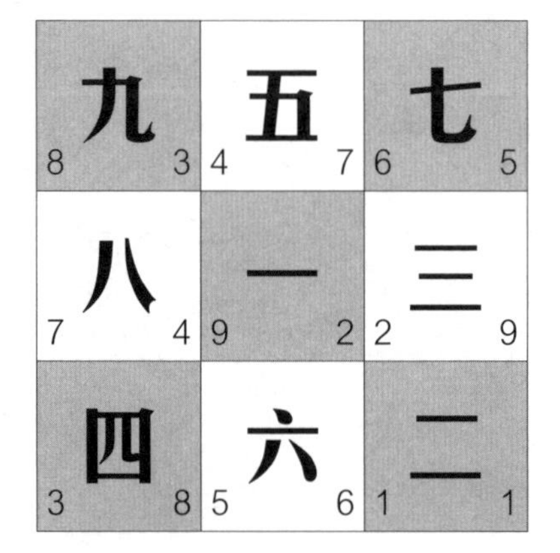

雙星到向，旺財不旺丁局

巽山乾向

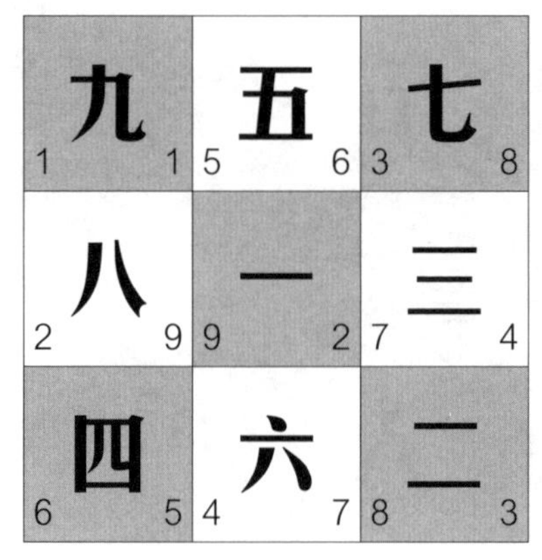

雙星到山，旺丁不旺財局

巳山亥向

巳山

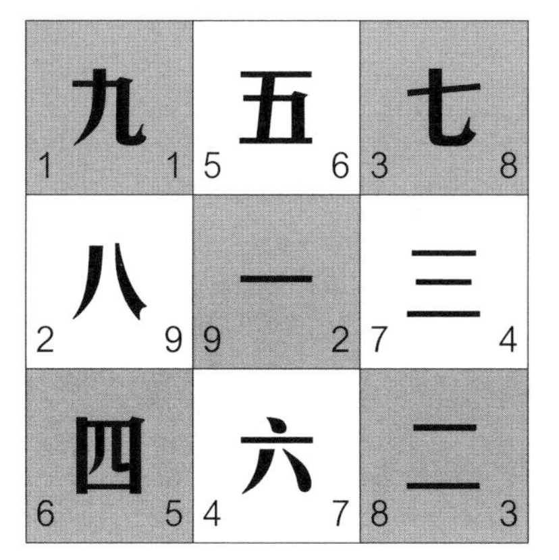

亥向

雙星到山，旺丁不旺財局

丙山壬向

丙山

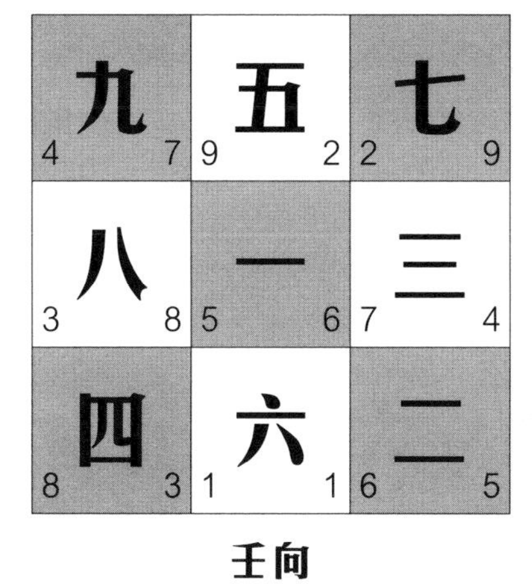

壬向

雙星到向，旺財不旺丁局

午山子向

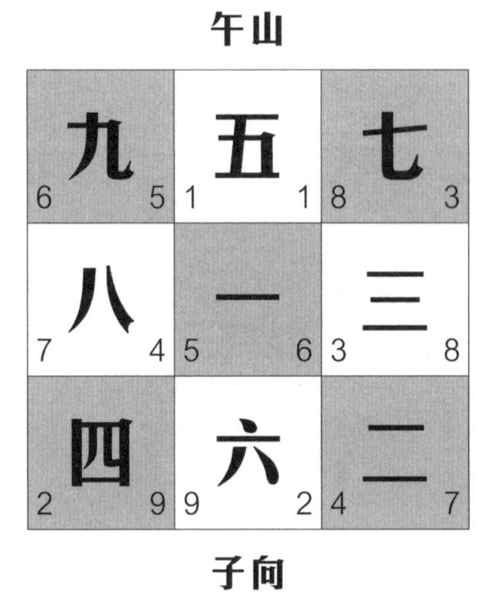

雙星到山，旺丁不旺財局

丁山癸向

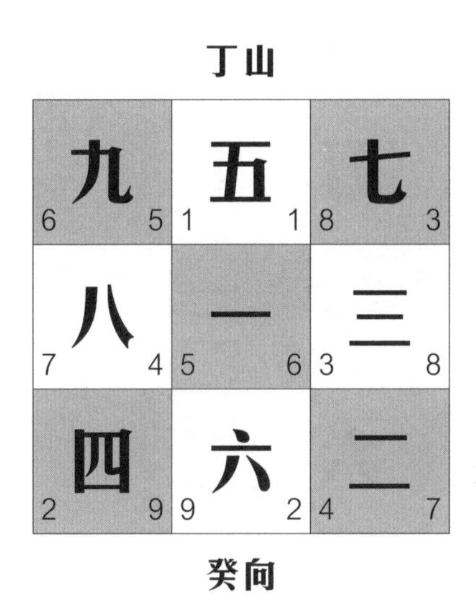

雙星到山，旺丁不旺財局

未山丑向

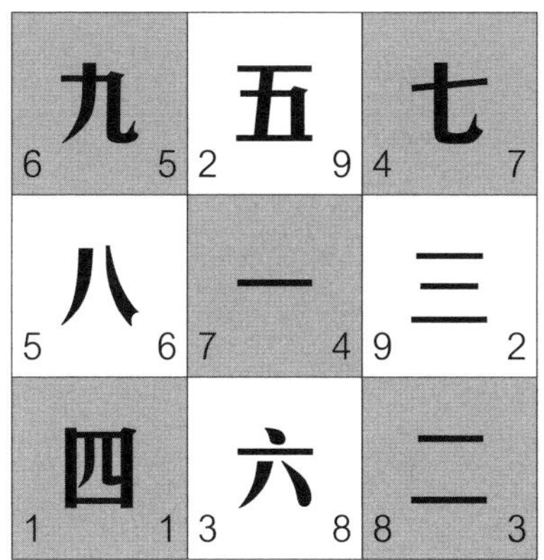

雙星到向，旺財不旺丁局

坤山艮向

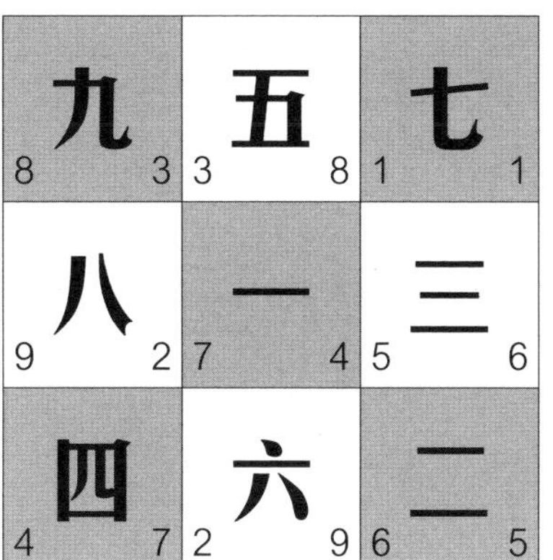

雙星到山，旺丁不旺財局

申山寅向

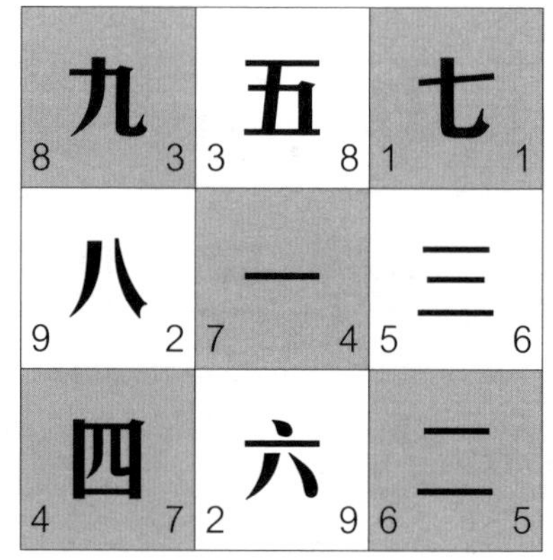

雙星到山，旺丁不旺財局

庚山甲向

甲向

九 2　9	五 7　4	七 9　2
八 1　1	一 3　8	三 5　6
四 6　5	六 8　3	二 4　7

庚山

雙星到向，旺財不旺丁局

酉山卯向

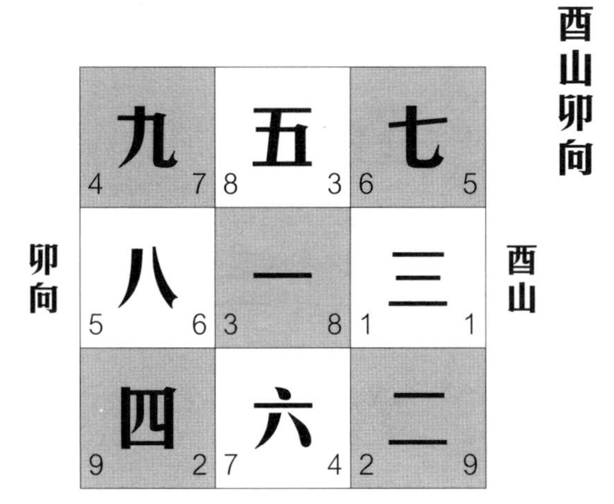

雙星到山，旺丁不旺財局

辛山乙向

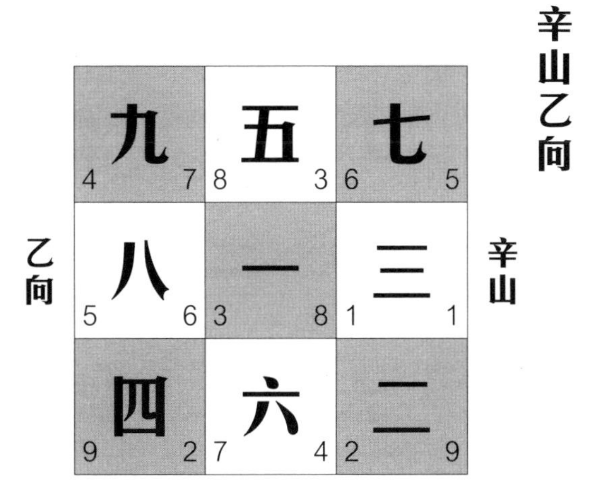

雙星到山，旺丁不旺財局

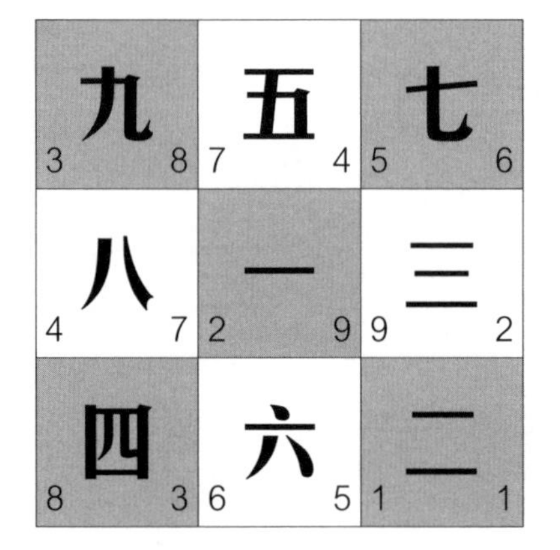

雙星到山，旺丁不旺財局

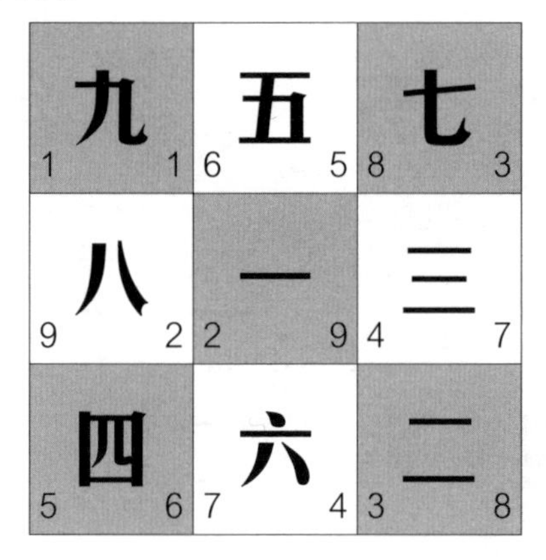

雙星到向，旺財不旺丁局

亥山巳向

巳向

九 1　1	五 6　5	七 8　3
八 9　2	一 2　9	三 4　7
四 5　6	六 7　4	二 3　8

亥山

雙星到向，旺財不旺丁局

壬山丙向

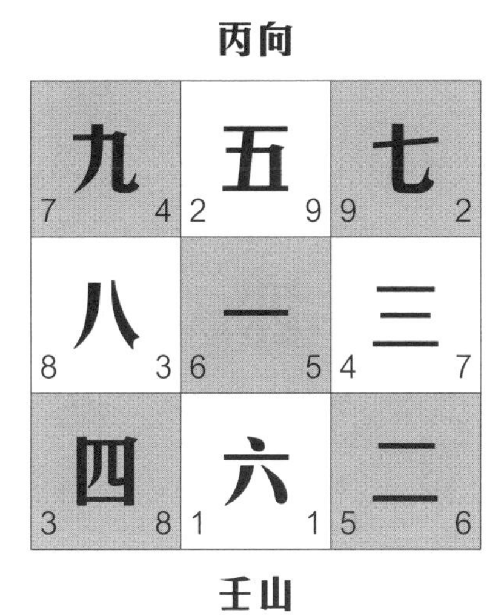

雙星到山，旺丁不旺財局

二運——二十四山，山向飛星圖

子山午向

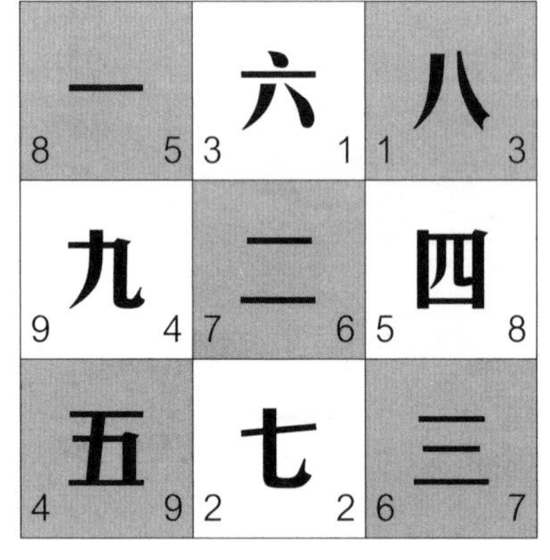

雙星到山，旺丁不旺財局

癸山丁向

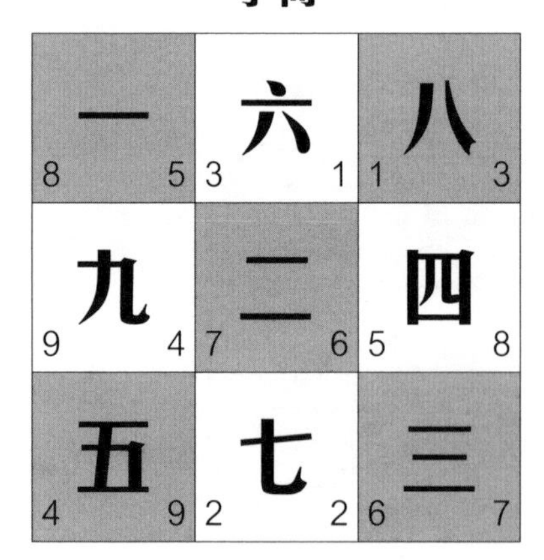

雙星到山，旺丁不旺財局

丑山未向

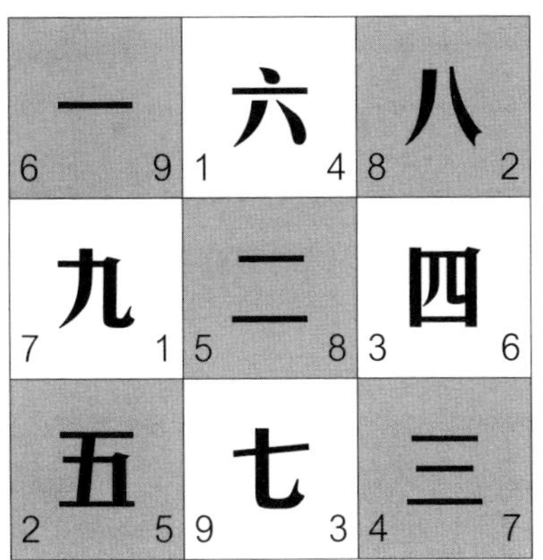

旺山旺向，旺財旺丁局

艮山坤向

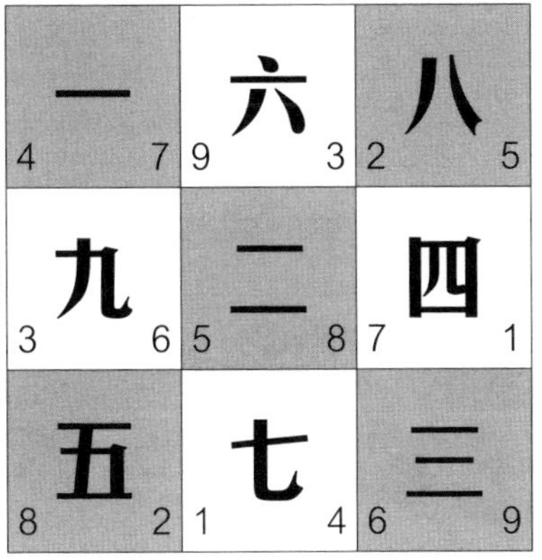

上山下水，損財傷丁局

寅山申向

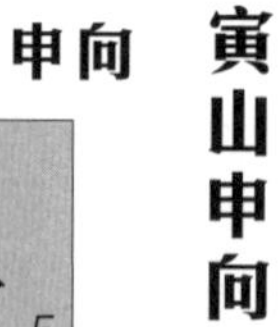

申向

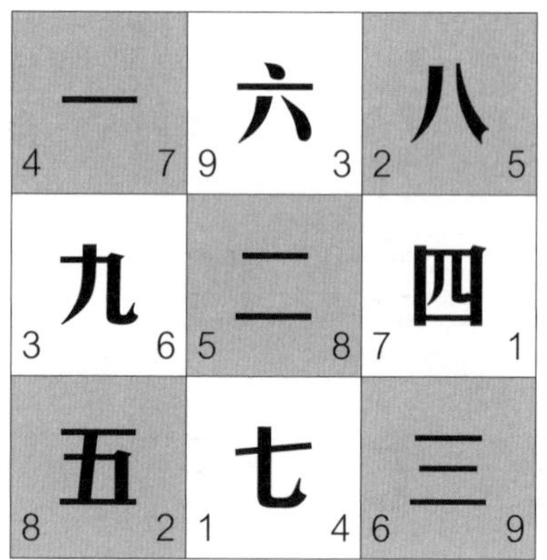

一 4 7	六 9 3	八 2 5
九 3 6	二 5 8	四 7 1
五 8 2	七 1 4	三 6 9

寅山

上山下水，損財傷丁局

甲山庚向

甲山　　**庚向**

一 8 5	六 4 9	八 6 7
九 7 6	二 9 4	四 2 2
五 3 1	七 5 8	三 1 3

雙星到向，旺財不旺丁局

卯山酉向

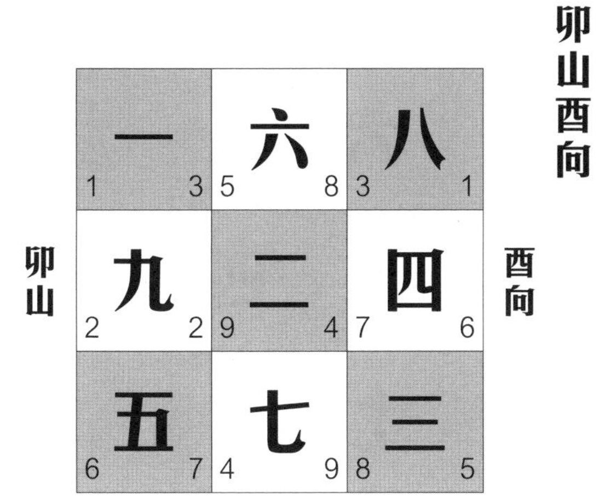

雙星到山，旺丁不旺財局

乙山辛向

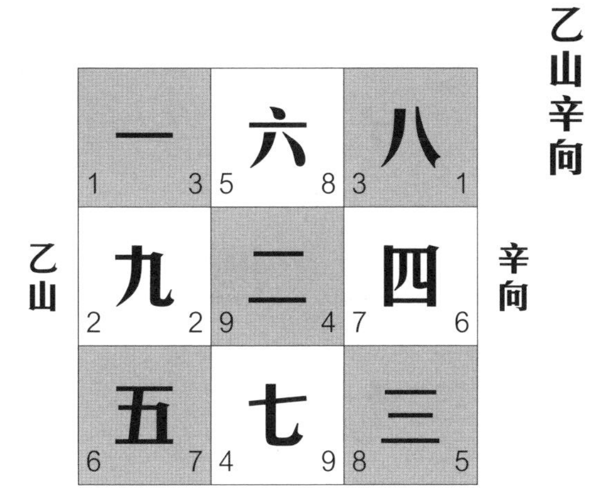

雙星到山，旺丁不旺財局

辰山戌向

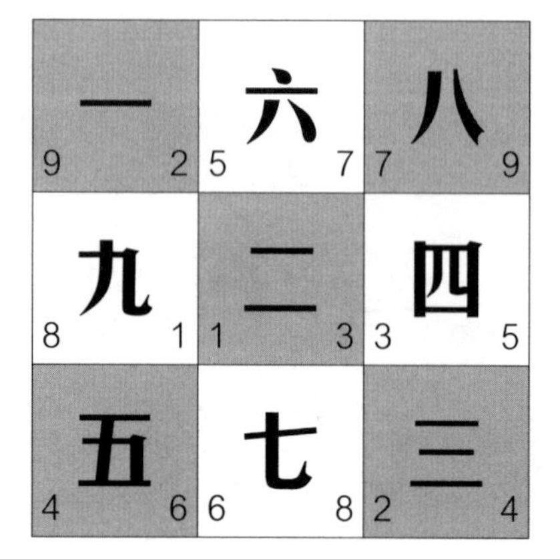

上山下水，損財傷丁局

巽山乾向

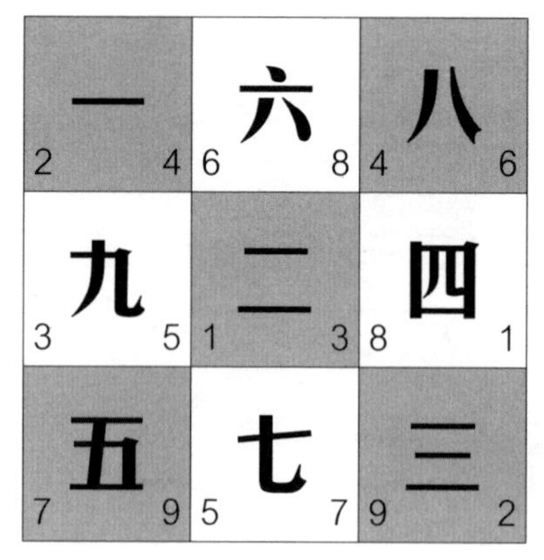

旺山旺向，旺財旺丁局

巳山亥向

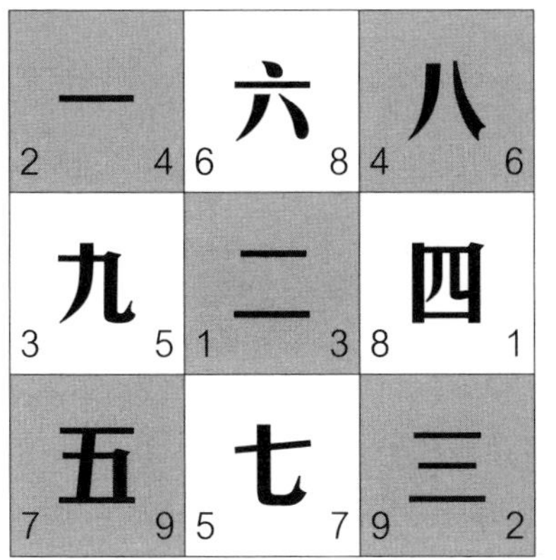

旺山旺向，旺財旺丁局

丙山壬向

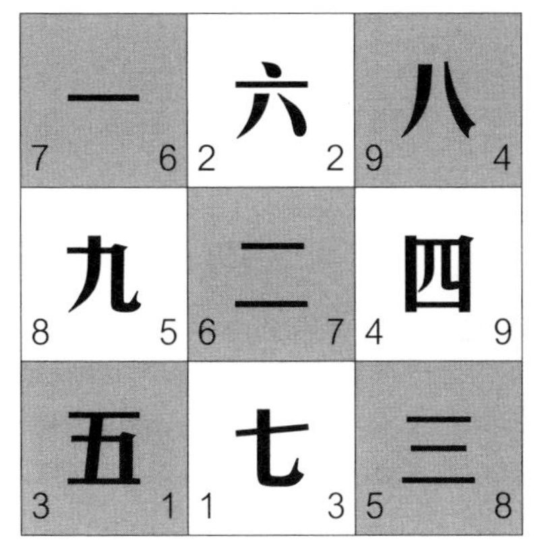

雙星到山，旺丁不旺財局

午山子向

午山

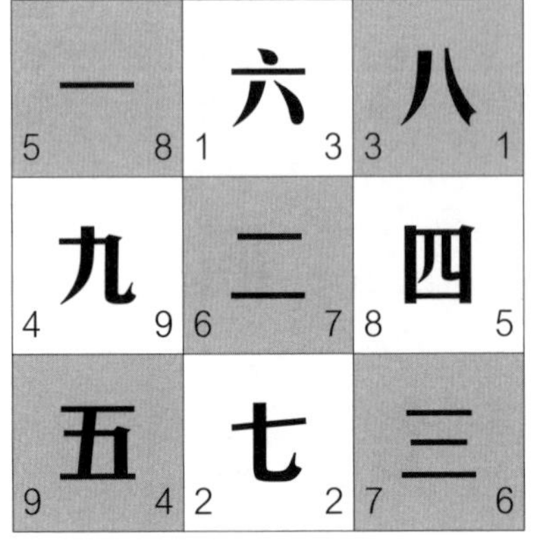

子向

雙星到向，旺財不旺丁局

丁山癸向

丁山

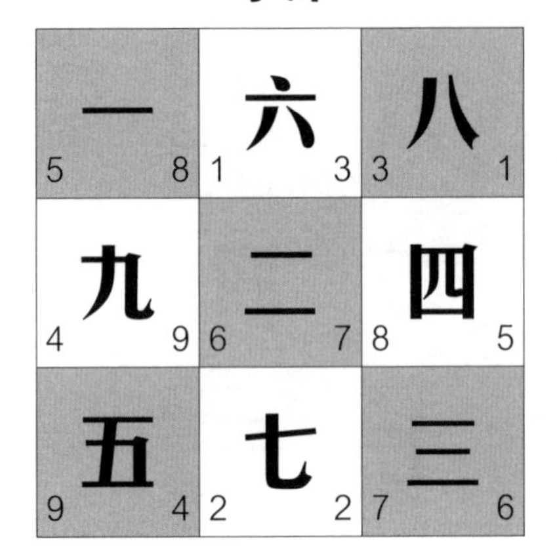

癸向

雙星到向，旺財不旺丁局

未山丑向

未山

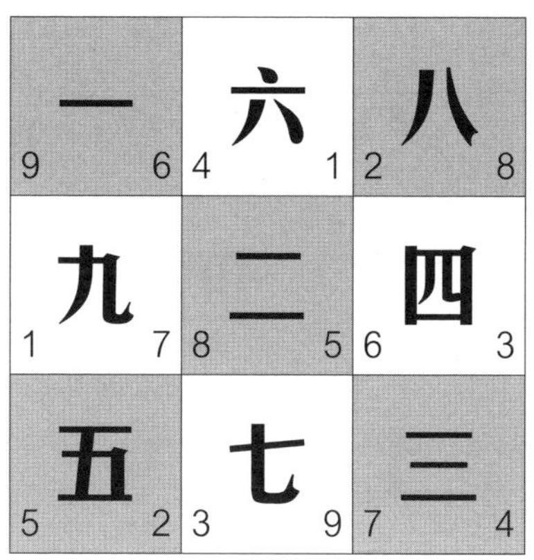

丑向

旺山旺向，旺財旺丁局

坤山艮向

坤山

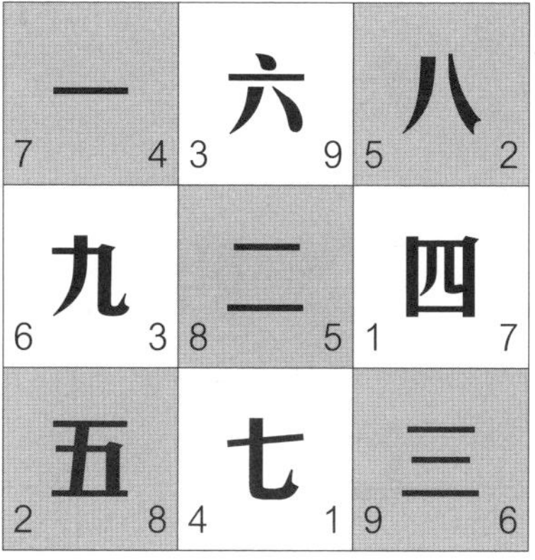

艮向

上山下水，損財傷丁局

申山寅向

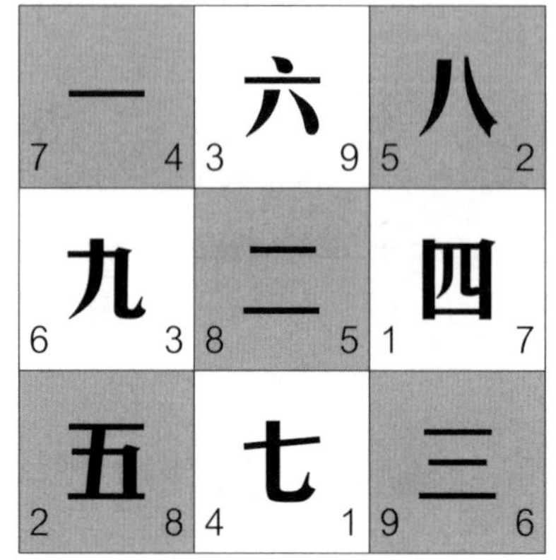

上山下水，損財傷丁局

庚山甲向

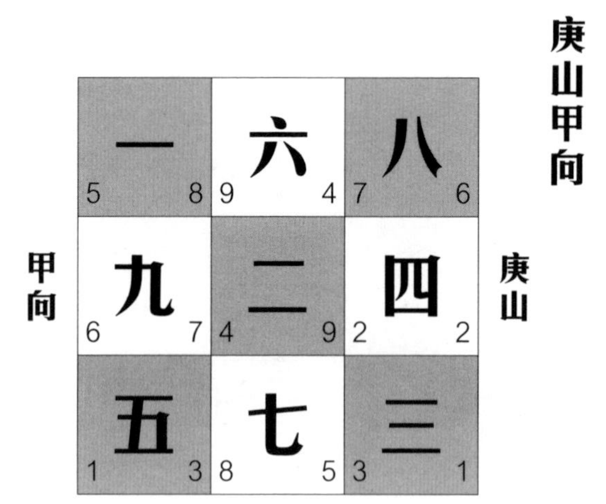

雙星到山，旺丁不旺財局

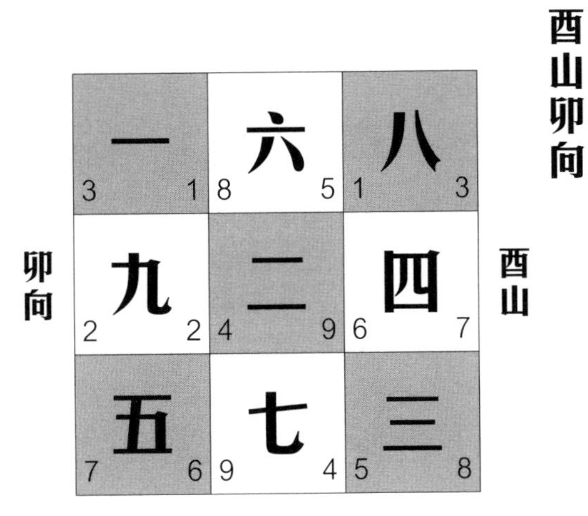

雙星到向，旺財不旺丁局

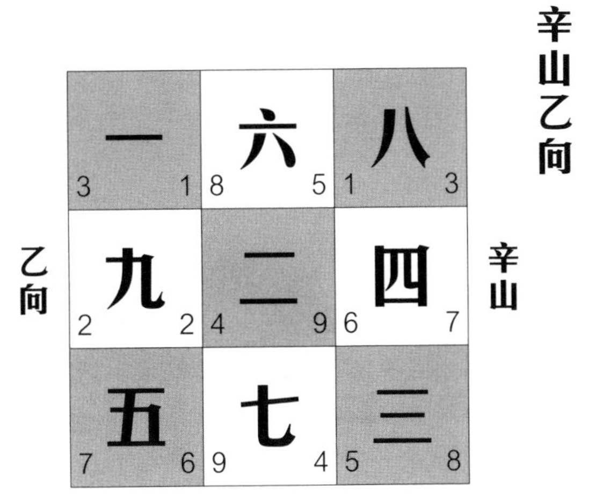

雙星到向，旺財不旺丁局

戌山辰向

辰向

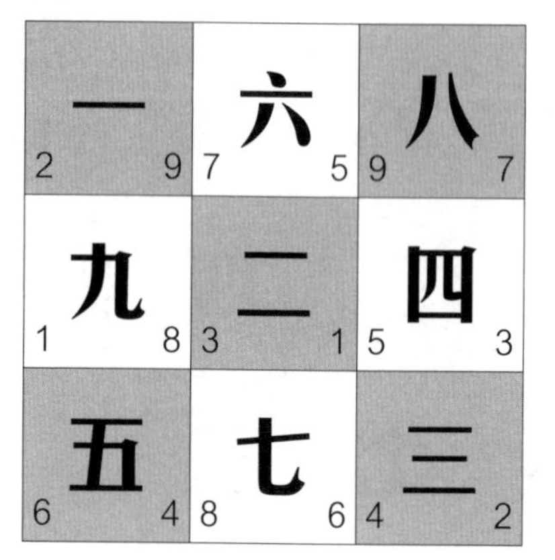

戌山

上山下水，損財傷丁局

乾山巽向

巽向

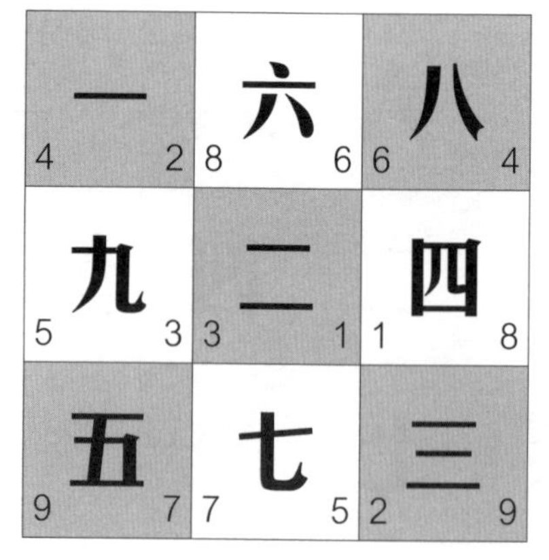

乾山

旺山旺向，旺財旺丁局

亥山巳向

巳向

一 4　2	六 8　6	八 6　4
九 5　3	二 3　1	四 1　8
五 9　7	七 7　5	三 2　9

亥山

旺山旺向，旺財旺丁局

壬山丙向

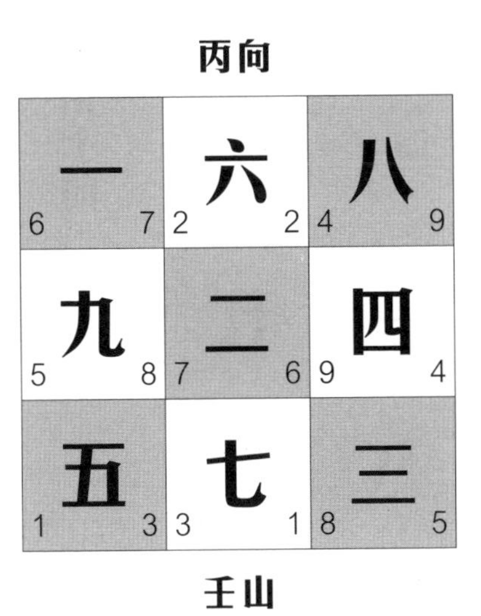

雙星到向，旺財不旺丁局

三運——二十四山，山向飛星圖

子山午向

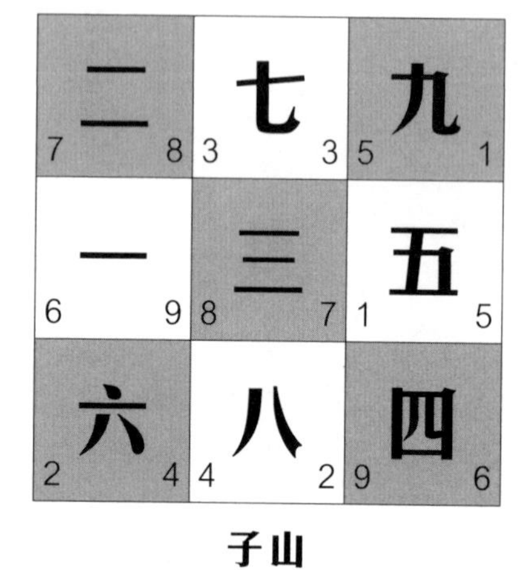

雙星到向，旺財不旺丁局

癸山丁向

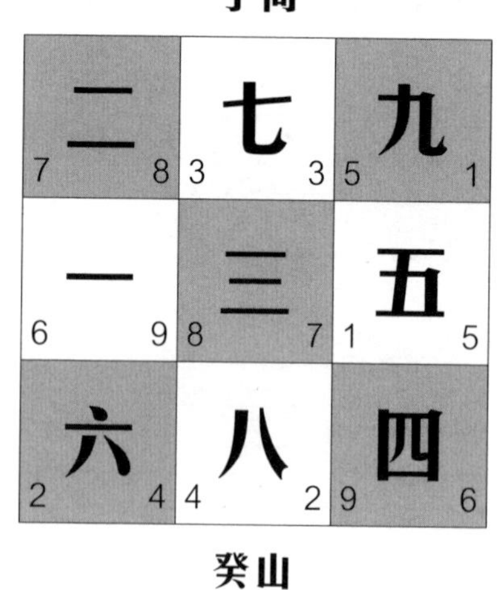

雙星到向，旺財不旺丁局

丑山未向

未向

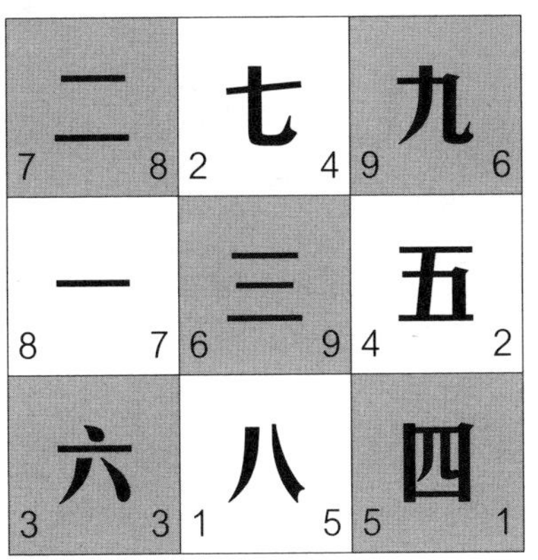

丑山

雙星到山，旺丁不旺財局

艮山坤向

坤向

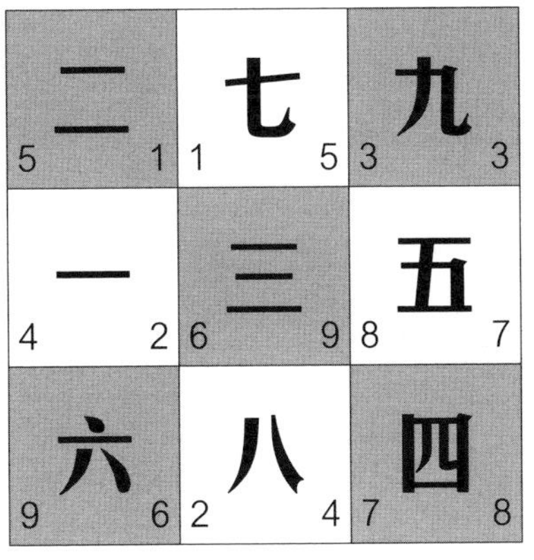

艮山

雙星到向，旺財不旺丁局

寅山申向

申向

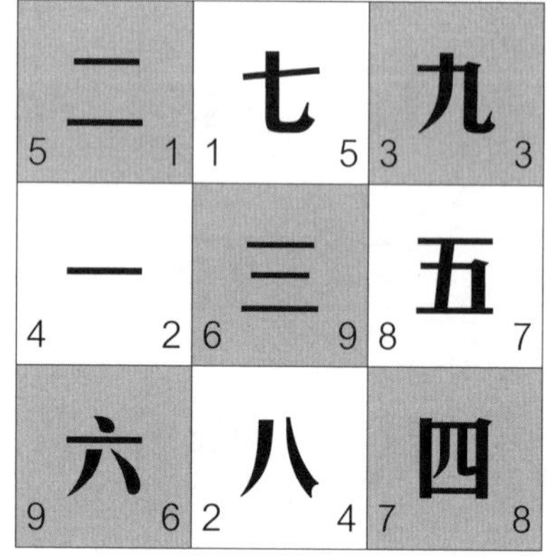

寅山

雙星到向，旺財不旺丁局

甲山庚向

甲山

二 9　4	七 5　9	九 7　2
一 8　3	三 1　5	五 3　7
六 4　8	八 6　1	四 2　6

庚向

上山下水，損財傷丁局

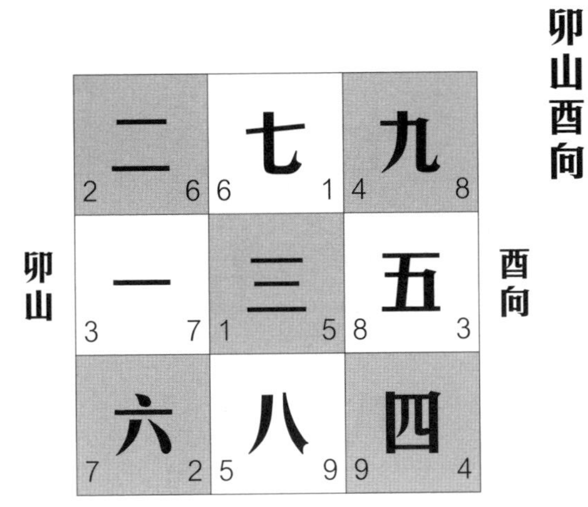

旺山旺向，旺財旺丁局

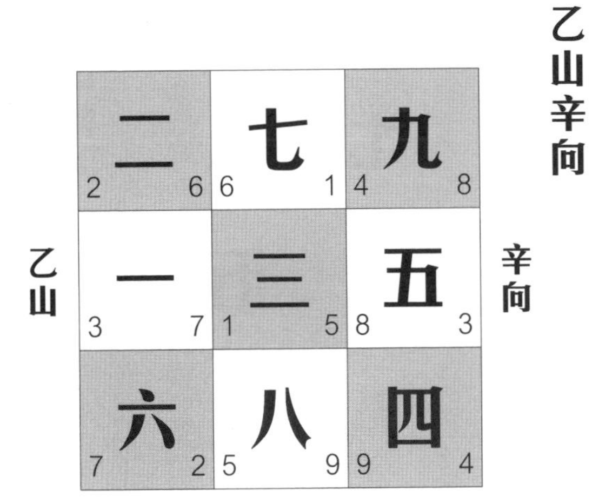

旺山旺向，旺財旺丁局

辰山戌向

辰山

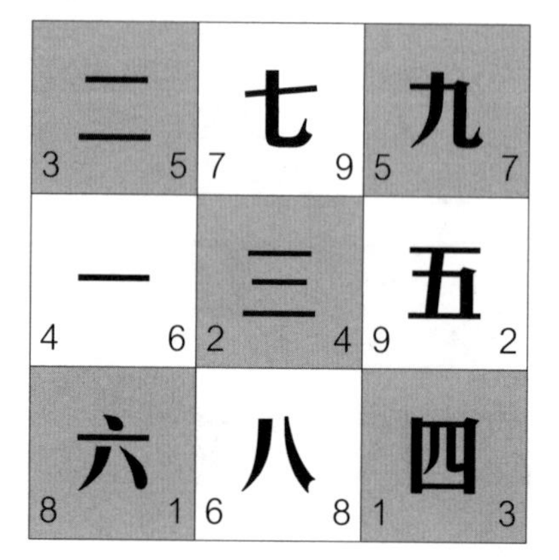

戌向

旺山旺向，旺財旺丁局

巽山乾向

巽山

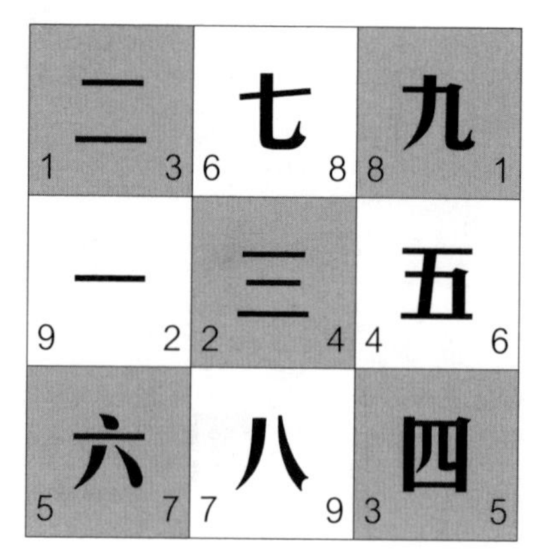

乾向

上山下水，損財傷丁局

巳山亥向

巳山

二 1　3	七 6　8	九 8　1
一 9　2	三 2　4	五 4　6
六 5　7	八 7　9	四 3　5

亥向

上山下水，損財傷丁局

丙山壬向

丙山

二 6　9	七 2　4	九 4　2
一 5　1	三 7　8	五 9　6
六 1　5	八 3　3	四 8　7

壬向

雙星到向，旺財不旺丁局

午山子向

午山

二 8 7	七 3 3	九 1 5
一 9 6	三 7 8	五 5 1
六 4 2	八 2 4	四 6 9

子向

雙星到山，旺丁不旺財局

丁山癸向

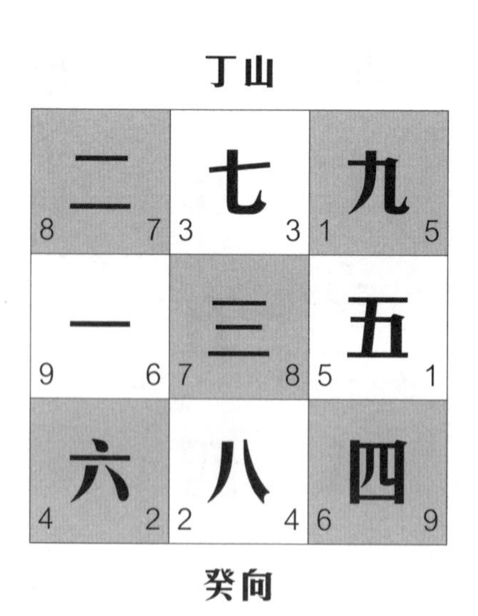

雙星到山，旺丁不旺財局

未山丑向

未山

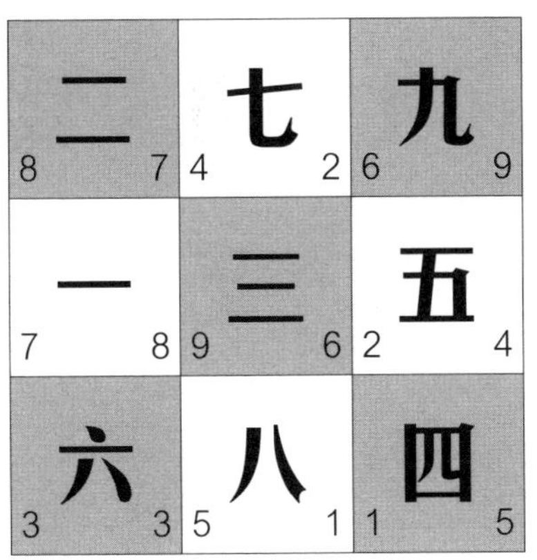

丑向

雙星到向，旺財不旺丁局

坤山艮向

坤山

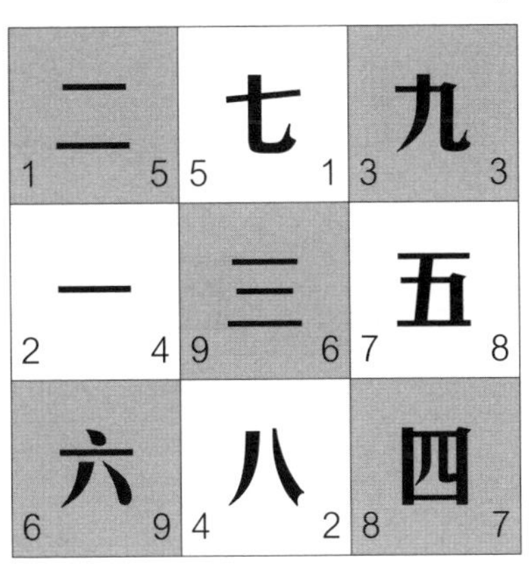

艮向

雙星到山，旺丁不旺財局

申山寅向

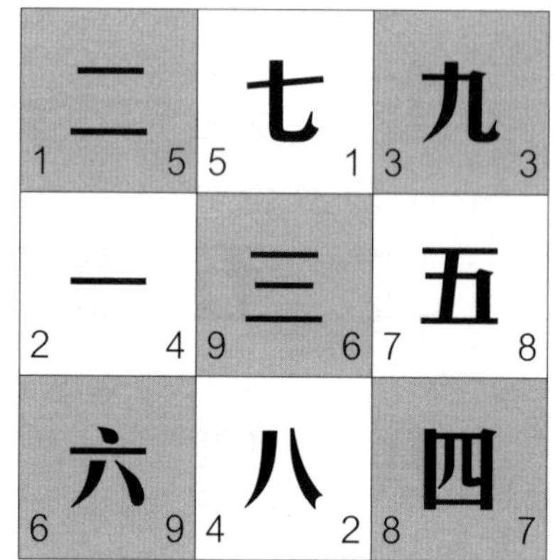

雙星到山，旺丁不旺財局

庚山甲向

甲向 / 庚山

二 4 9	七 9 5	九 2 7
一 3 8	三 5 1	五 7 3
六 8 4	八 1 6	四 6 2

上山下水，損財傷丁局

酉山卯向

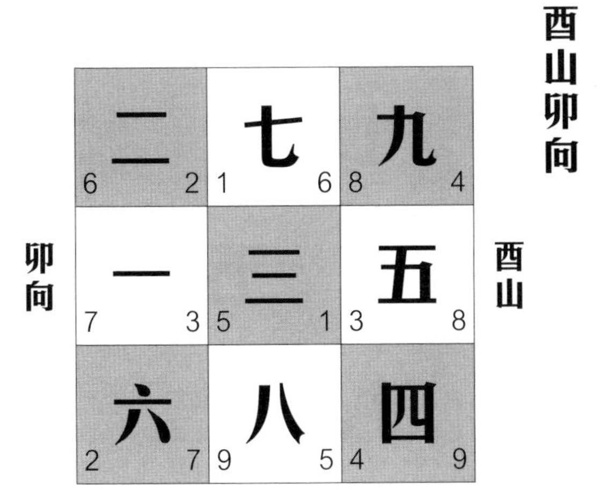

旺山旺向，旺財旺丁局

辛山乙向

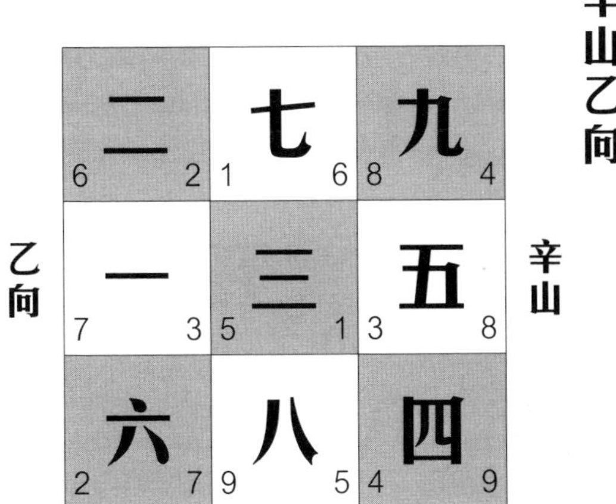

旺山旺向，旺財旺丁局

辰向

戌山辰向

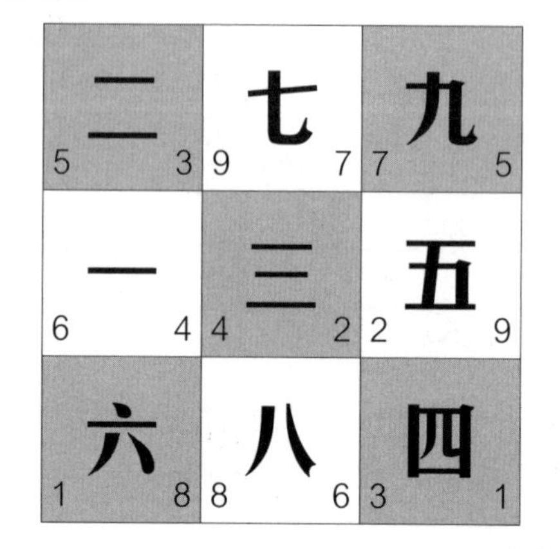

戌山

旺山旺向，旺財旺丁局

巽向

乾山巽向

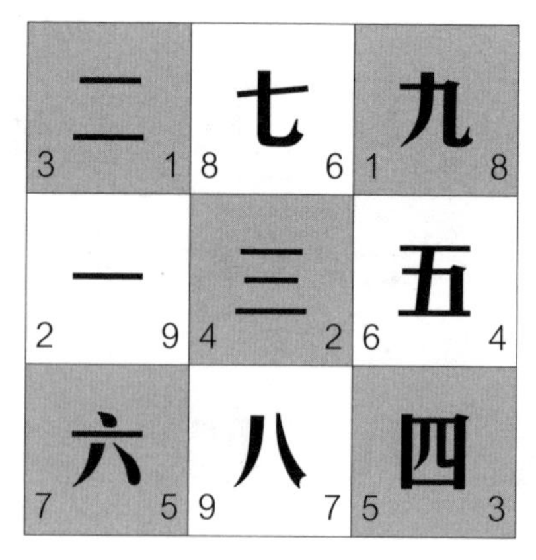

乾山

上山下水，損財傷丁局

亥山巳向

巳向

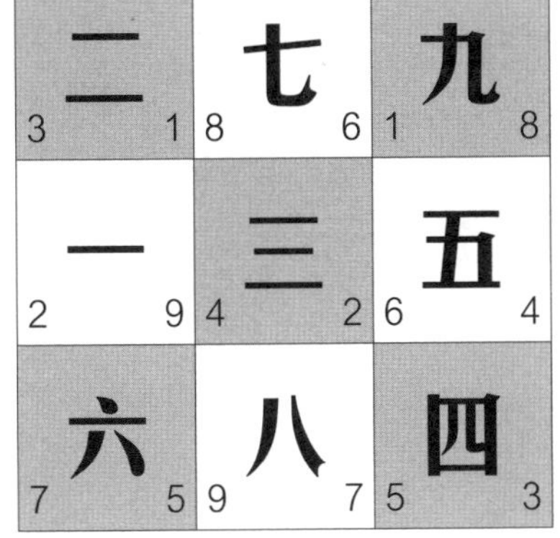

亥山

上山下水，損財傷丁局

壬山丙向

丙向

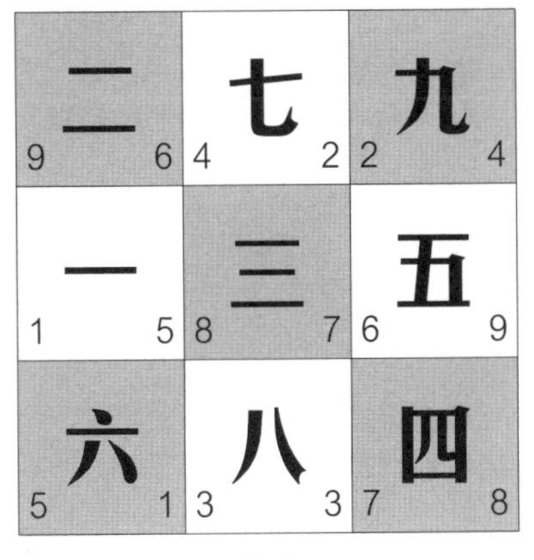

壬山

雙星到山，旺丁不旺財局

四運——二十四山，山向飛星圖

子山午向

午向

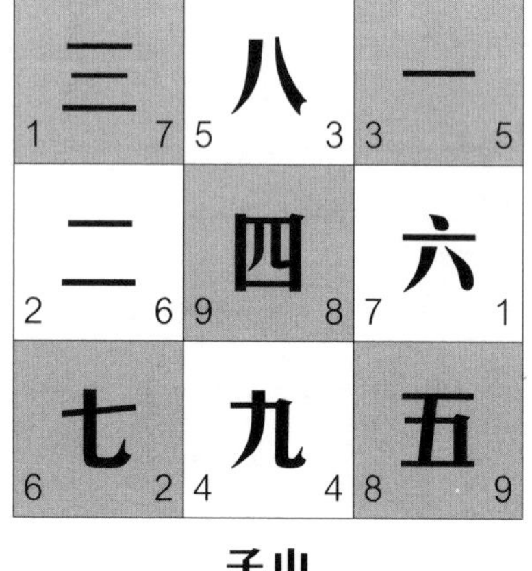

子山

雙星到山，旺丁不旺財局

癸山丁向

丁向

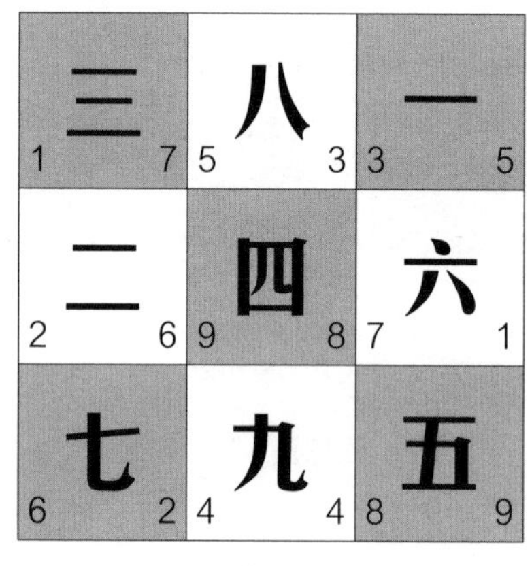

癸山

雙星到山，旺丁不旺財局

丑山未向

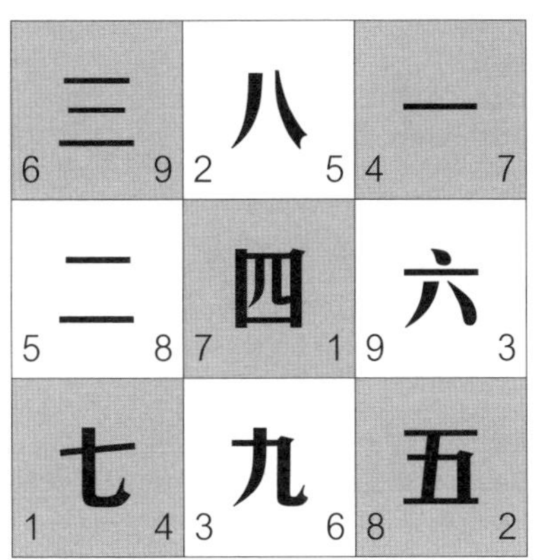

上山下水，損財傷丁局

艮山坤向

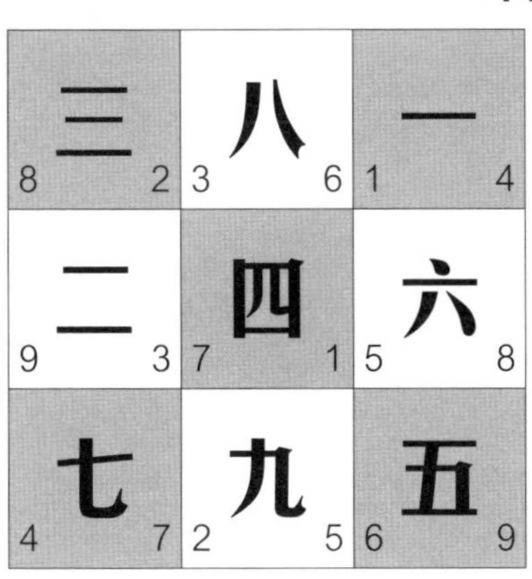

旺山旺向，旺財旺丁局

寅山申向

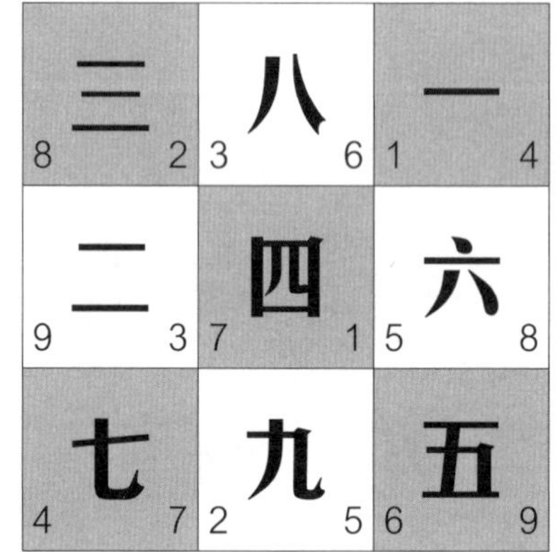

旺山旺向，旺財旺丁局

甲山庚向

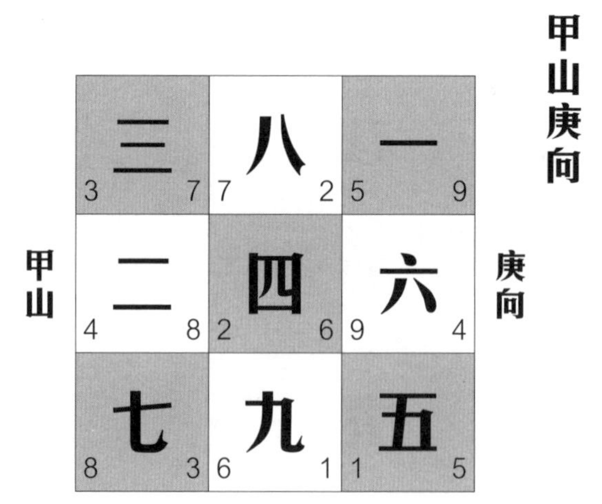

旺山旺向，旺財旺丁局

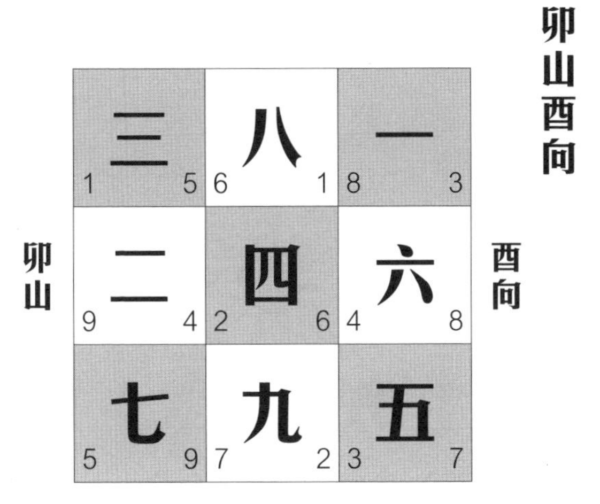

上山下水，損財傷丁局

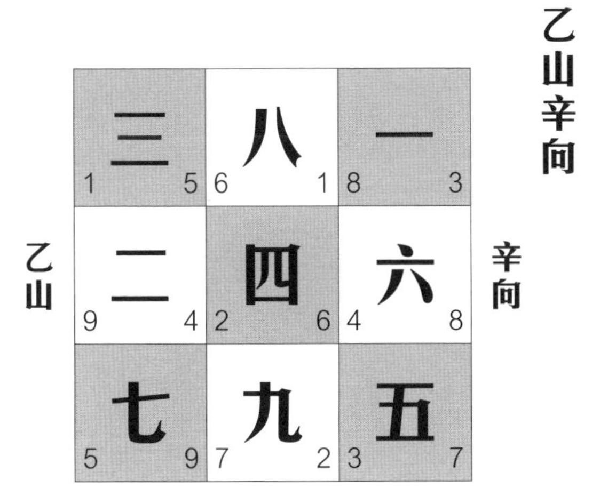

上山下水，損財傷丁局

辰山戌向

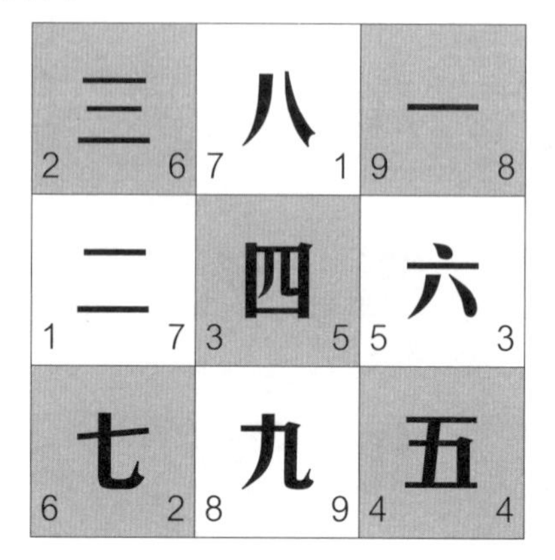

雙星到向，旺財不旺丁局

巽山乾向

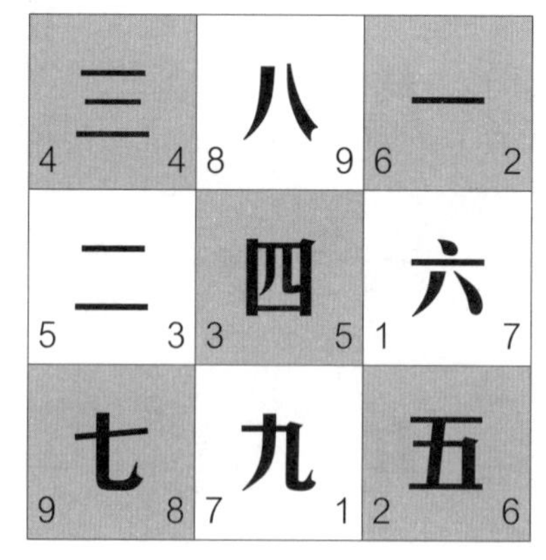

雙星到山，旺丁不旺財局

巳山亥向

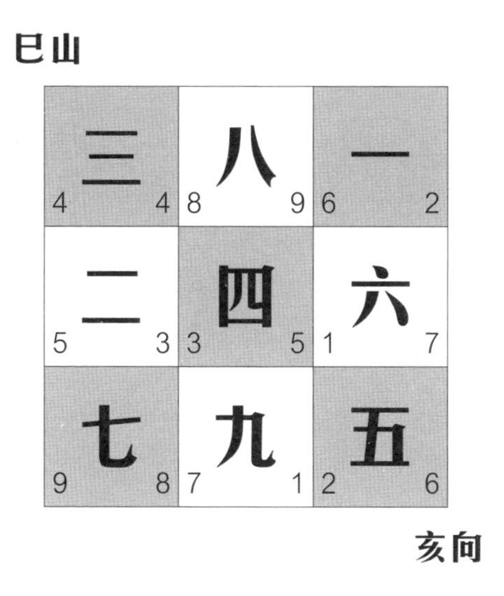

雙星到山，旺丁不旺財局

丙山壬向

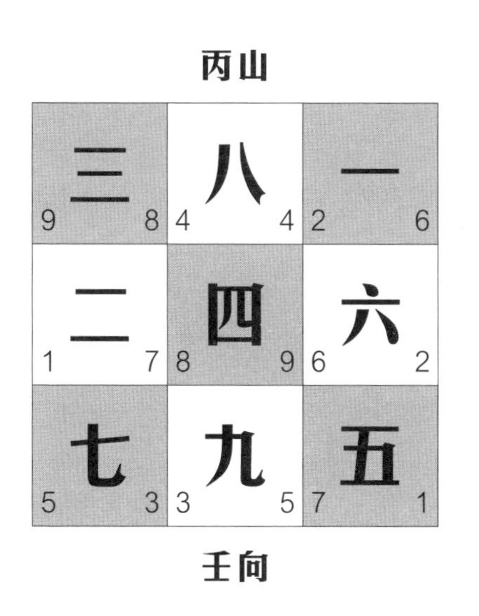

雙星到山，旺丁不旺財局

午山子向

午山

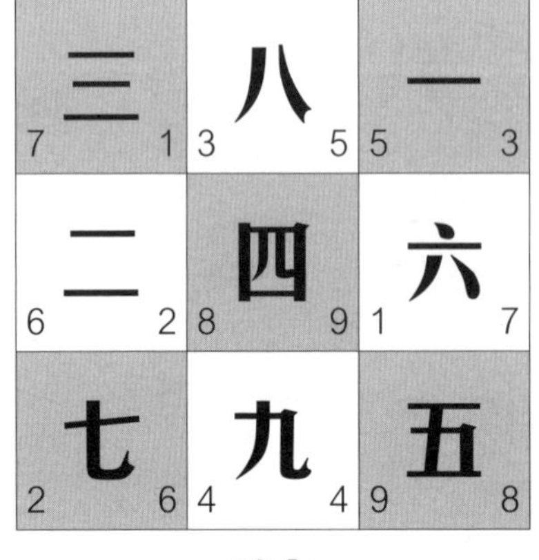

子向

雙星到向，旺財不旺丁局

丁山癸向

丁山

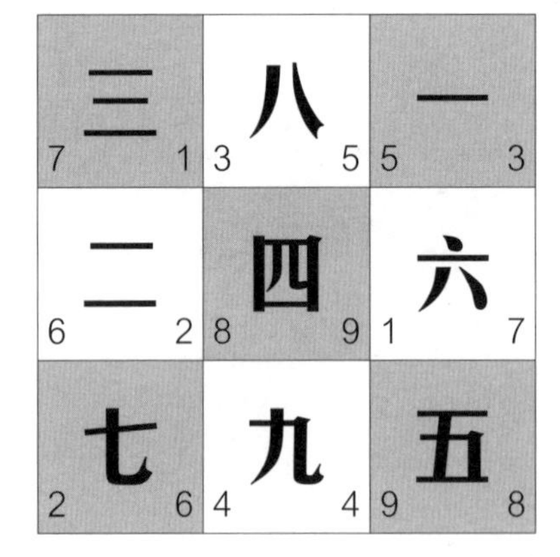

癸向

雙星到向，旺財不旺丁局

未山丑向

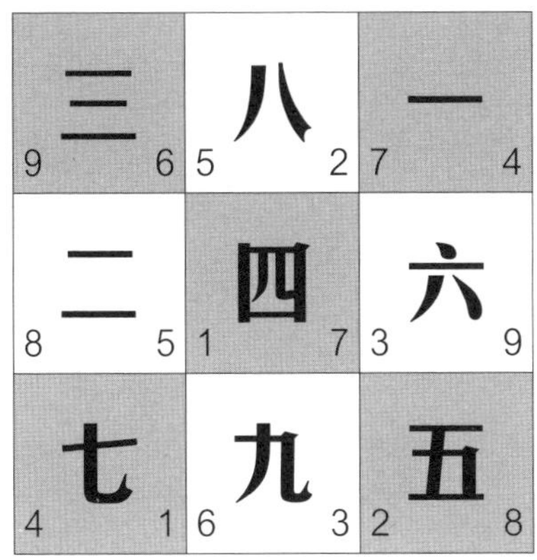

上山下水，損財傷丁局

坤山艮向

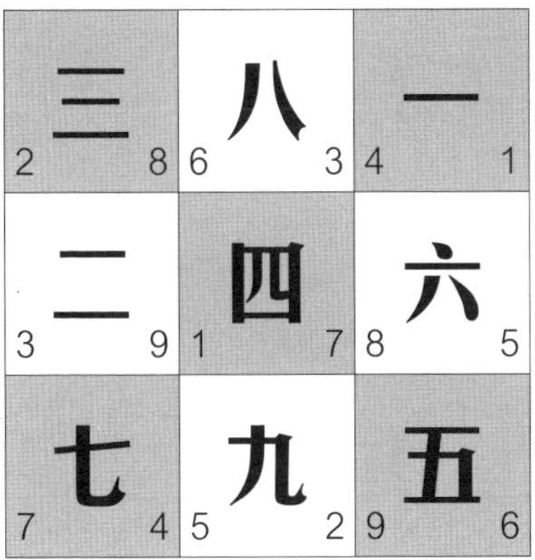

旺山旺向，旺財旺丁局

申山寅向

旺山旺向，旺財旺丁局

庚山甲向

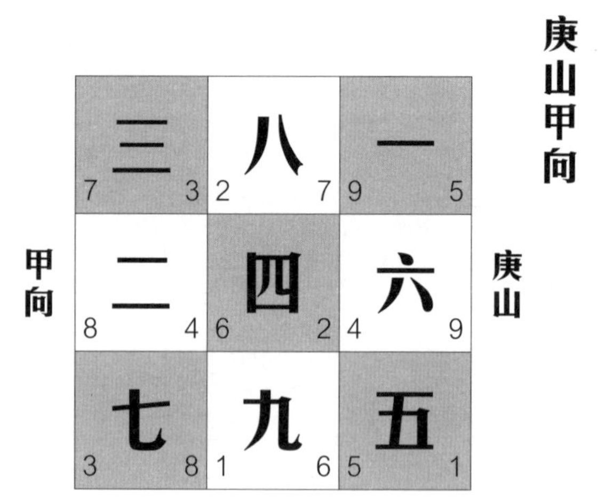

旺山旺向，旺財旺丁局

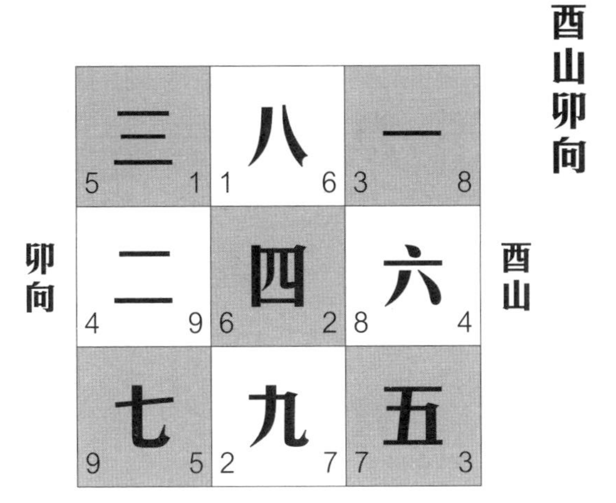

上山下水，損財傷丁局

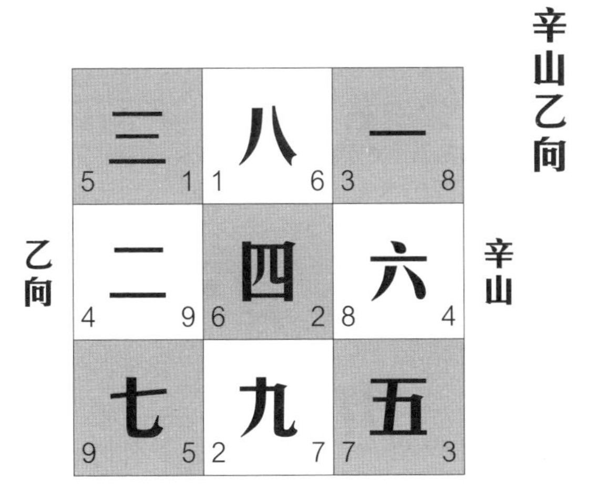

上山下水，損財傷丁局

戌山辰向

辰向

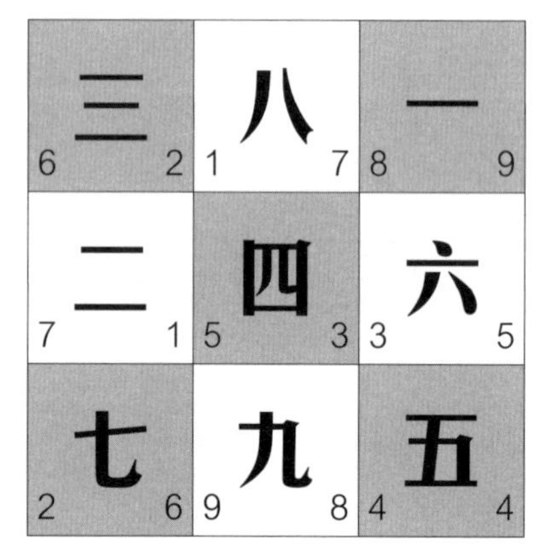

戌山

雙星到山，旺丁不旺財局

乾山巽向

巽向

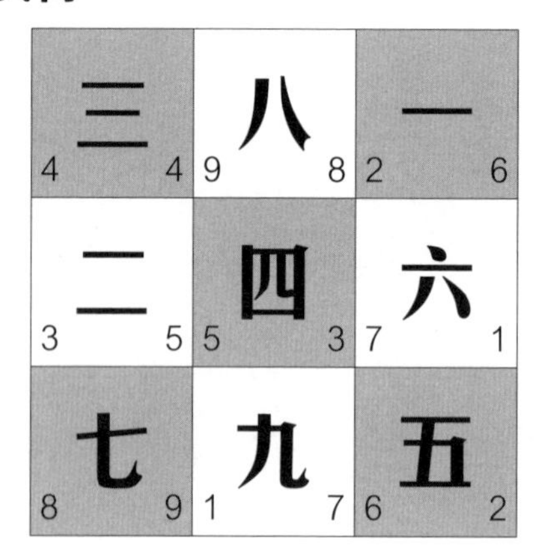

乾山

雙星到向，旺財不旺丁局

亥山巳向

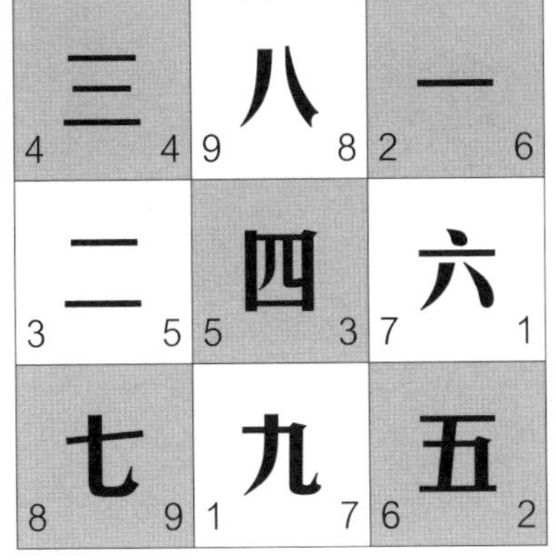

雙星到向，旺財不旺丁局

壬山丙向

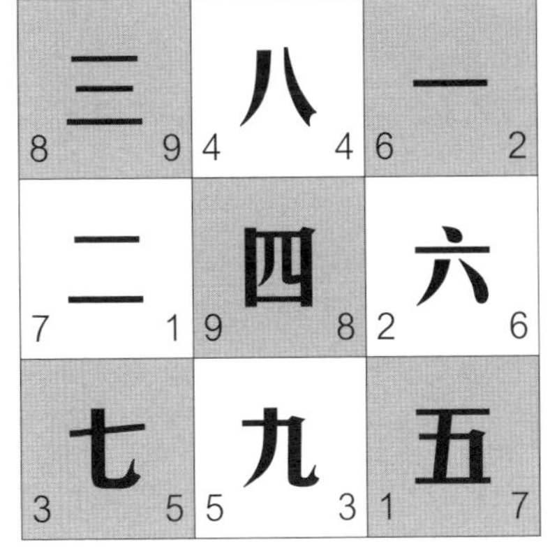

雙星到向，旺財不旺丁局

五運——二十四山，山向飛星圖

子山午向

午向

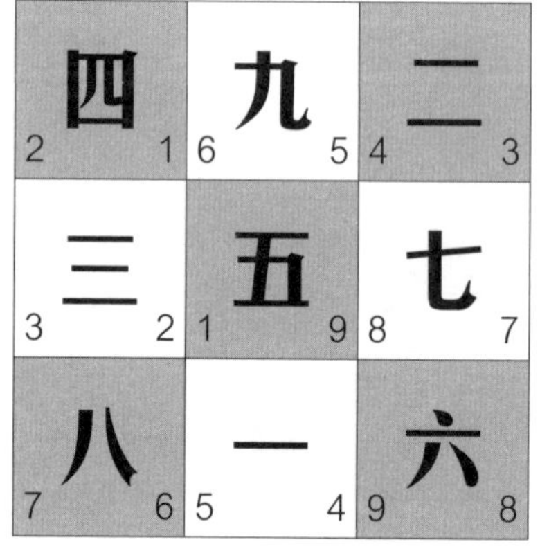

子山

旺山旺向，旺財旺丁局

癸山丁向

丁向

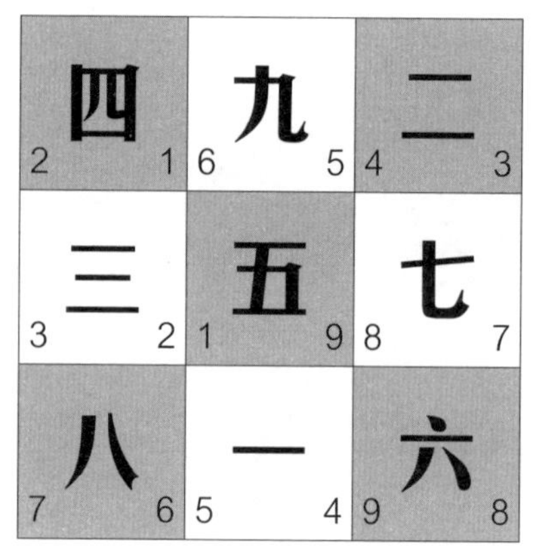

癸山

旺山旺向，旺財旺丁局

丑山未向

未向

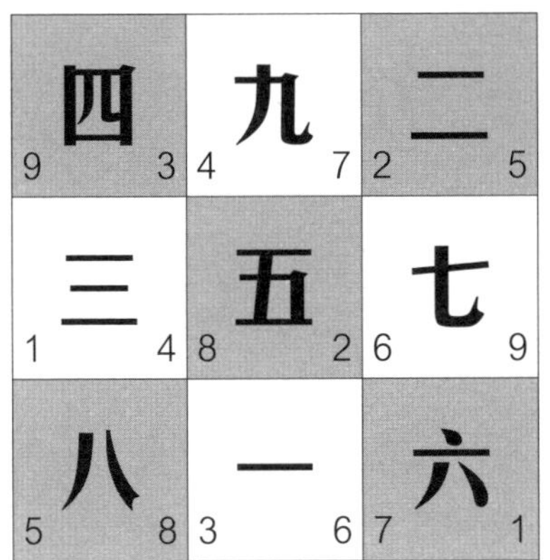

丑山

旺山旺向，旺財旺丁局

艮山坤向

坤向

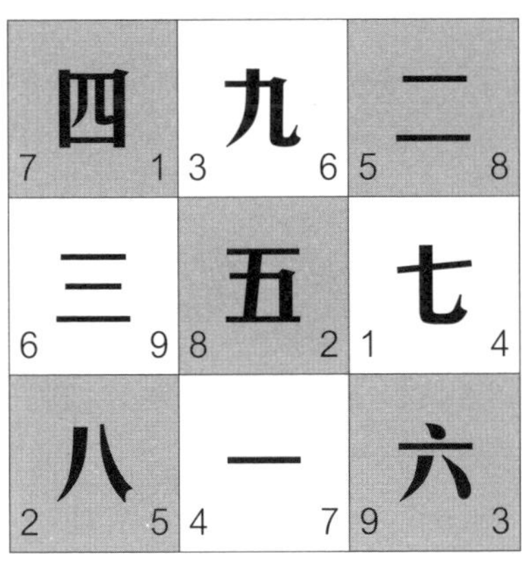

艮山

上山下水，損財傷丁局

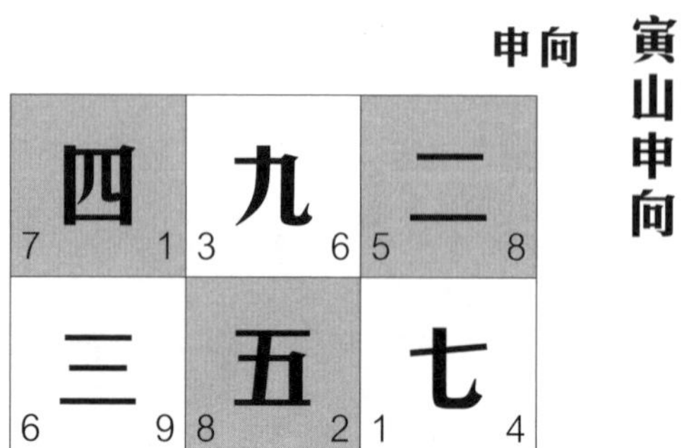

上山下水，損財傷丁局

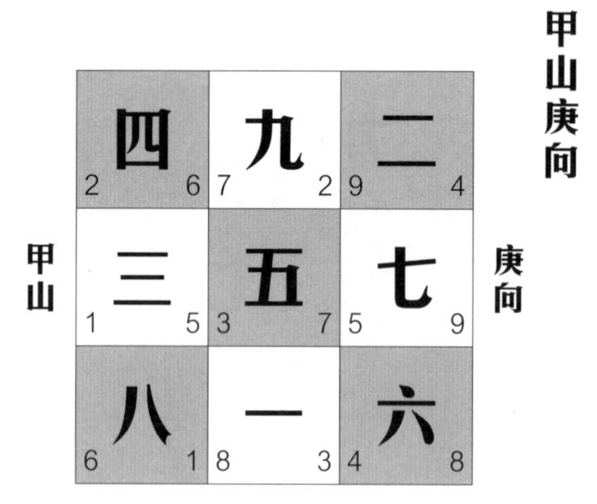

上山下水，損財傷丁局

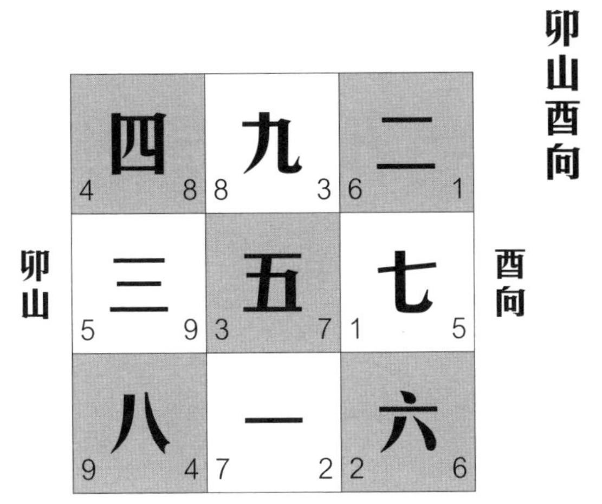

旺山旺向，旺財旺丁局

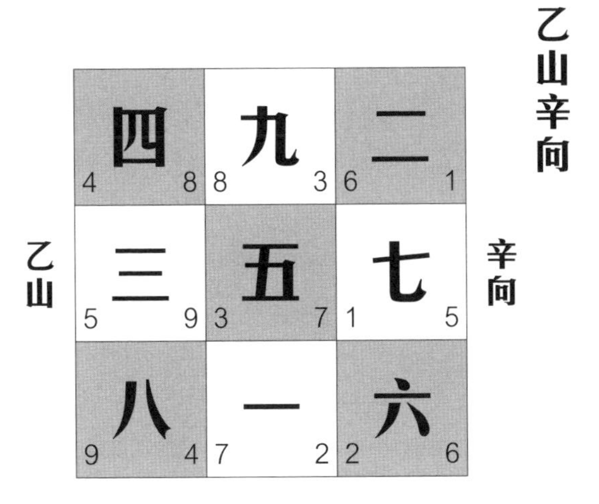

旺山旺向，旺財旺丁局

辰山戌向

辰山

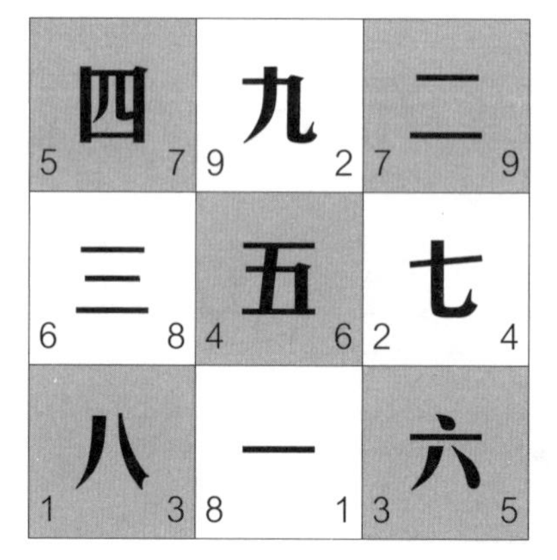

戌向

旺山旺向，旺財旺丁局

巽山乾向

巽山

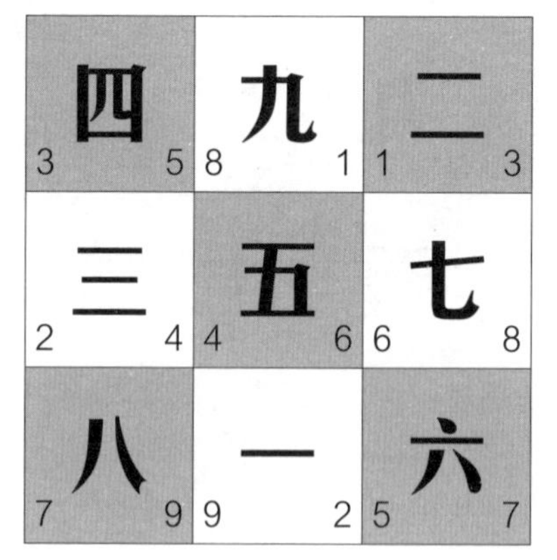

乾向

上山下水，損財傷丁局

巳山亥向

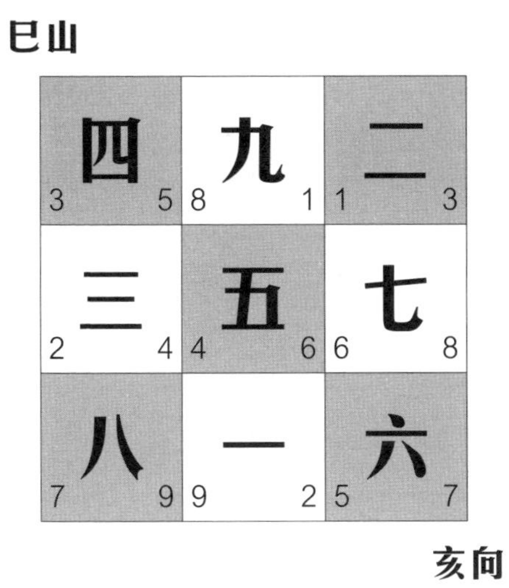

上山下水，損財傷丁局

丙山壬向

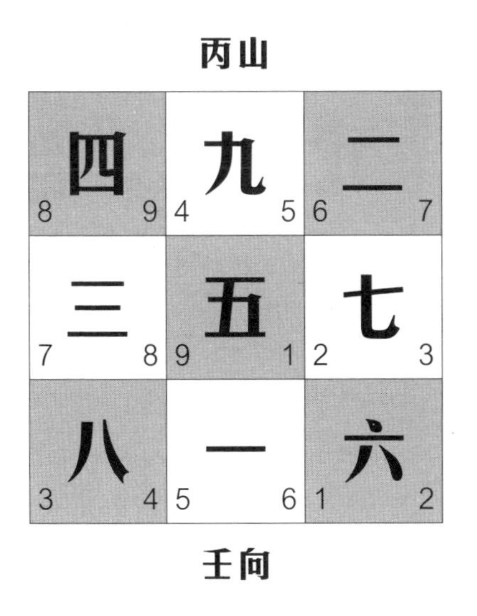

上山下水，損財傷丁局

午山子向

午山

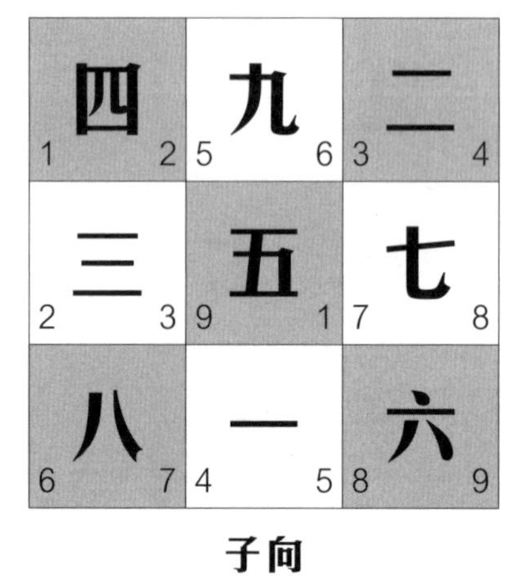

子向

旺山旺向，旺財旺丁局

丁山癸向

丁山

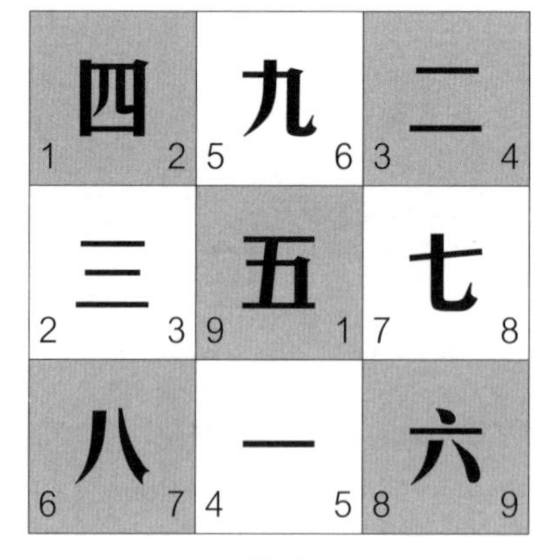

癸向

旺山旺向，旺財旺丁局

未山丑向

未山

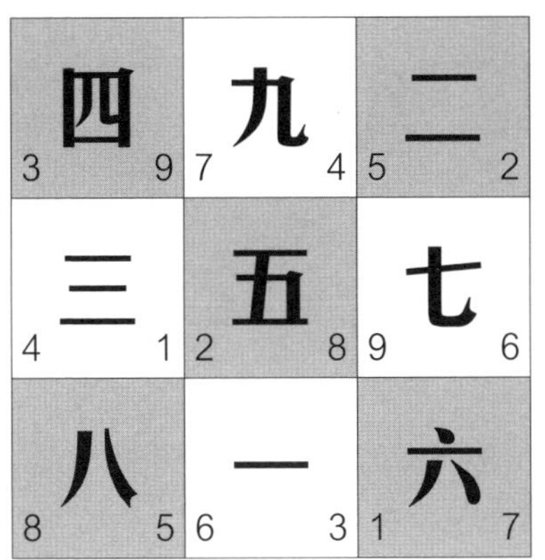

丑向

旺山旺向，旺財旺丁局

坤山艮向

坤山

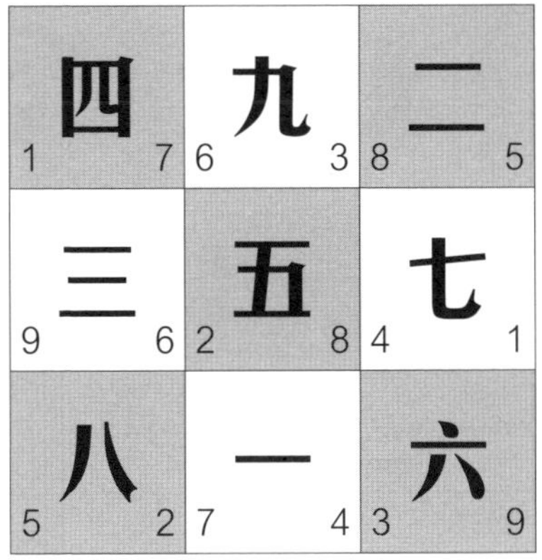

艮向

上山下水，損財傷丁局

申山寅向

申山

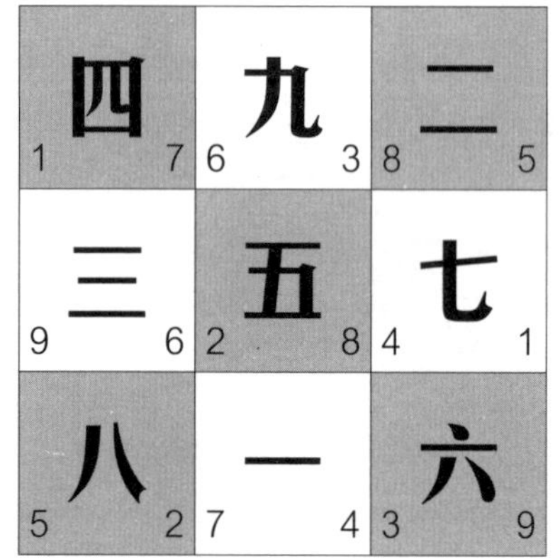

寅向

上山下水，損財傷丁局

庚山甲向

甲向 | 庚山

四 6 2	九 2 7	二 4 9
三 5 1	五 7 3	七 9 5
八 1 6	一 3 8	六 8 4

上山下水，損財傷丁局

酉山卯向

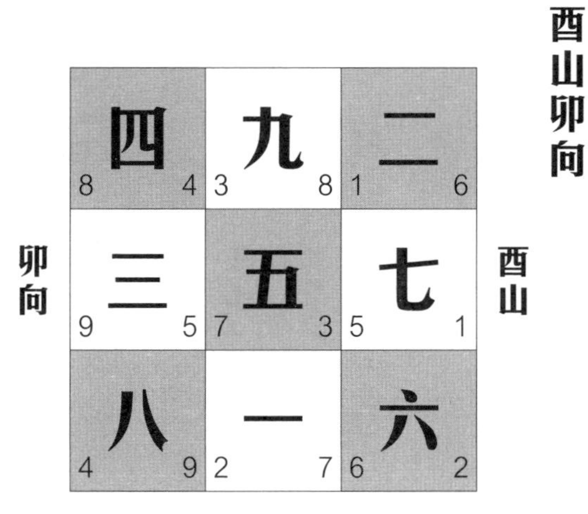

旺山旺向，旺財旺丁局

辛山乙向

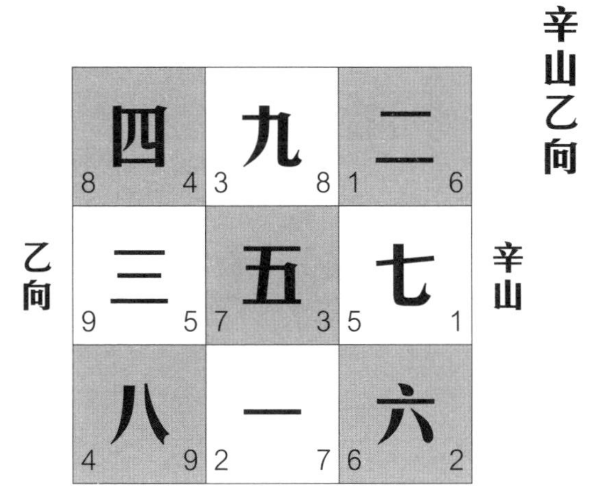

旺山旺向，旺財旺丁局

戌山辰向

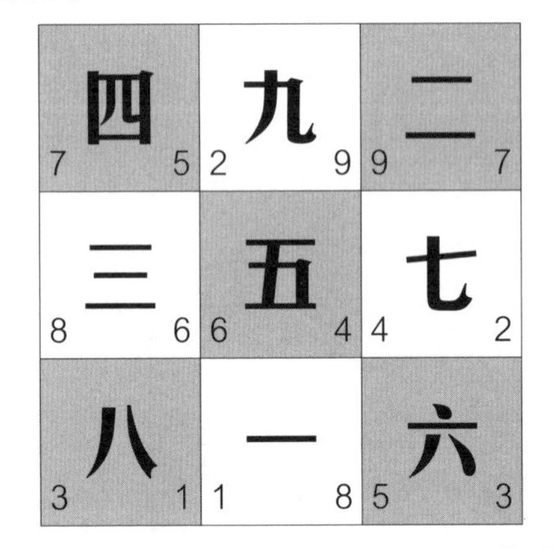

旺山旺向，旺財旺丁局

乾山巽向

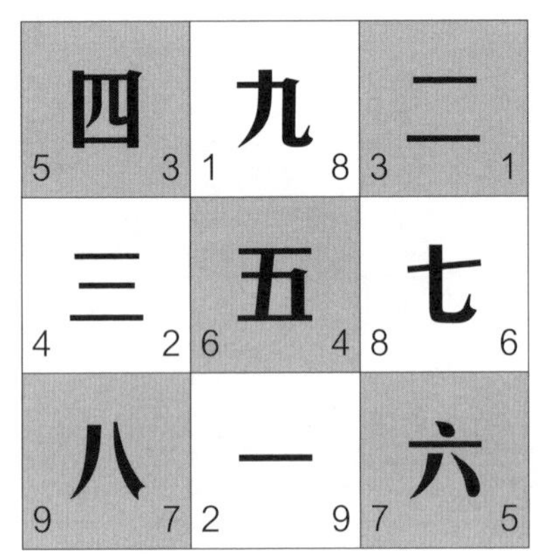

上山下水，損財傷丁局

亥山巳向

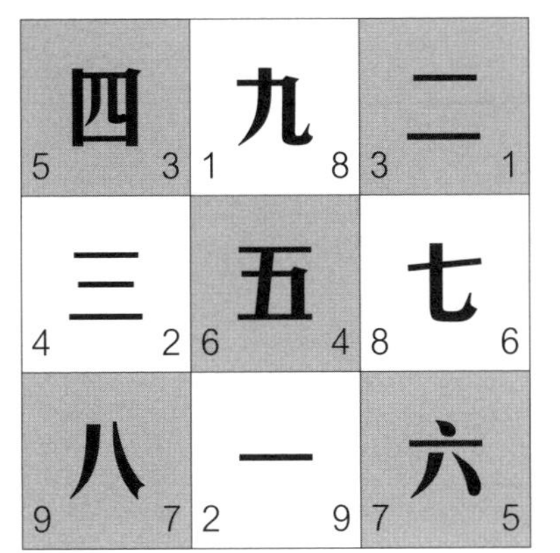

上山下水，損財傷丁局

壬山丙向

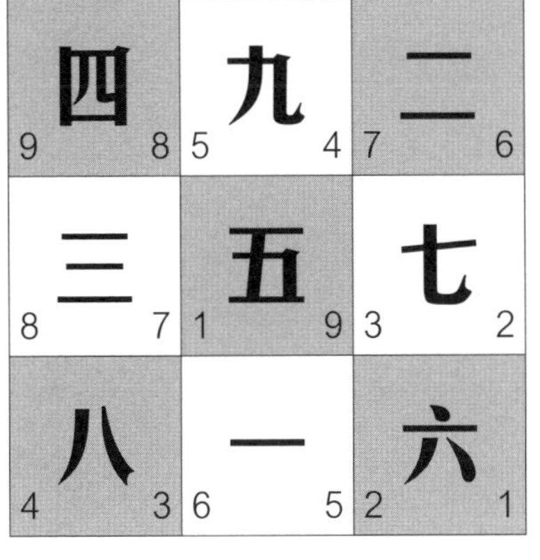

上山下水，損財傷丁局

六運——二十四山，山向飛星圖

子山午向

午向

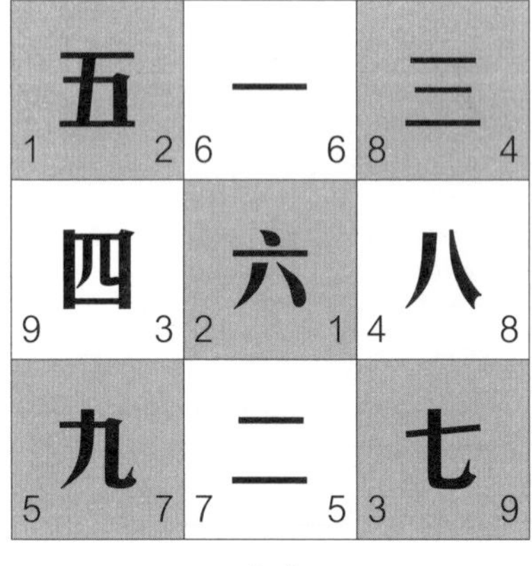

子山

雙星到向，旺財不旺丁局

癸山丁向

丁向

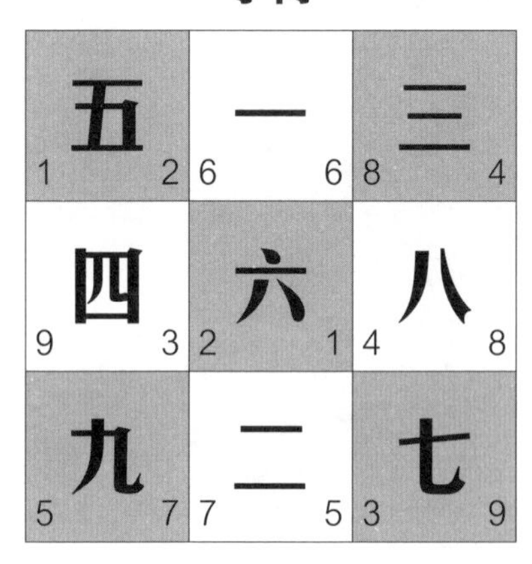

癸山

雙星到向，旺財不旺丁局

丑山未向

未向

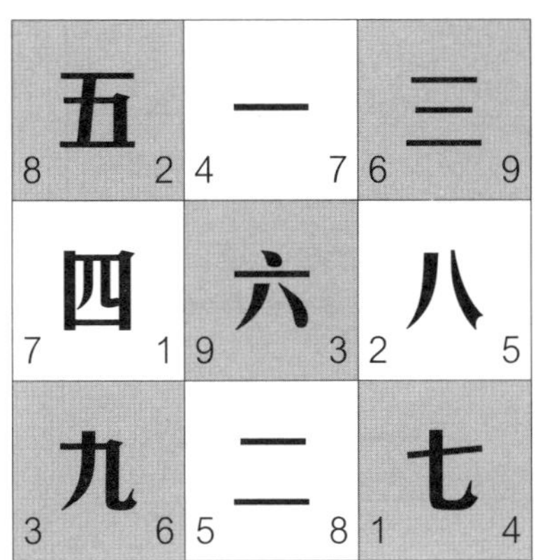

丑山

上山下水，損財傷丁局

艮山坤向

坤向

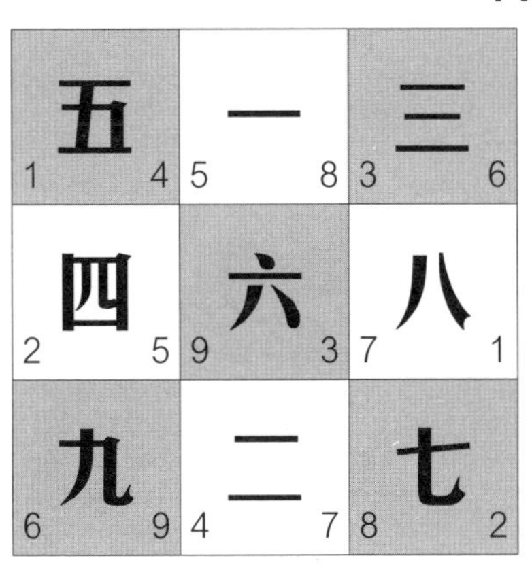

艮山

旺山旺向，旺財旺丁局

寅山申向

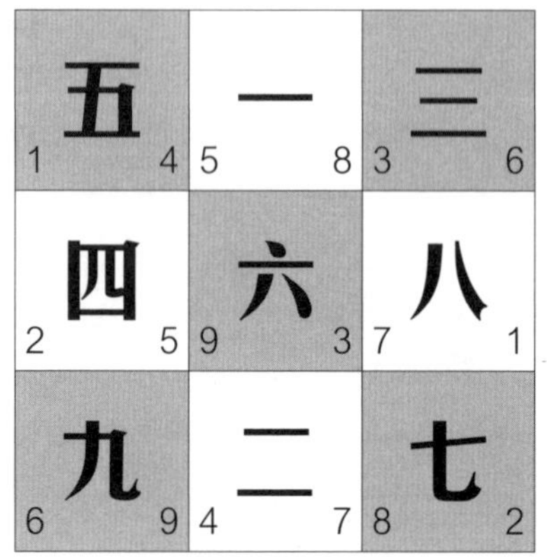

寅山

旺山旺向，旺財旺丁局

甲山庚向

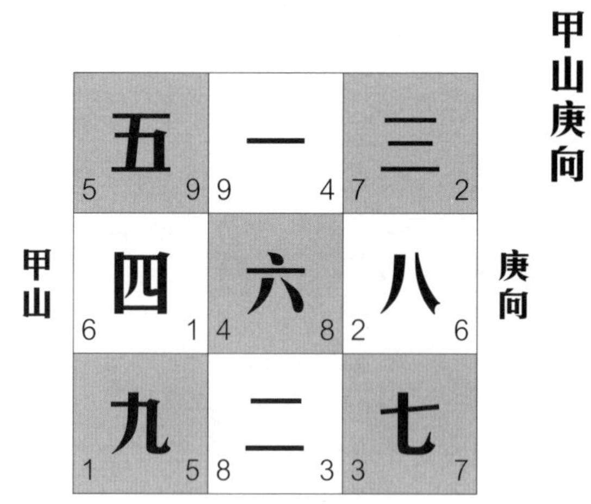

旺山旺向，旺財旺丁局

卯山酉向

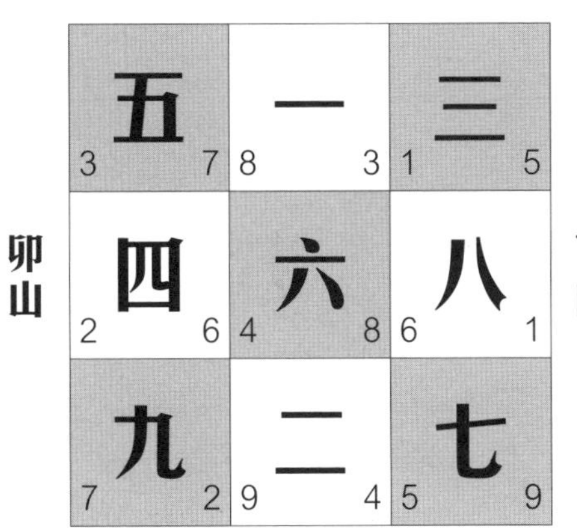

上山下水，損財傷丁局

乙山辛向

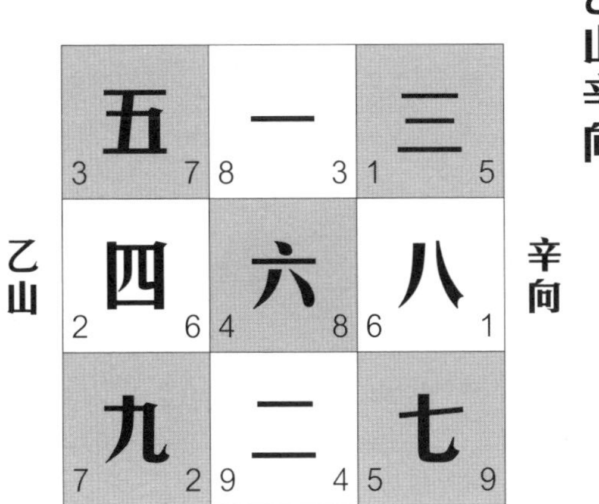

上山下水，損財傷丁局

辰山戌向

辰山

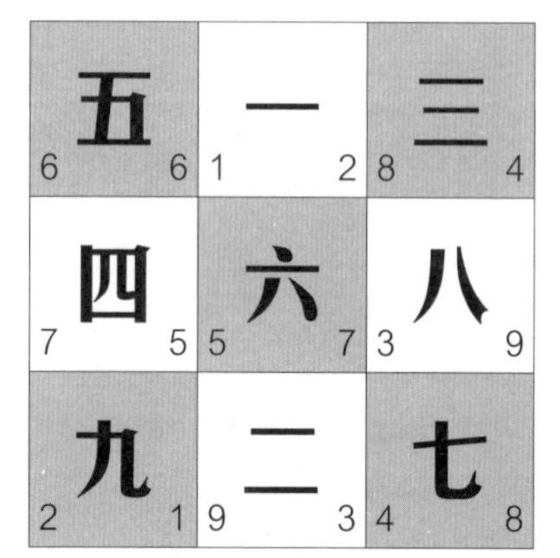

戌向

雙星到山，旺丁不旺財局

巽山乾向

巽山

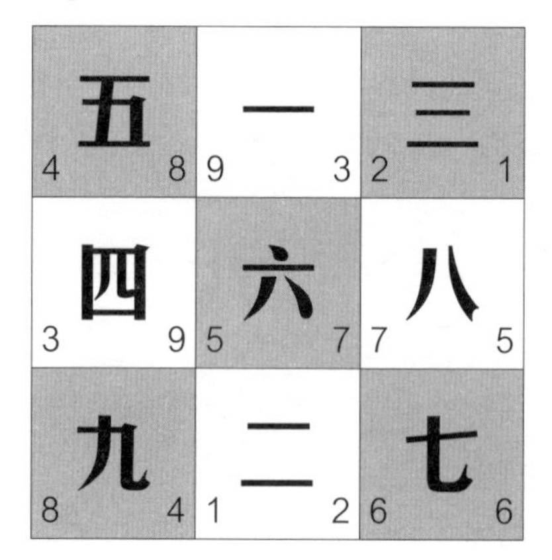

乾向

雙星到向，旺財不旺丁局

巳山亥向

巳山

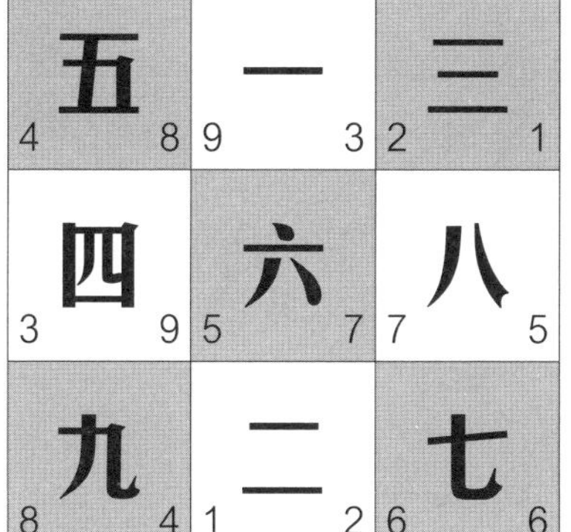

亥向

雙星到向，旺財不旺丁局

丙山壬向

丙山

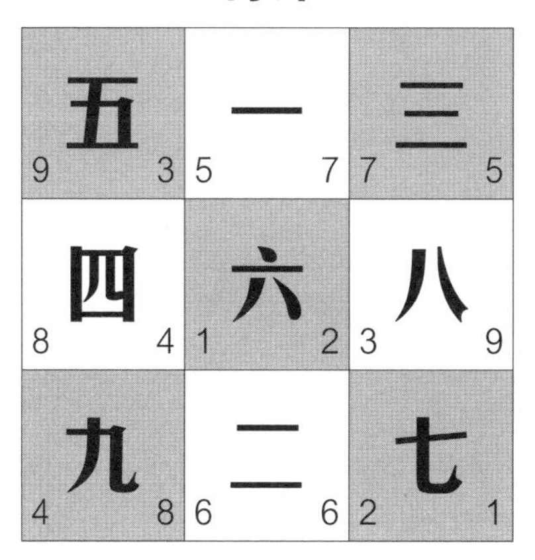

壬向

雙星到向，旺財不旺丁局

午山子向

午山

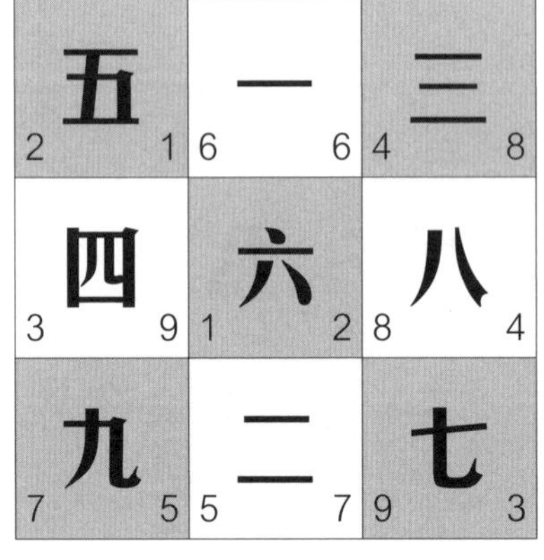

子向

雙星到山，旺丁不旺財局

丁山癸向

丁山

五 2 1	一 6 6	三 4 8
四 3 9	六 1 2	八 8 4
九 7 5	二 5 7	七 9 3

癸向

雙星到山，旺丁不旺財局

未山丑向

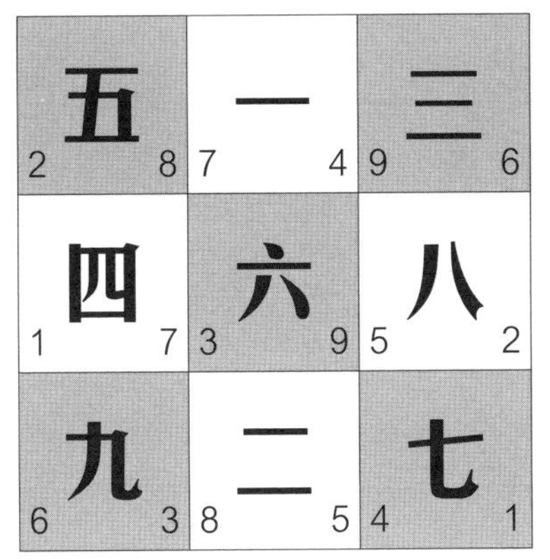

上山下水，損財傷丁局

坤山艮向

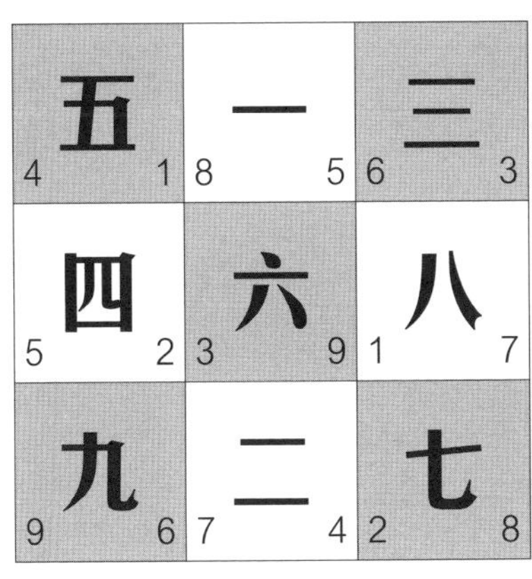

旺山旺向，旺財旺丁局

申山寅向

申山

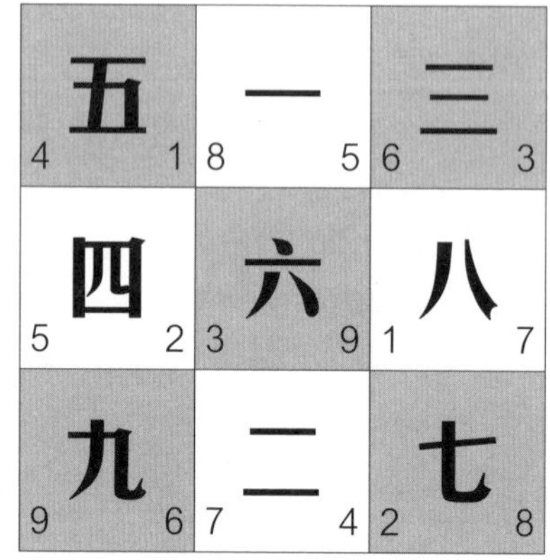

寅向

旺山旺向，旺財旺丁局

庚山甲向

甲向 / 庚山

五 (9 5)	一 (4 9)	三 (2 7)
四 (1 6)	六 (8 4)	八 (6 2)
九 (5 1)	二 (3 8)	七 (7 3)

旺山旺向，旺財旺丁局

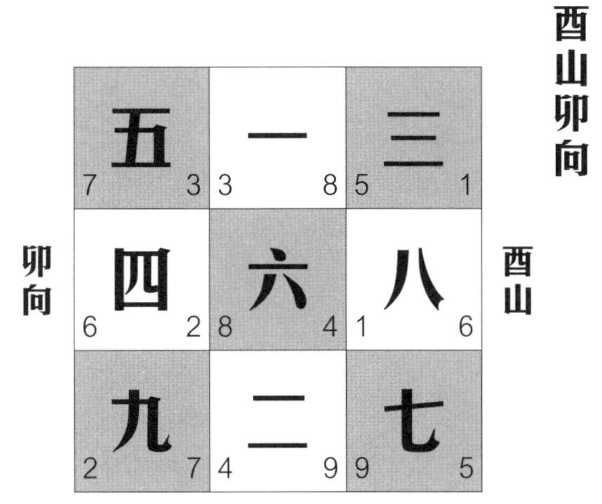

上山下水，損財傷丁局

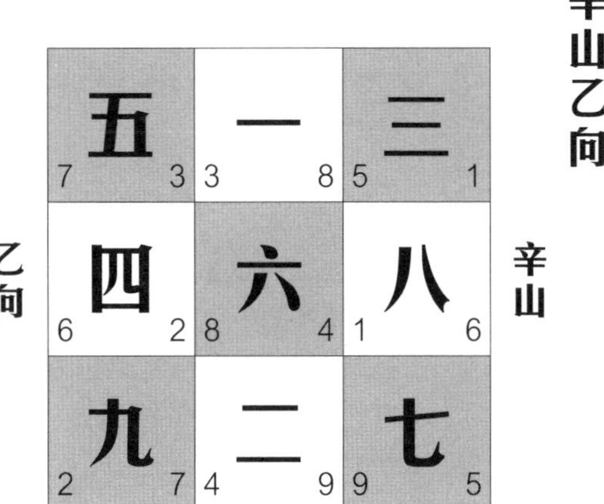

上山下水，損財傷丁局

戌山辰向

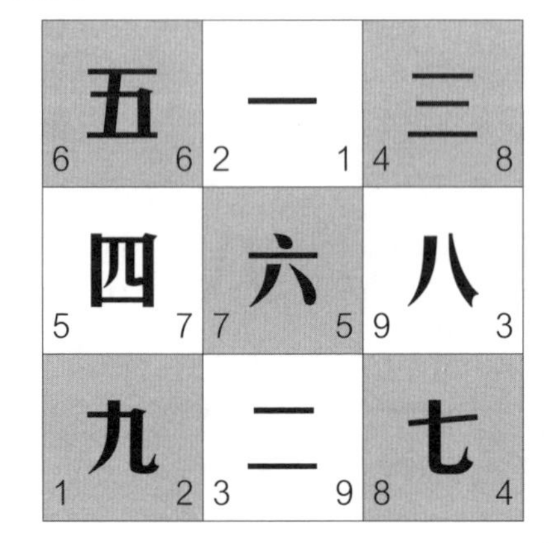

雙星到向，旺財不旺丁局

乾山巽向

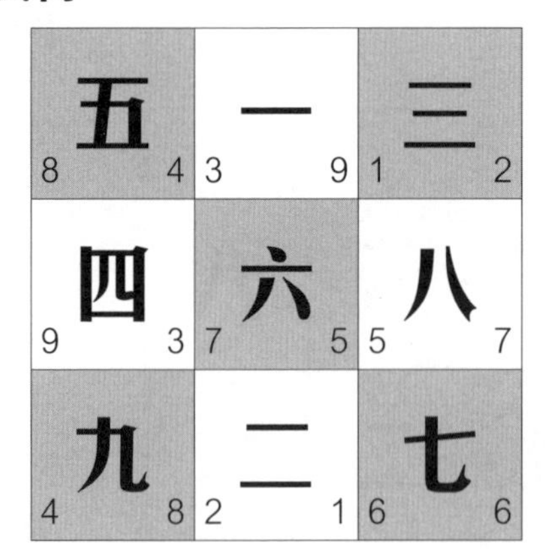

雙星到山，旺丁不旺財局

亥山巳向

巳向

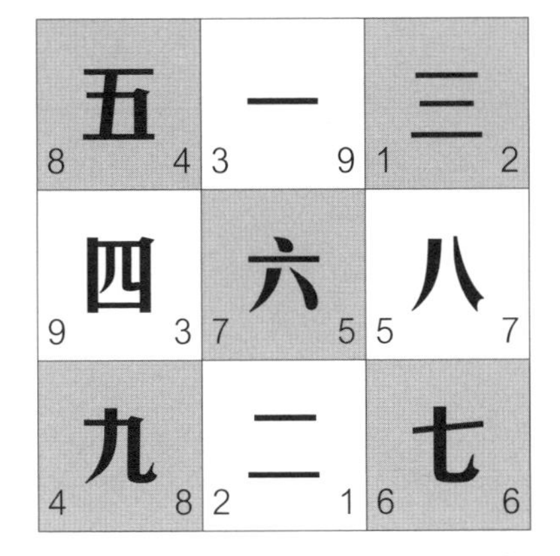

亥山

雙星到山，旺丁不旺財局

壬山丙向

丙向

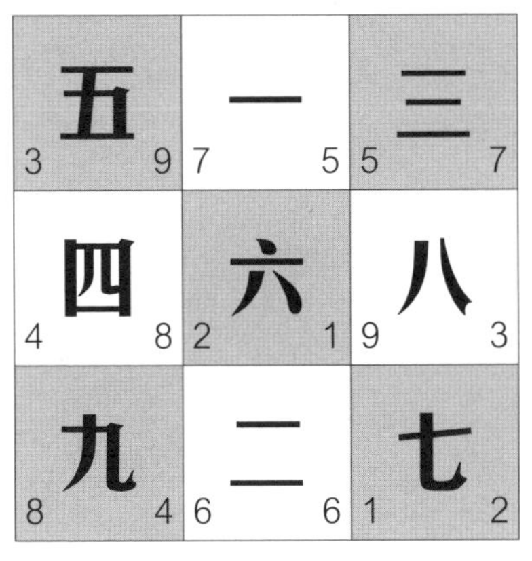

壬山

雙星到山，旺丁不旺財局

七運——二十四山，山向飛星圖

子山午向

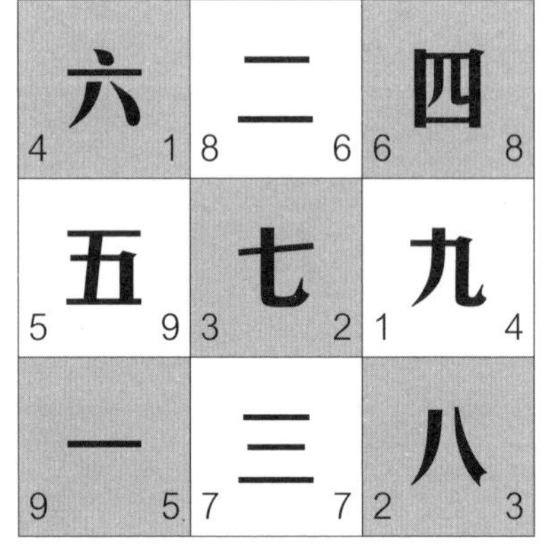

雙星到山，旺丁不旺財局

癸山丁向

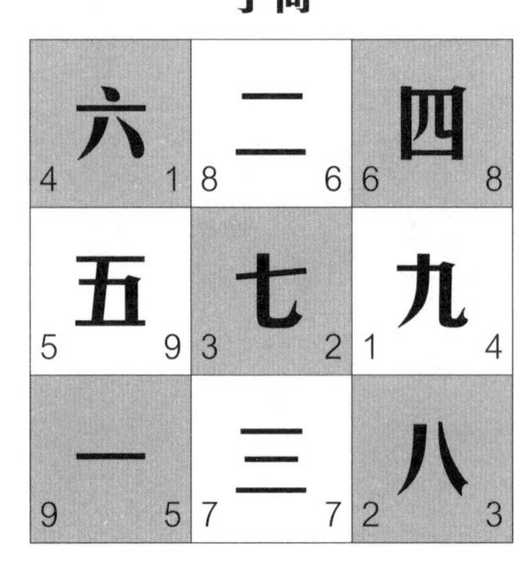

雙星到山，旺丁不旺財局

丑山未向

未向

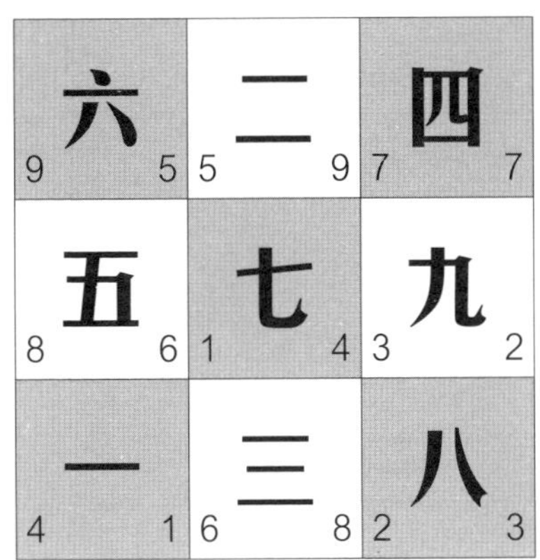

丑山

雙星到向，旺財不旺丁局

艮山坤向

坤向

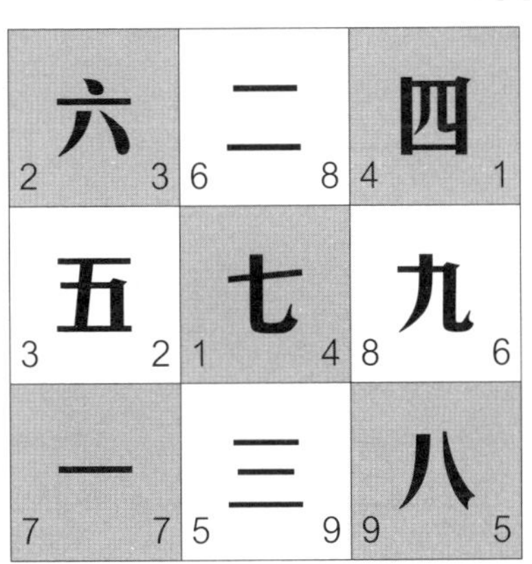

艮山

雙星到山，旺丁不旺財局

寅山申向

申向

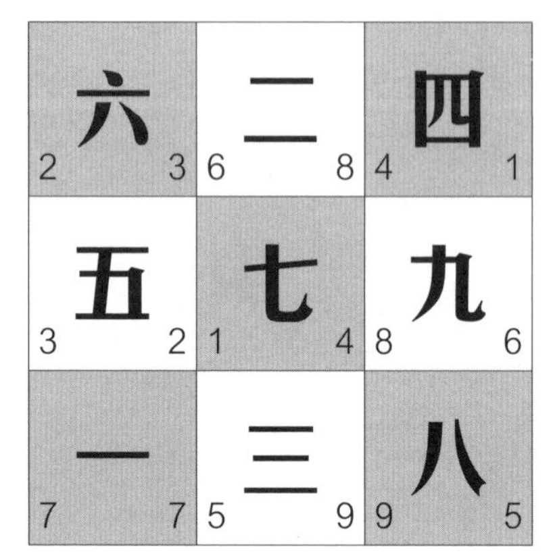

寅山

雙星到山，旺丁不旺財局

甲山庚向

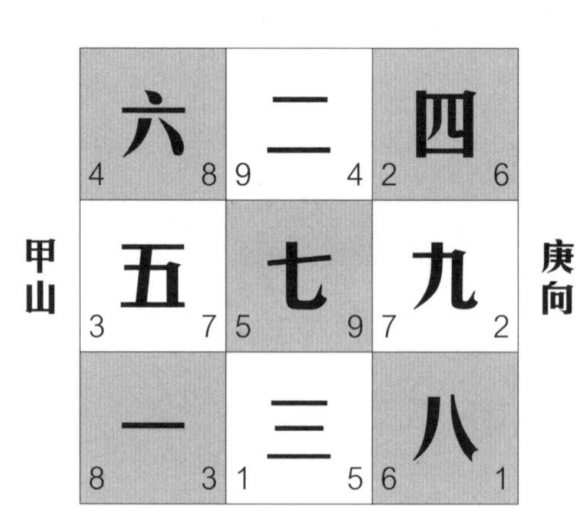

上山下水，損財傷丁局

卯山酉向

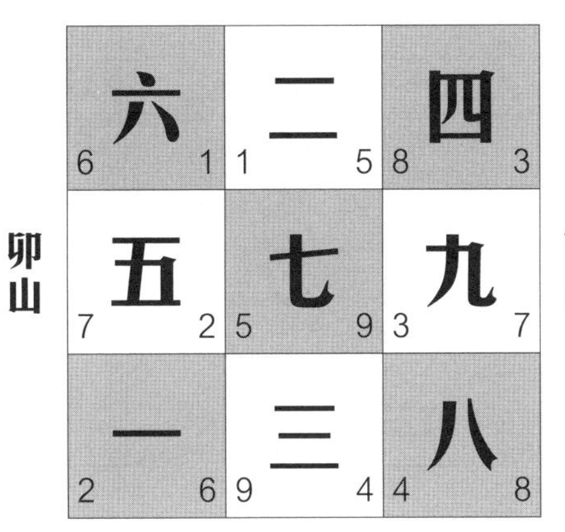

旺山旺向，旺財旺丁局

乙山辛向

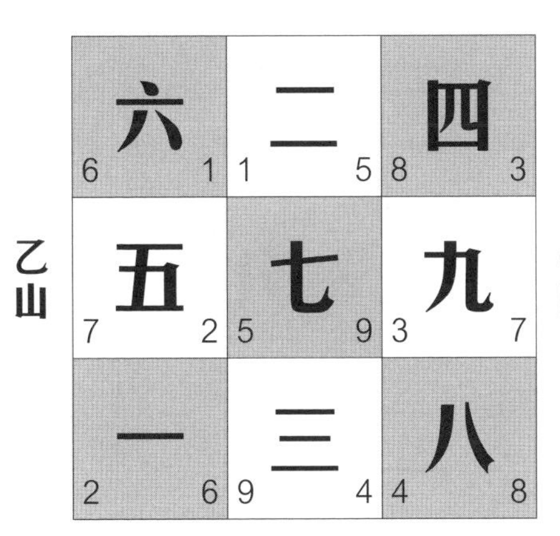

旺山旺向，旺財旺丁局

辰山戌向

辰山

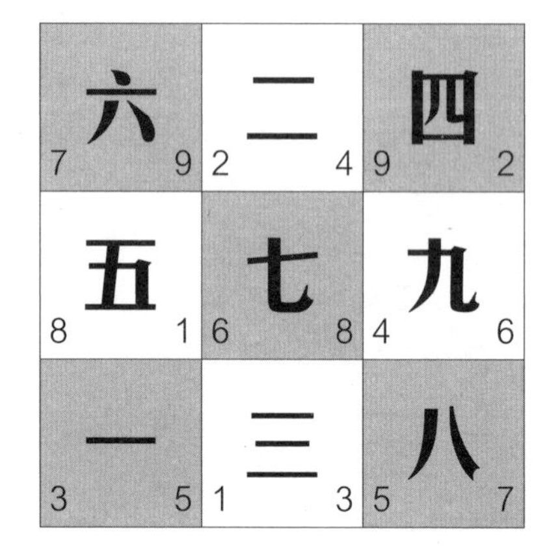

戌向

旺山旺向，旺財旺丁局

巽山乾向

巽山

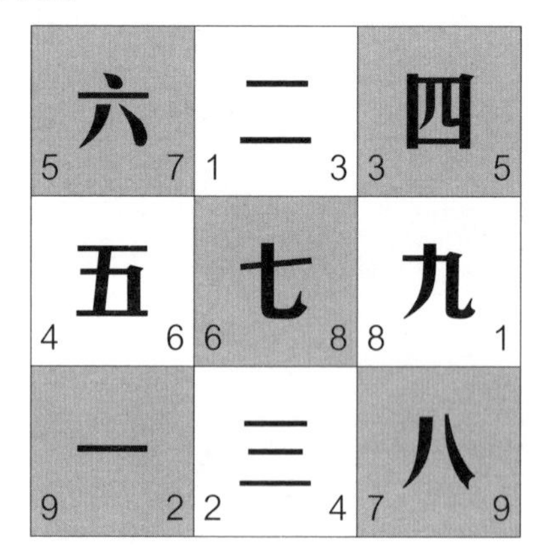

乾向

上山下水，損財傷丁局

巳山亥向

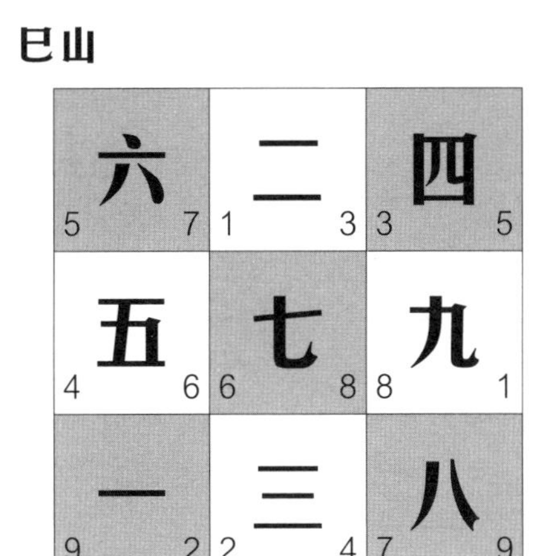

上山下水，損財傷丁局

丙山壬向

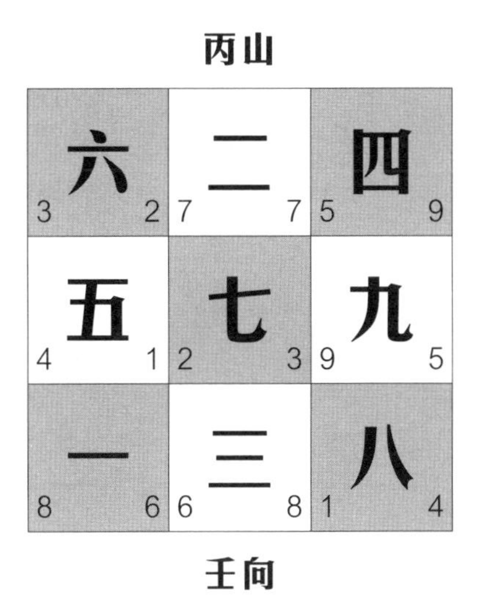

雙星到山，旺丁不旺財局

午山子向

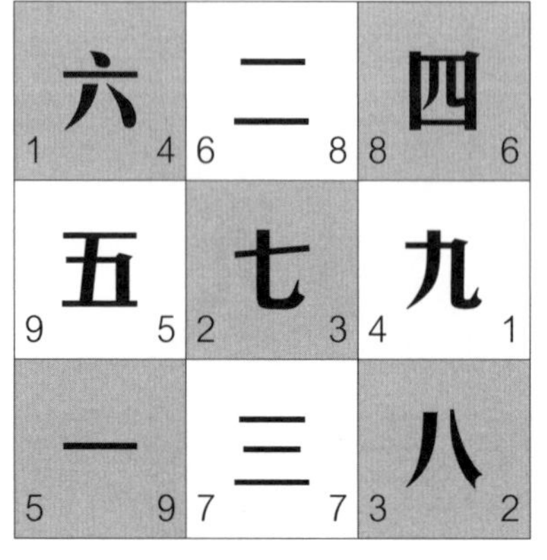

雙星到向，旺財不旺丁局

丁山癸向

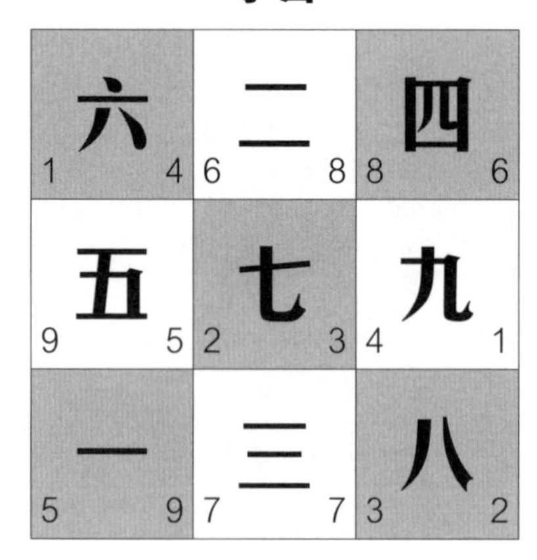

雙星到向，旺財不旺丁局

未山丑向

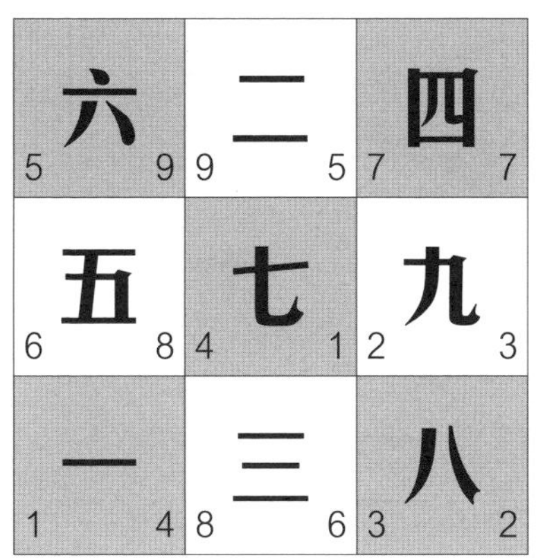

丑向

雙星到山，旺丁不旺財局

坤山艮向

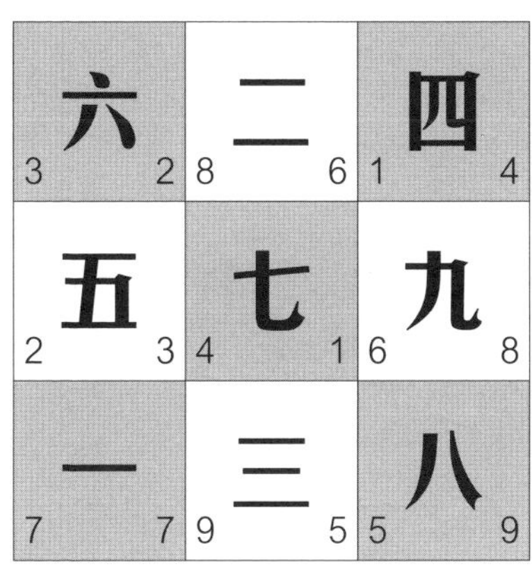

艮向

雙星到向，旺財不旺丁局

申山寅向

申山

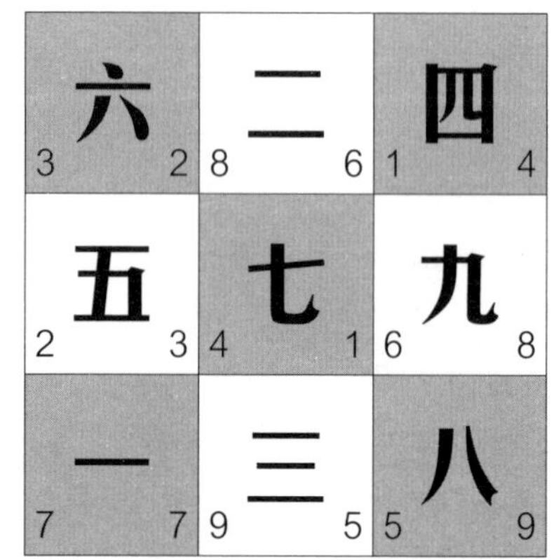

寅向

雙星到向，旺財不旺丁局

庚山甲向

甲向 | 庚山

六 8 4	二 4 9	四 6 2
五 7 3	七 9 5	九 2 7
一 3 8	三 5 1	八 1 6

上山下水，損財傷丁局

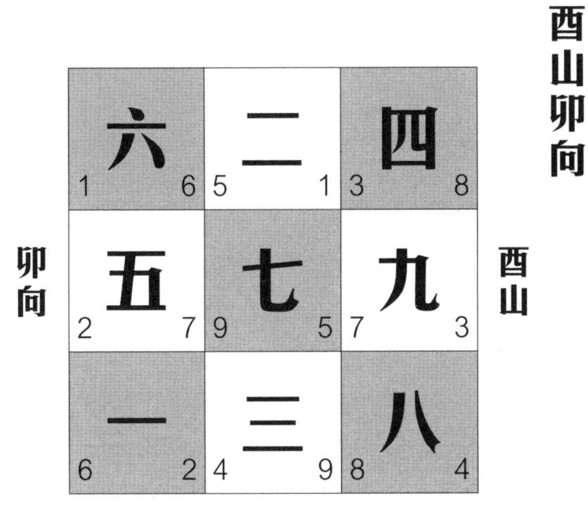

旺山旺向，旺財旺丁局

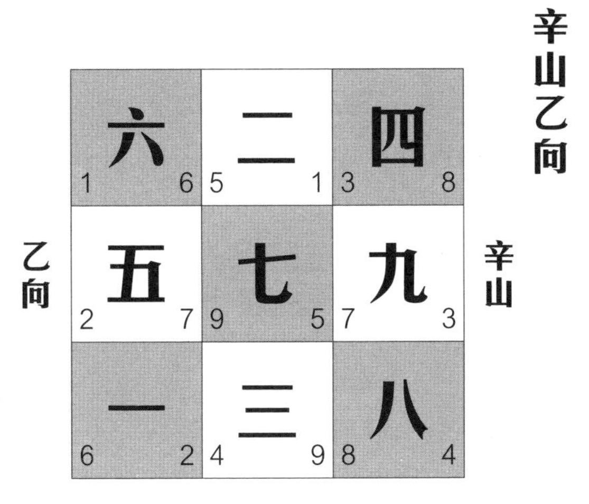

旺山旺向，旺財旺丁局

戌山辰向

辰向

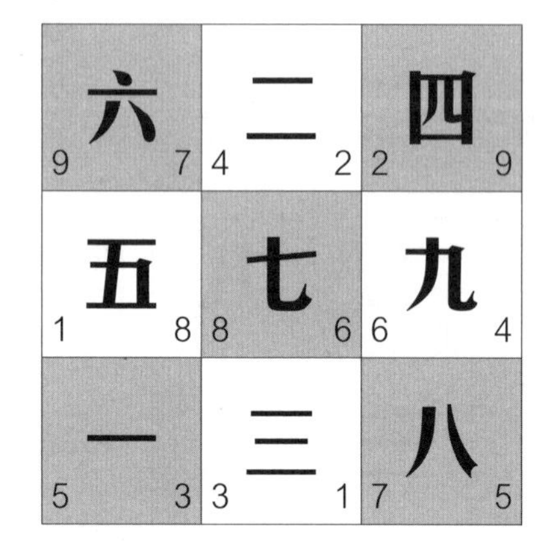

戌山

旺山旺向，旺財旺丁局

乾山巽向

巽向

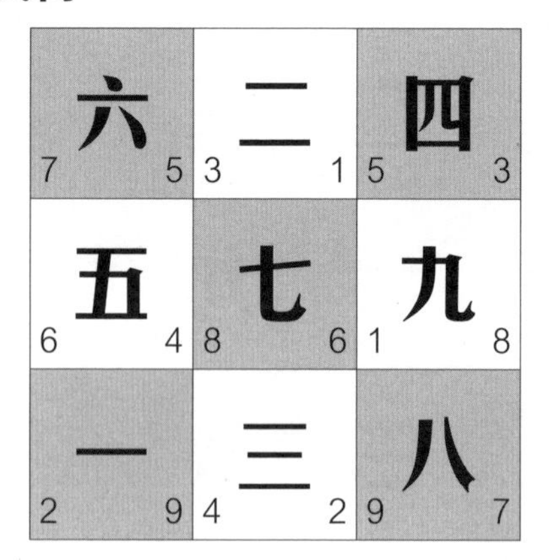

乾山

上山下水，損財傷丁局

亥山巳向

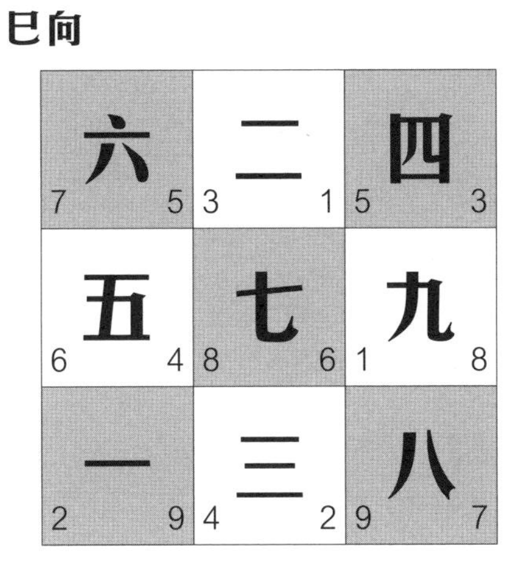

上山下水，損財傷丁局

壬山丙向

丙向

六 2 3	二 7 7	四 9 5
五 1 4	七 3 2	九 5 9
一 6 8	三 8 6	八 4 1

壬山

雙星到向，旺財不旺丁局

八運——二十四山，山向飛星圖

子山午向

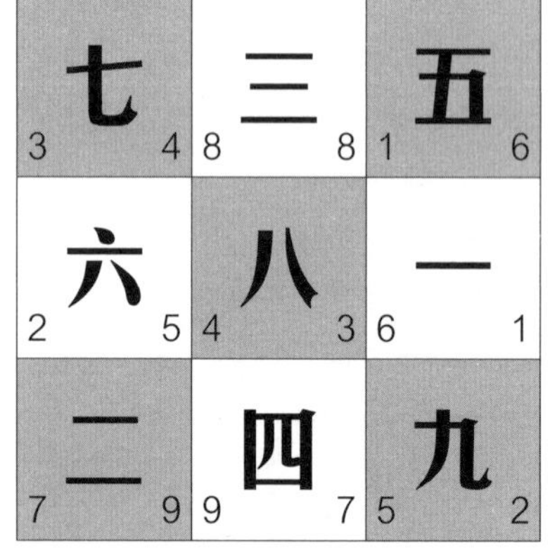

雙星到向，旺財不旺丁局

癸山丁向

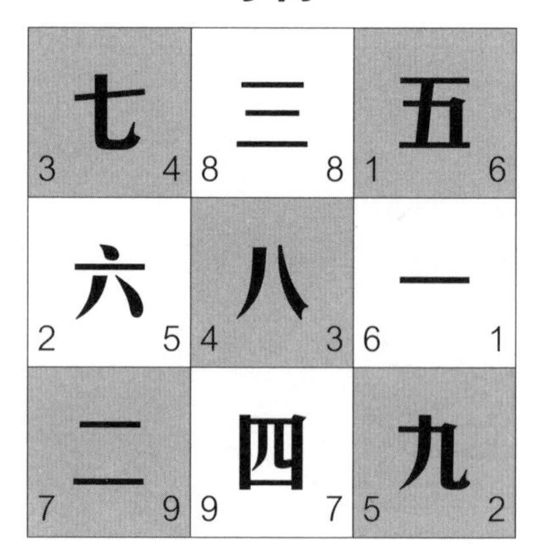

雙星到向，旺財不旺丁局

丑山未向

未向

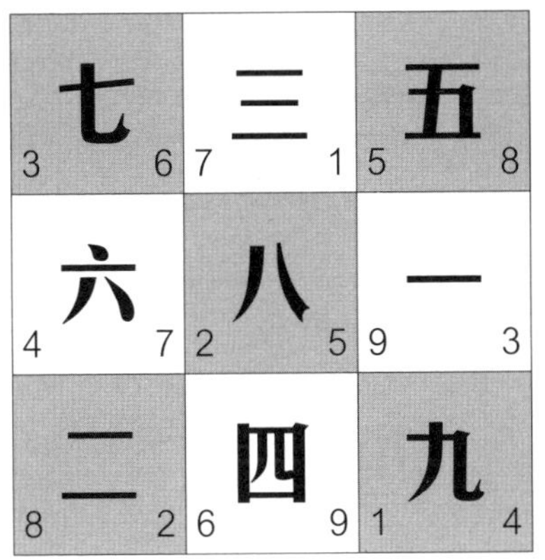

丑山

旺山旺向，旺財旺丁局

艮山坤向

坤向

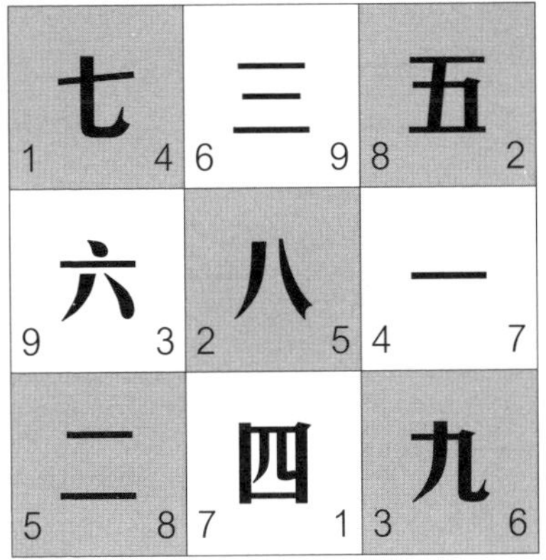

艮山

上山下水，損財傷丁局

寅山申向

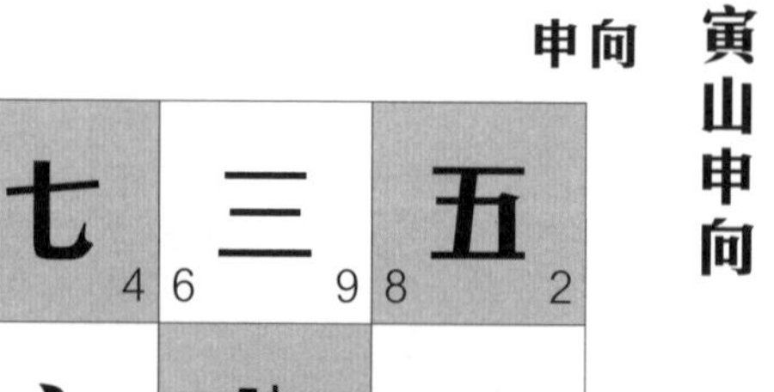

七 1 4	三 6 9	五 8 2
六 9 3	八 2 5	一 4 7
二 5 8	四 7 1	九 3 6

上山下水，損財傷丁局

甲山庚向

甲山 / 庚向

七 7 9	三 2 5	五 9 7
六 8 8	八 6 1	一 4 3
二 3 4	四 1 6	九 5 2

雙星到山，旺丁不旺財局

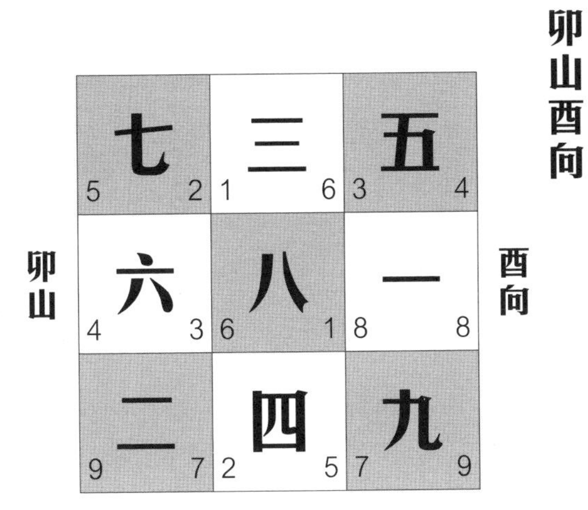

雙星到向，旺財不旺丁局

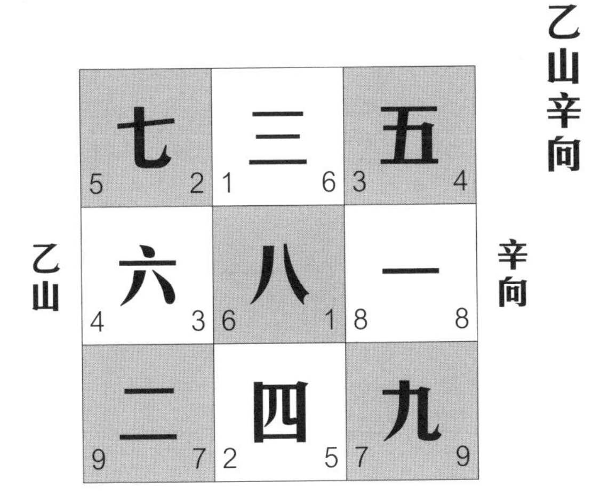

雙星到向，旺財不旺丁局

辰山戌向

辰山

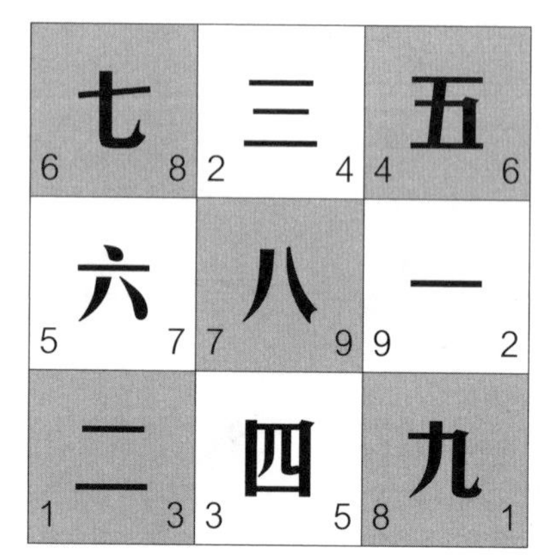

戌向

上山下水，損財傷丁局

巽山乾向

巽山

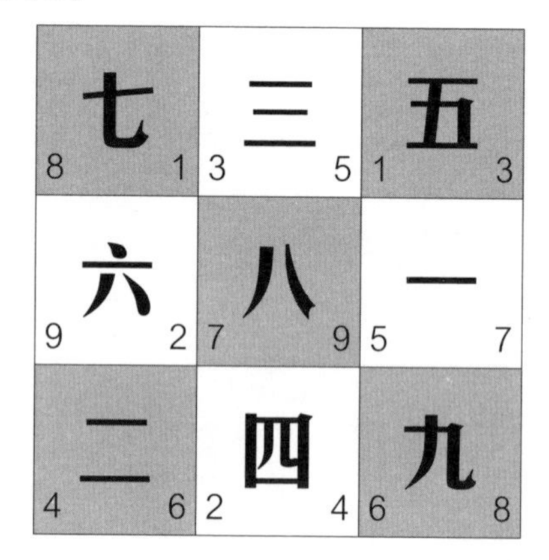

乾向

旺山旺向，旺財旺丁局

巳山亥向

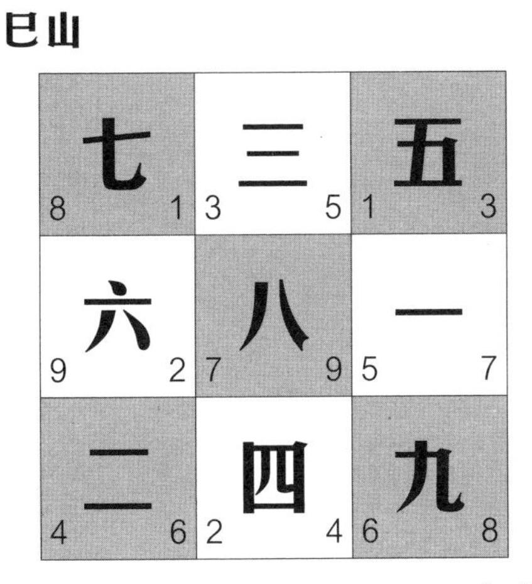

旺山旺向，旺財旺丁局

丙山壬向

丙山

七 (2 5)	三 (7 9)	五 (9 7)
六 (1 6)	八 (3 4)	一 (5 2)
二 (6 1)	四 (8 8)	九 (4 3)

壬向

雙星到向，旺財不旺丁局

午山子向

午山

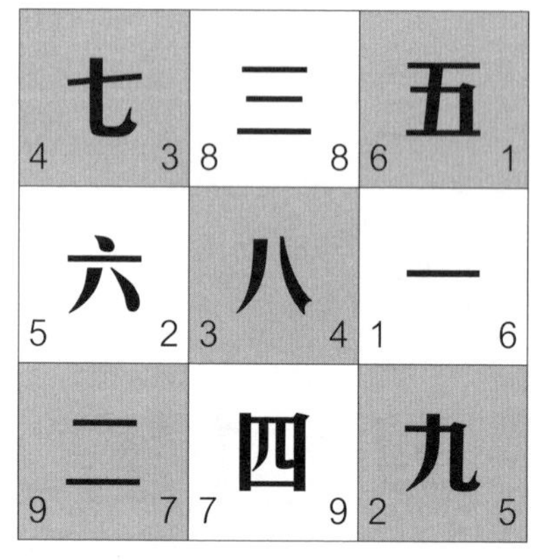

子向

雙星到山，旺丁不旺財局

丁山癸向

丁山

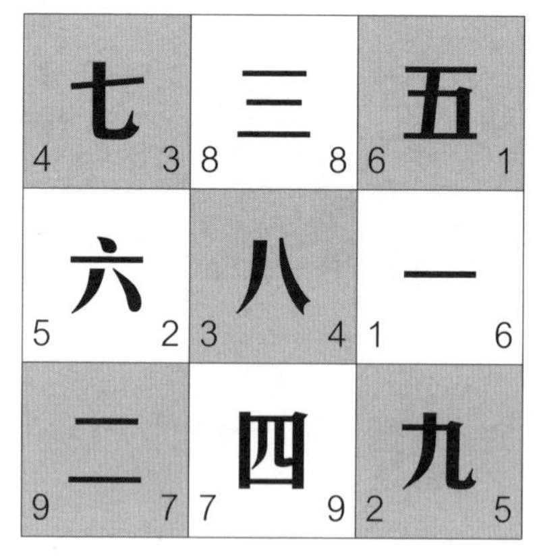

癸向

雙星到山，旺丁不旺財局

未山丑向

未山

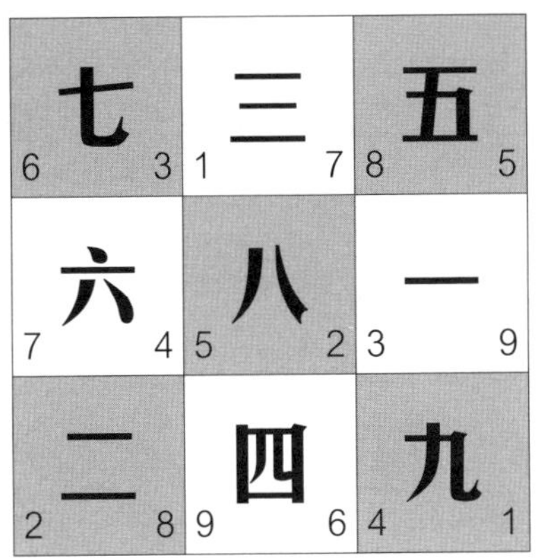

丑向

旺山旺向，旺財旺丁局

坤山艮向

坤山

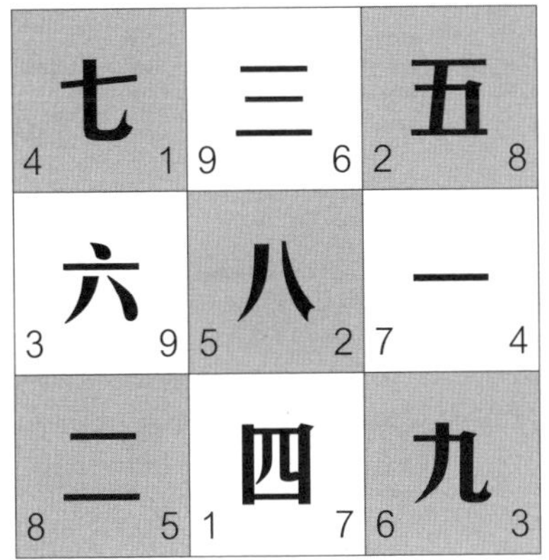

艮向

上山下水，損財傷丁局

申山寅向

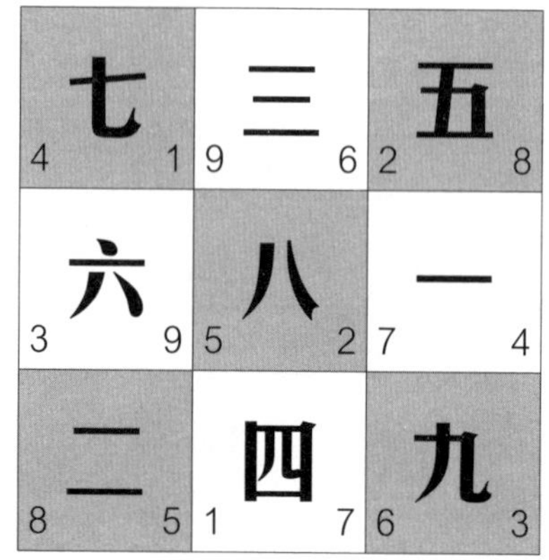

寅向

上山下水，損財傷丁局

庚山甲向

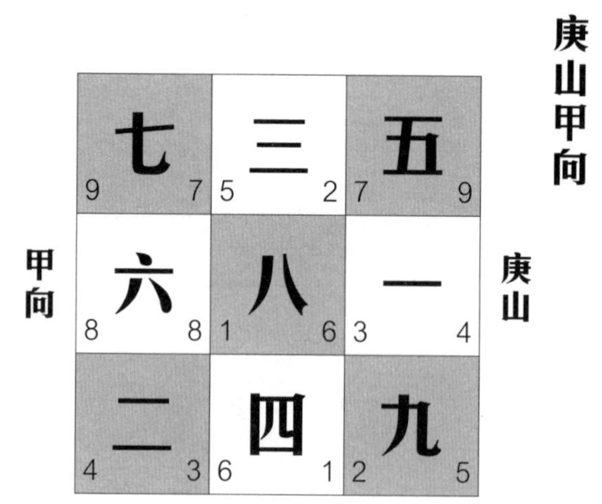

雙星到向，旺財不旺丁局

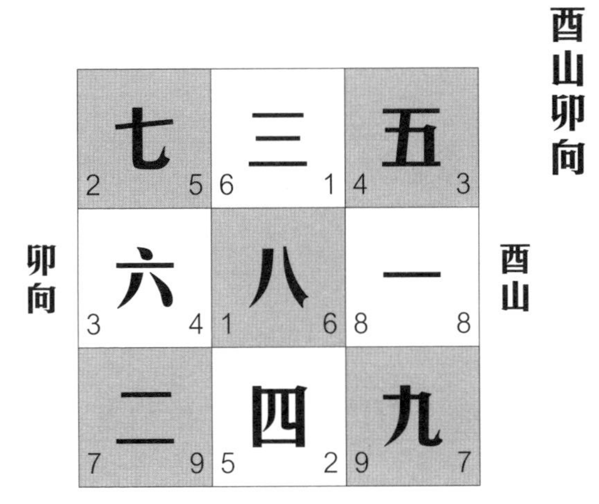

雙星到山，旺丁不旺財局

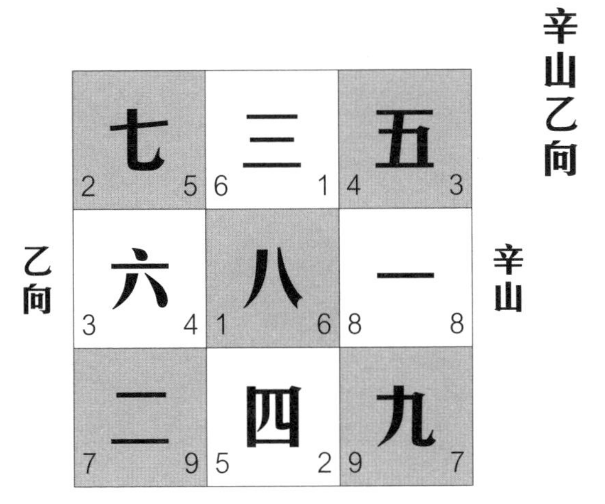

雙星到山，旺丁不旺財局

戌山辰向

辰向

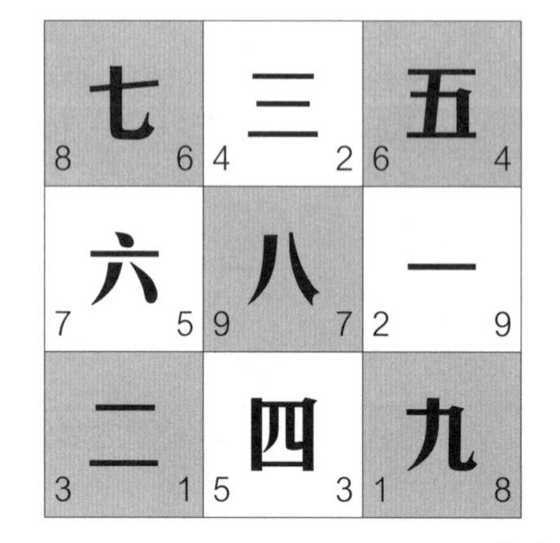

戌山

上山下水，損財傷丁局

乾山巽向

巽向

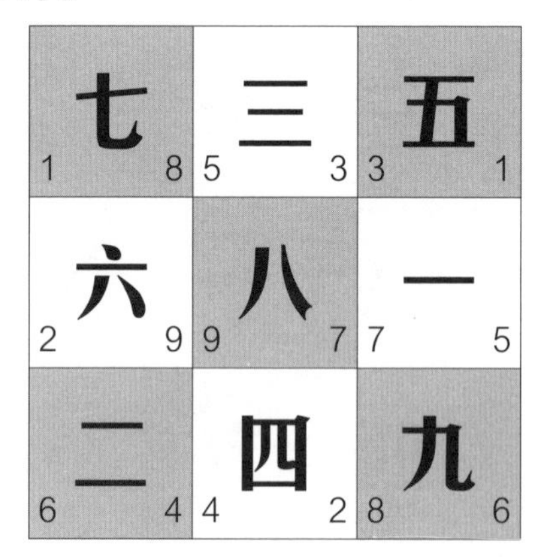

乾山

旺山旺向，旺財旺丁局

亥山巳向

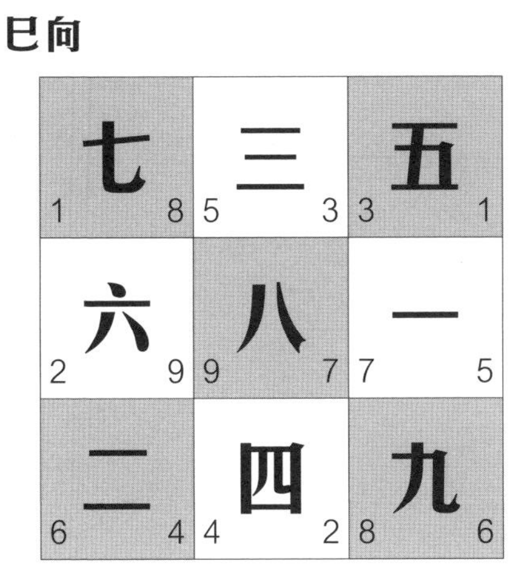

旺山旺向，旺財旺丁局

壬山丙向

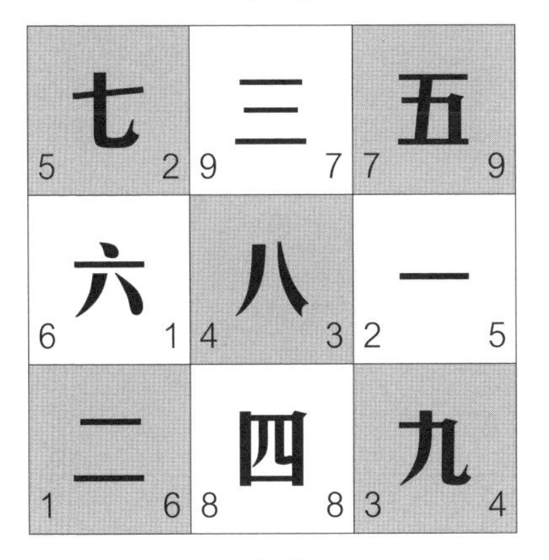

雙星到山，旺丁不旺財局

九運——二十四山，山向飛星圖

子山午向

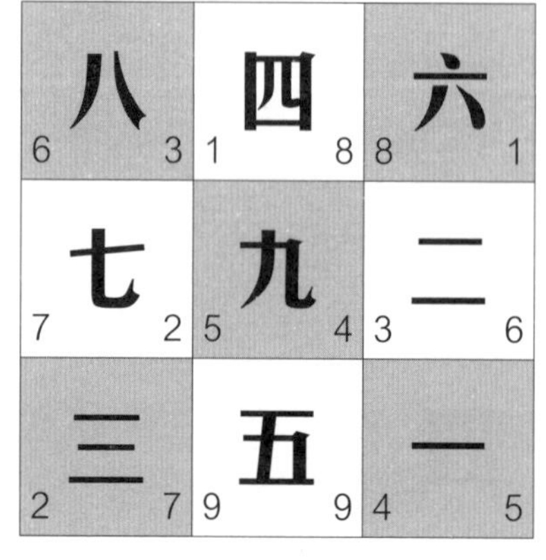

午向

八 6 3	四 1 8	六 8 1
七 7 2	九 5 4	二 3 6
三 2 7	五 9 9	一 4 5

子山

雙星到山，旺丁不旺財局

癸山丁向

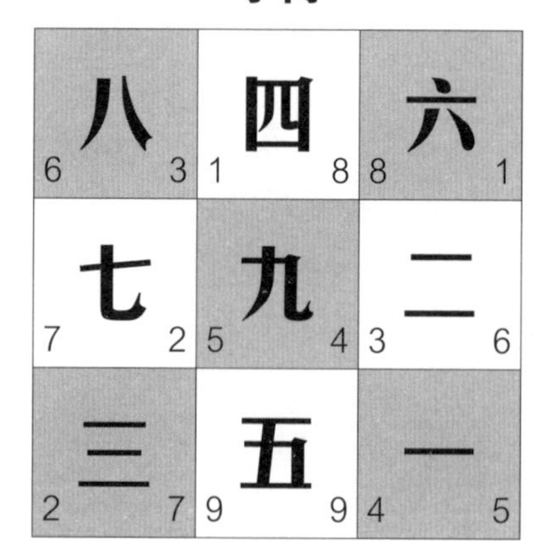

丁向

八 6 3	四 1 8	六 8 1
七 7 2	九 5 4	二 3 6
三 2 7	五 9 9	一 4 5

癸山

雙星到山，旺丁不旺財局

丑山未向

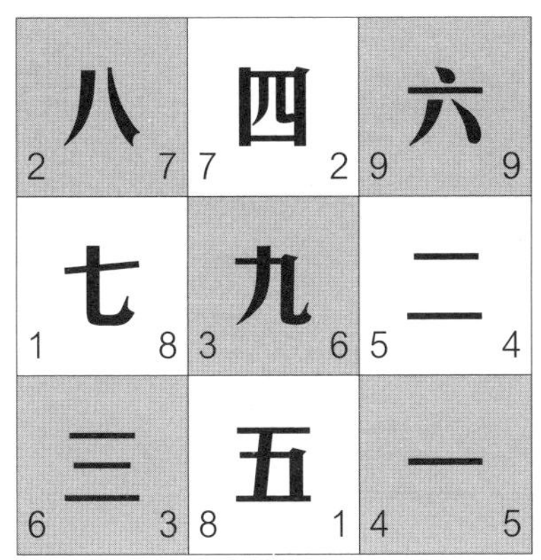

雙星到向，旺財不旺丁局

艮山坤向

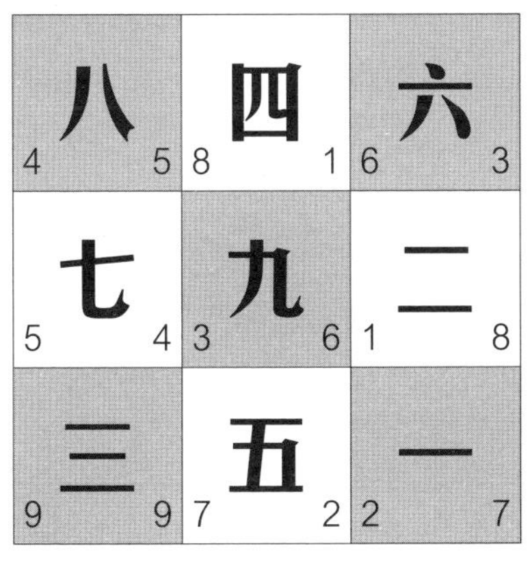

雙星到山，旺丁不旺財局

寅山申向

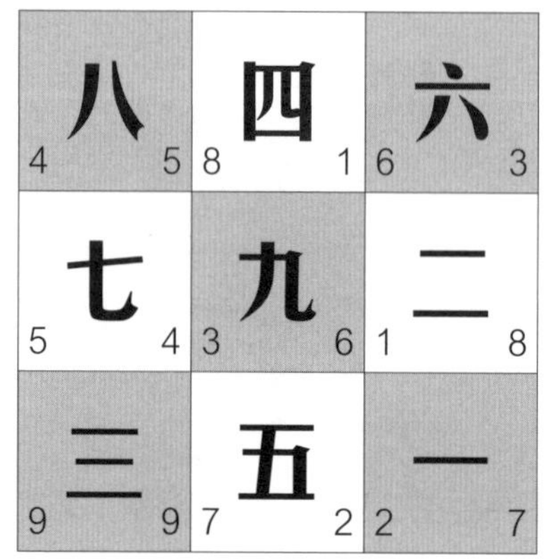

雙星到山，旺丁不旺財局

甲山庚向

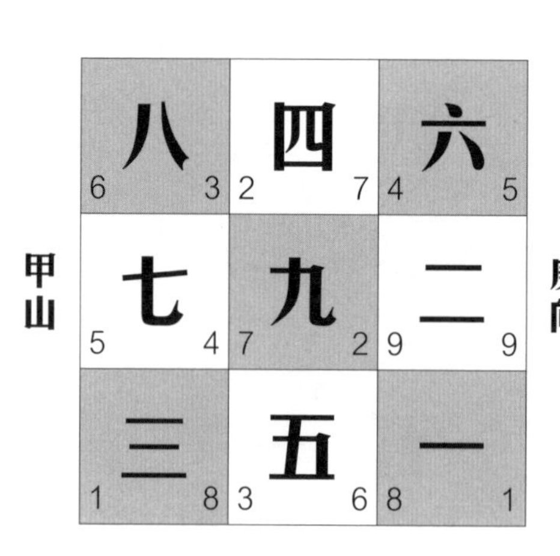

雙星到向，旺財不旺丁局

卯山酉向

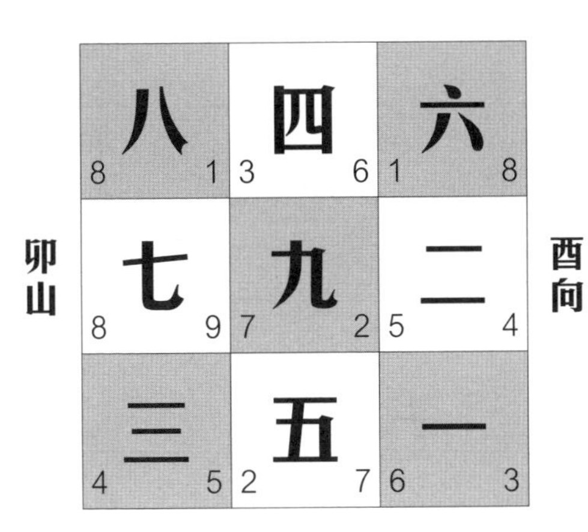

雙星到山，旺丁不旺財局

乙山辛向

乙山				辛向
	八 8 1	四 3 6	六 1 8	
	七 8 9	九 7 2	二 5 4	
	三 4 5	五 2 7	一 6 3	

雙星到山，旺丁不旺財局

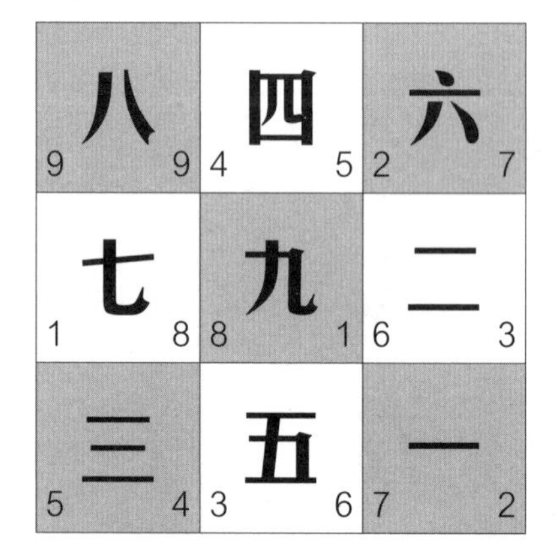

雙星到山，旺丁不旺財局

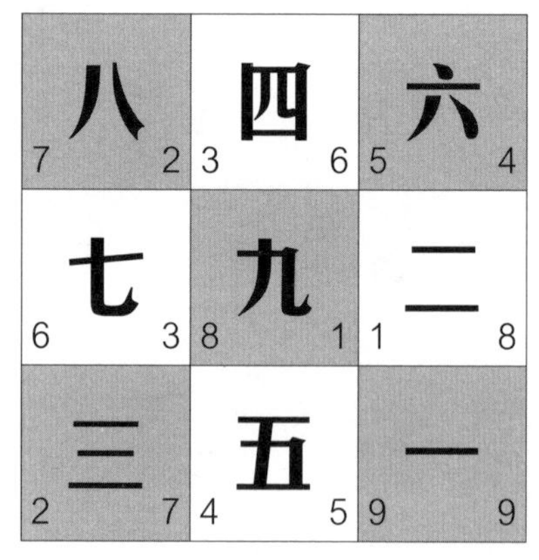

雙星到向，旺財不旺丁局

巳山亥向

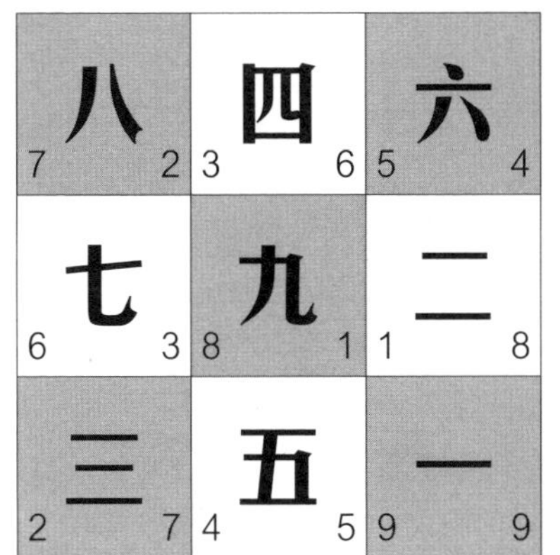

亥向

雙星到向，旺財不旺丁局

丙山壬向

丙山

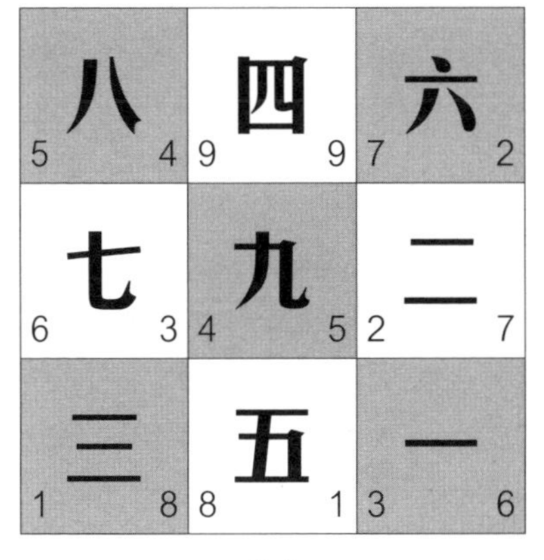

壬向

雙星到山，旺丁不旺財局

午山子向

午山

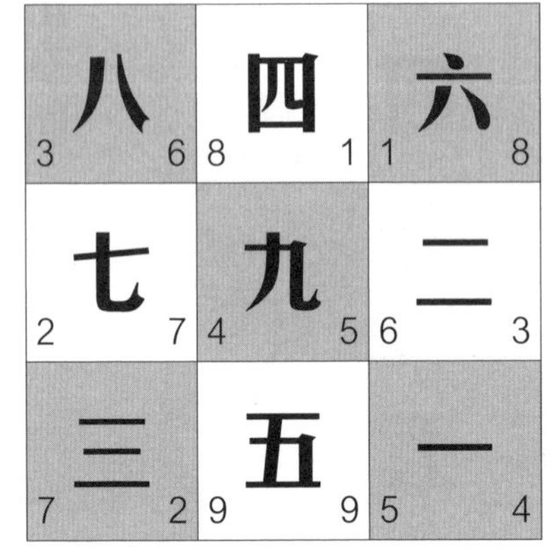

子向

雙星到向，旺財不旺丁局

丁山癸向

丁山

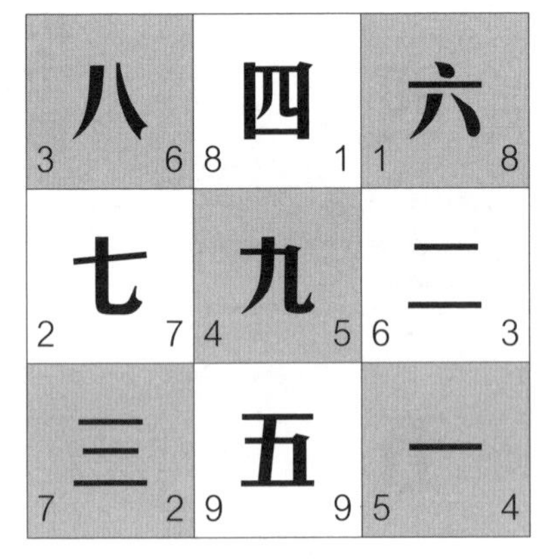

癸向

雙星到向，旺財不旺丁局

未山丑向

未山

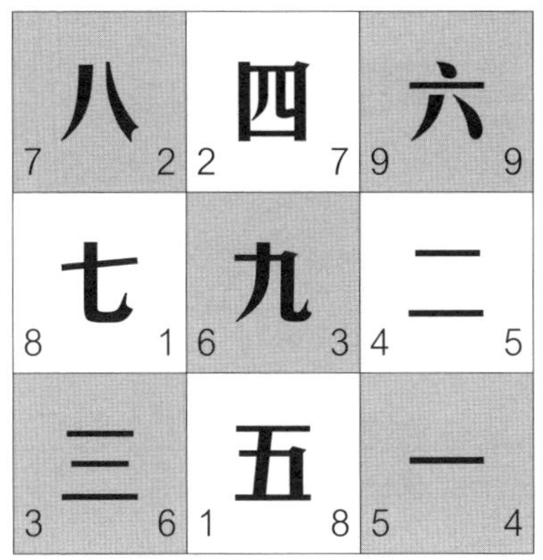

丑向

雙星到山，旺丁不旺財局

坤山艮向

坤山

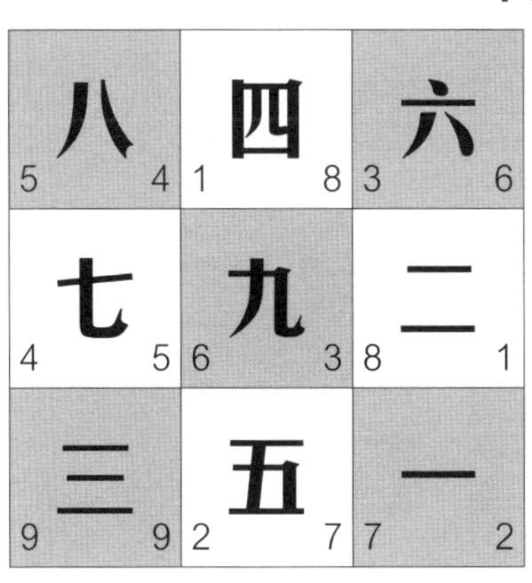

艮向

雙星到向，旺財不旺丁局

申山寅向

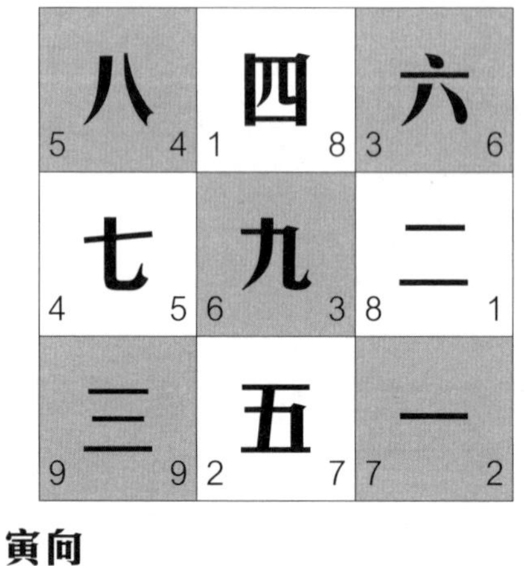

雙星到向，旺財不旺丁局

庚山甲向

八 3 6	四 7 2	六 5 4
七 4 5	九 2 7	二 9 9
三 8 1	五 6 3	一 1 8

甲向（左） 庚山（右）

雙星到山，旺丁不旺財局

酉山卯向

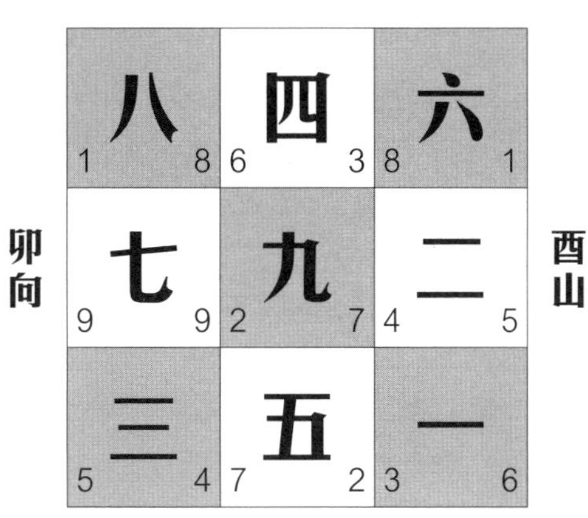

雙星到向，旺財不旺丁局

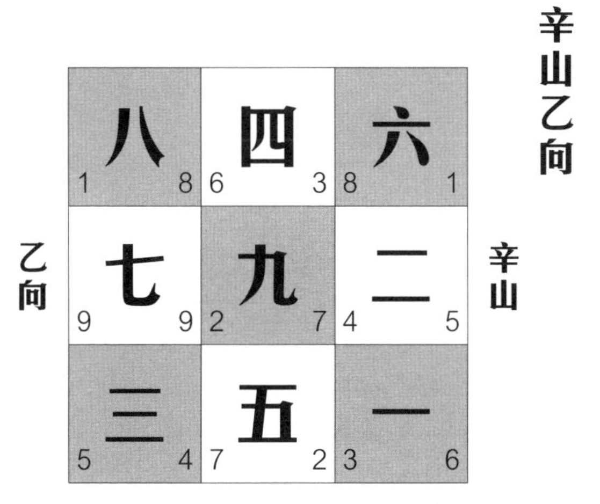

雙星到向，旺財不旺丁局

戌山辰向

辰向

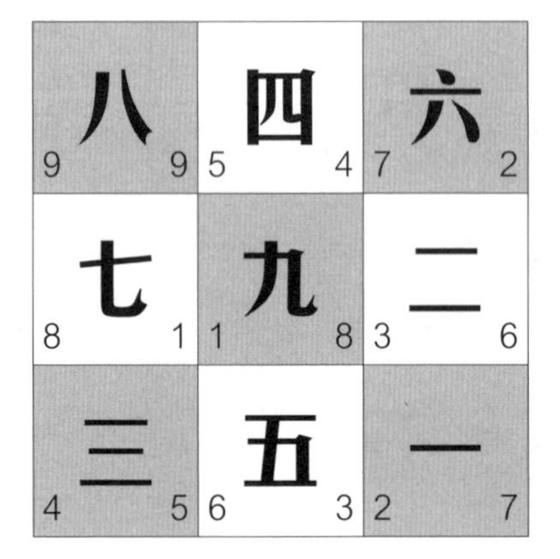

戌山

雙星到向，旺財不旺丁局

乾山巽向

巽向

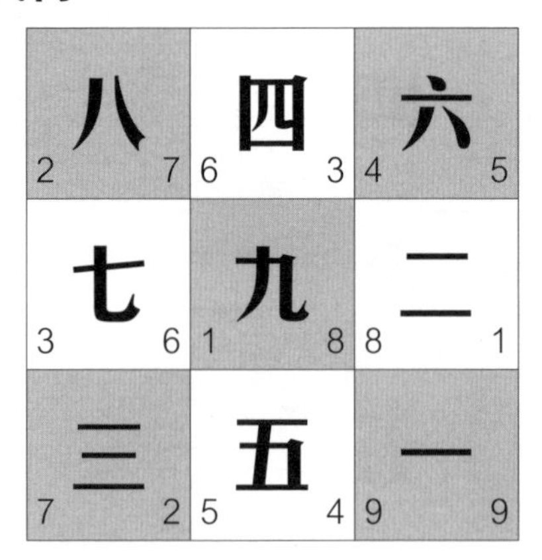

乾山

雙星到山，旺丁不旺財局

亥山巳向

巳向

八 2 7	四 6 3	六 4 5
七 3 6	九 1 8	二 8 1
三 7 2	五 5 4	一 9 9

亥山

雙星到山，旺丁不旺財局

壬山丙向

丙向

八 4 5	四 9 9	六 2 7
七 3 6	九 5 4	二 7 2
三 8 1	五 1 8	一 6 3

壬山

雙星到向，旺財不旺丁局

第三章

下元七運至上元一運之流年飛星入中表

（即一九八四年至二〇六三年）

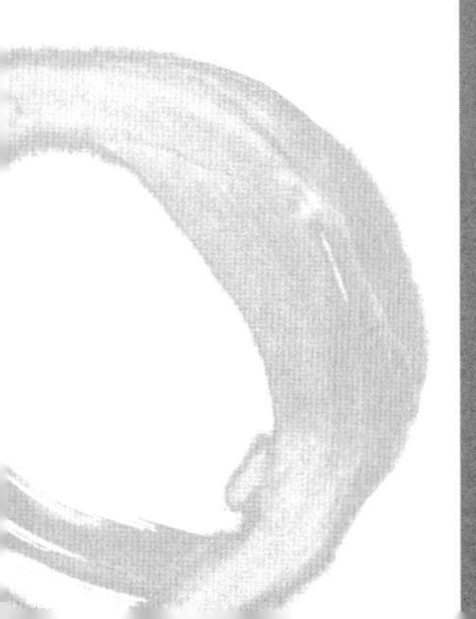

七運——一九八四年至二〇〇三年

一九八四年——（七）入中
一九八五年——（六）入中
一九八六年——（五）入中
一九八七年——（四）入中
一九八八年——（三）入中
一九八九年——（二）入中
一九九〇年——（一）入中
一九九一年——（九）入中
一九九二年——（八）入中
一九九三年——（七）入中

一九九四年——（六）入中
一九九五年——（五）入中
一九九六年——（四）入中
一九九七年——（三）入中
一九九八年——（二）入中
一九九九年——（一）入中
二〇〇〇年——（九）入中
二〇〇一年——（八）入中
二〇〇二年——（七）入中
二〇〇三年——（六）入中

八運——二〇〇四年至二〇二三年

二〇〇四年——（五）入中
二〇〇五年——（四）入中
二〇〇六年——（三）入中
二〇〇七年——（二）入中
二〇〇八年——（一）入中
二〇〇九年——（九）入中
二〇一〇年——（八）入中
二〇一一年——（七）入中
二〇一二年——（六）入中
二〇一三年——（五）入中

二〇一四年——（四）入中
二〇一五年——（三）入中
二〇一六年——（二）入中
二〇一七年——（一）入中
二〇一八年——（九）入中
二〇一九年——（八）入中
二〇二〇年——（七）入中
二〇二一年——（六）入中
二〇二二年——（五）入中
二〇二三年——（四）入中

九運——二〇二四年至二〇四三年

二〇二四年——（三）入中
二〇二五年——（二）入中
二〇二六年——（一）入中
二〇二七年——（九）入中
二〇二八年——（八）入中
二〇二九年——（七）入中
二〇三〇年——（六）入中
二〇三一年——（五）入中
二〇三二年——（四）入中
二〇三三年——（三）入中

二〇三四年——（二）入中
二〇三五年——（一）入中
二〇三六年——（九）入中
二〇三七年——（八）入中
二〇三八年——（七）入中
二〇三九年——（六）入中
二〇四〇年——（五）入中
二〇四一年——（四）入中
二〇四二年——（三）入中
二〇四三年——（二）入中

一運——二〇四四年至二〇六三年

二〇四四年——（一）入中
二〇四五年——（九）入中
二〇四六年——（八）入中
二〇四七年——（七）入中
二〇四八年——（六）入中
二〇四九年——（五）入中
二〇五〇年——（四）入中
二〇五一年——（三）入中
二〇五二年——（二）入中
二〇五三年——（一）入中

二〇五四年——（九）入中
二〇五五年——（八）入中
二〇五六年——（七）入中
二〇五七年——（六）入中
二〇五八年——（五）入中
二〇五九年——（四）入中
二〇六〇年——（三）入中
二〇六一年——（二）入中
二〇六二年——（一）入中
二〇六三年——（九）入中

第四章

風水案例

大廈對穿心煞，不出三月看更墮樓亡

九二年，應一學生的邀請，為她在浣沙街的新居勘察風水。

浣沙街是從西北走向東南的，而兩旁的樓向只有坐東北向西南及坐西南向東北兩種。就七運而言，此兩方位的房屋一為旺丁不旺財，一為旺財不旺丁，算是不太差的坐向。

我學生的新居位於街中剛落成、但還未有入伙紙的大廈內。大廈之門向為西南，乃旺丁不旺財之局，理應人丁旺盛及人口平安才對。

雖然此大廈仍未有入伙紙，但因我學生與這大廈的管理公司人員頗為熟稔，故我倆得以在他們的陪同下到我學生所買的單位看風水，以便在裝修前先行佈局。

此單位之門向為坐西南向東北，即坐坤向艮，為旺財不旺丁之局。於是，我便建議她在單位後方放一假山石，並在財位方放大葉樹，在凶位放一葫蘆及在門旁放水種植物催財。

看罷我學生的單位，我便到樓下看大廈的四周形勢，豈料給我發現了大凶之象！大廈對面有一條又窄又長的巷，正直沖大廈正門（見圖一）。

由於我學生的單位在三十幾樓，故此象對她影響不大；而影響最大的，反而是大廈的看更。於是我便叫我學生在大廈入伙後，一定要提醒看更放一盆多葉植物或仙人掌擋煞。但不知是否合該有事，所以大廈看更始終沒有置物擋煞。

入伙兩個多月後，大廈的看更便被發現倒斃在大廈的平台上，據說是從高處墮下而死。

從風水學的理論看來，該大廈之正門對着長巷，正正犯了穿心煞。本來，只有穿心煞並不會引致死亡這種嚴重的後果，但問題是當年該大廈之正門亦犯五黃死符，使穿心煞變成理氣再加形煞，結果加重了煞氣；又五黃為大凶之星，據《玄空紫白訣》所云：「五黃正煞，不拘臨方到間常損人口」，終釀致上述的不幸事件。

西南

7	3	⑤
6	8	1
2	4	9

九二年流年飛星圖

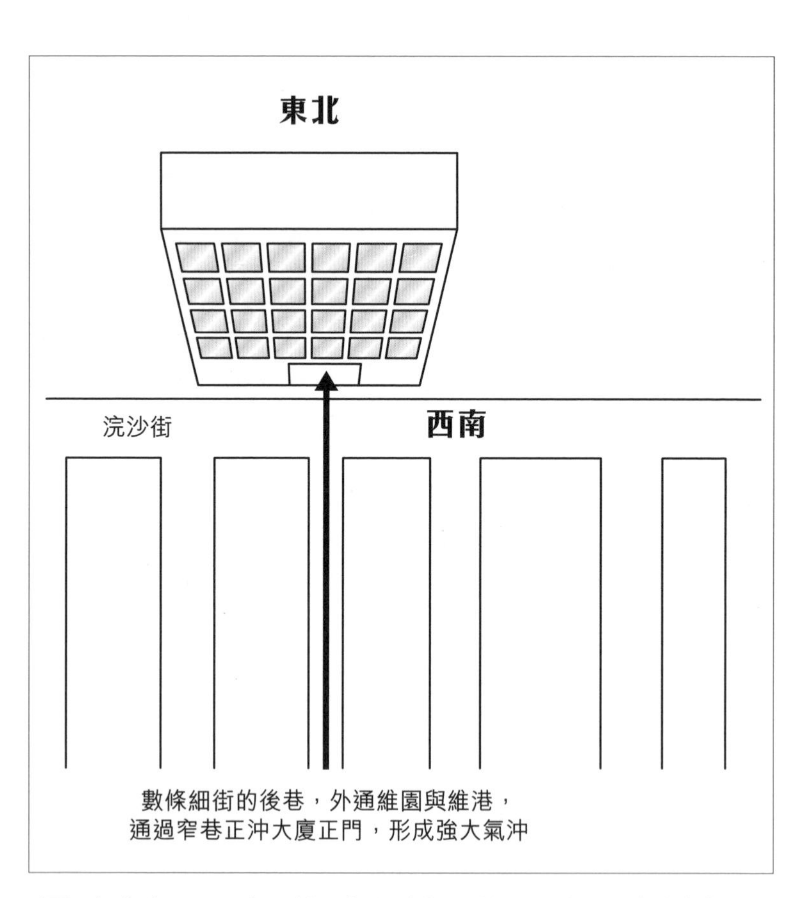

(圖一) 大廈正門犯穿心煞，加上流年五黃凶星到門，終致意外。

澳門賽馬會之風水格局

九二年，我應澳門賽馬會邀請，為他們勘察風水。上一次我幫他們看風水已是同年年初之事（相關案例詳見第163頁）。由於我當時所提供的意見果真令該會的風水得到改善，他們於是決定再請我去勘察全盤大局。

上次入門時看到的那塊「萬馬奔騰」屏風已經拆去，而「鉸剪形電梯」亦已被擋起來，令格局平和了不少。門前原有的一排政府細屋單位，都是蓋在山腳下所闢出來的土地之上，以致山勢參嵯，極不舒服。尤幸現在已全被拆除，並將會改建成較高的房屋，把山遮擋，令馬會的風水得以改善。可惜山那邊屬於正北，而九二年三煞剛好亦在正北，由於遇三煞不宜動土，動土即會傷人，故當時之首務是把三煞的煞氣化解。九二年三煞位在正北，屬水煞，可以用植物洩去水煞化解。又馬會西面及北面皆有水圍繞，惟西面水在二〇〇四年前有損財之象，故不是吉水（見圖一）。尤幸當時西面正在填海，並將會興建其他建築物及通往大陸的火車站，當令西面由水變山，使元運隨之轉好。又西北面填海會形成一條天然的河道，繞着馬會自西向東，環抱有情，形成「環城水」，當主財利之象。外在形勢至此已差不多完全得以改善。

至於內局方面，整個馬場之形勢是坐南向北，大局狀似漏斗。由於行政大樓蓋於漏斗前端而非末端，以致不能收四水歸元之作用，所以有頭重尾輕、阻財進入之象。於是我建議在局之後方加建假山及較高的建築物阻截財星，並建議在正東之位置開一魚池，加旺財氣，以起聚財的作用。至此，整個內部形勢差不多已臻完善。

至於主要建築物方面，主樓建在前端之正中方向，為前端最好的位置。由於此局為坐午向子，雙星到向，當令旺星飛到前端中央（即主要行政大樓及看台的位置），所以此方為最有利之處，有收起旺氣的作用。而馬房及其他建築物剛好建在入口的左方，並伸延至中央，皆為吉位。入口的右方雖為凶位，但因沒有重要的建築物，故無大影響。佈局至此，已可令整個馬場興旺起來。

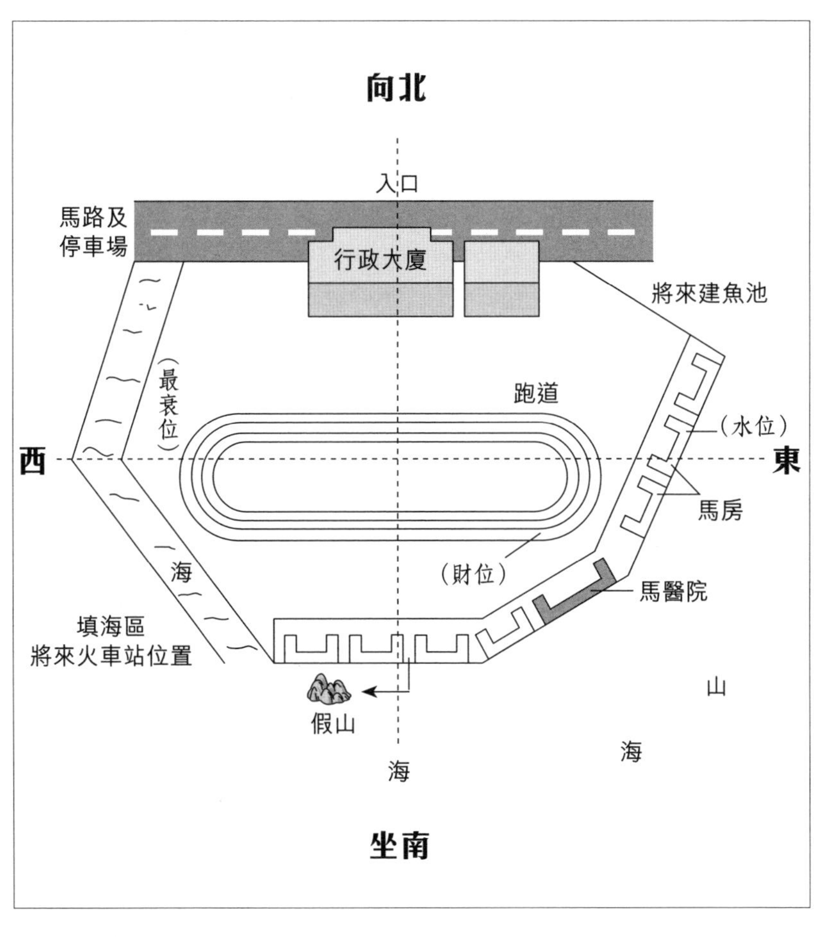
向北
入口
馬路及
停車場
行政大廈
將來建魚池
(最衰位)
跑道
(水位)
西
東
馬房
(財位)
馬醫院
海
填海區
將來火車站位置
假山
山
海
海
坐南

(圖一)

風水禁忌——反光鋼閘惹疾病連綿

九三年某日，一位熟客來電，問可否為他的下屬看看風水，價錢算便宜一點。是熟客，也無所謂，況且人家可能有困難，方便一下別人也是樁好事。

這位客人是一位女士，由於我與她素未謀面，所以只按着她給我的地址去找，而地址是屯門兆安苑某單位。

我以前常說屯門近屯門公路那一邊山勢不佳，怪石嶙峋，對人口身體極為不利。尤幸這位客人的住所看不見九徑山這邊，反而面對青山，所以外在形勢算是合格。待我看過外在形勢後，便隨即搭電梯往上址。

應門的是一位六十來歲之女士，與她打過招呼後，我便馬上打開羅庚，得出此宅坐申向寅，七運為旺財不旺丁之局，怪不得此宅只有一位婆婆獨居，兒媳都已另遷他居矣！

然此宅風水並無不當之處。此宅為兩房之單位，一個房間為桃花位，一個房間為財位，而衰位在客廳梳化處，也無大礙；廚房為平位，然灶位放置適當亦無壞處，唯一不妥之處是大門斜沖入廚房門而產生煞氣，但也不會構成大問題（見圖一）。

於是，我便對她說，此宅並無大壞處，只是旺財不旺丁，難免會愈住愈少人。她說正是，因為她住在這裏已有十多年之久，一向也無問題，只是兒子結婚後搬離此宅，剩下她一個人而已！

她說自己其實也沒有甚麼不習慣，只是這兩個月疾病連連，也不知道當中是甚麼原因，問我這會否與對面新搬來的人家之門口有鏡有關？她不說，我也沒有留意原來她對戶有鏡。於是我馬上開門一看，果真發現對戶之鐵閘為一道反光鋼閘，的確有鏡之效果，而剛好這單位的廚房又斜對大門，正成鏡對廚之弊，怪不得自對戶搬來以後，她便經常生病。

坐申向寅七運飛星圖

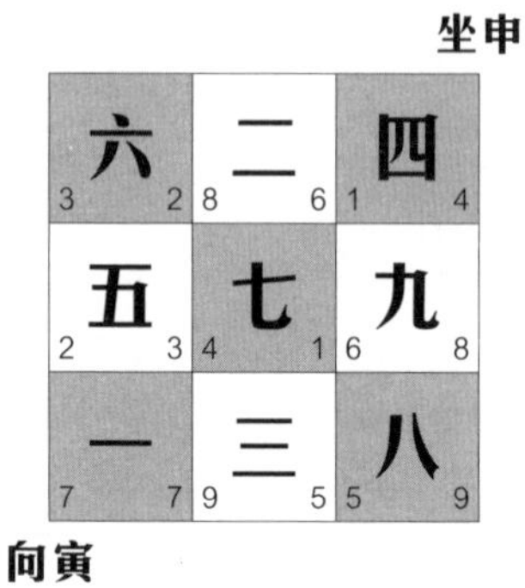

八宅圖：坤宅

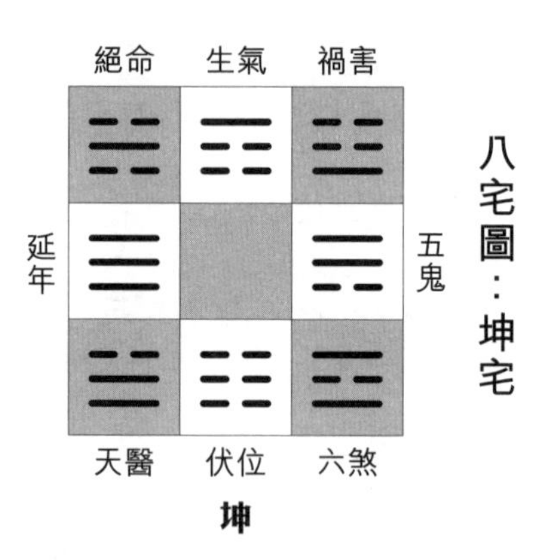

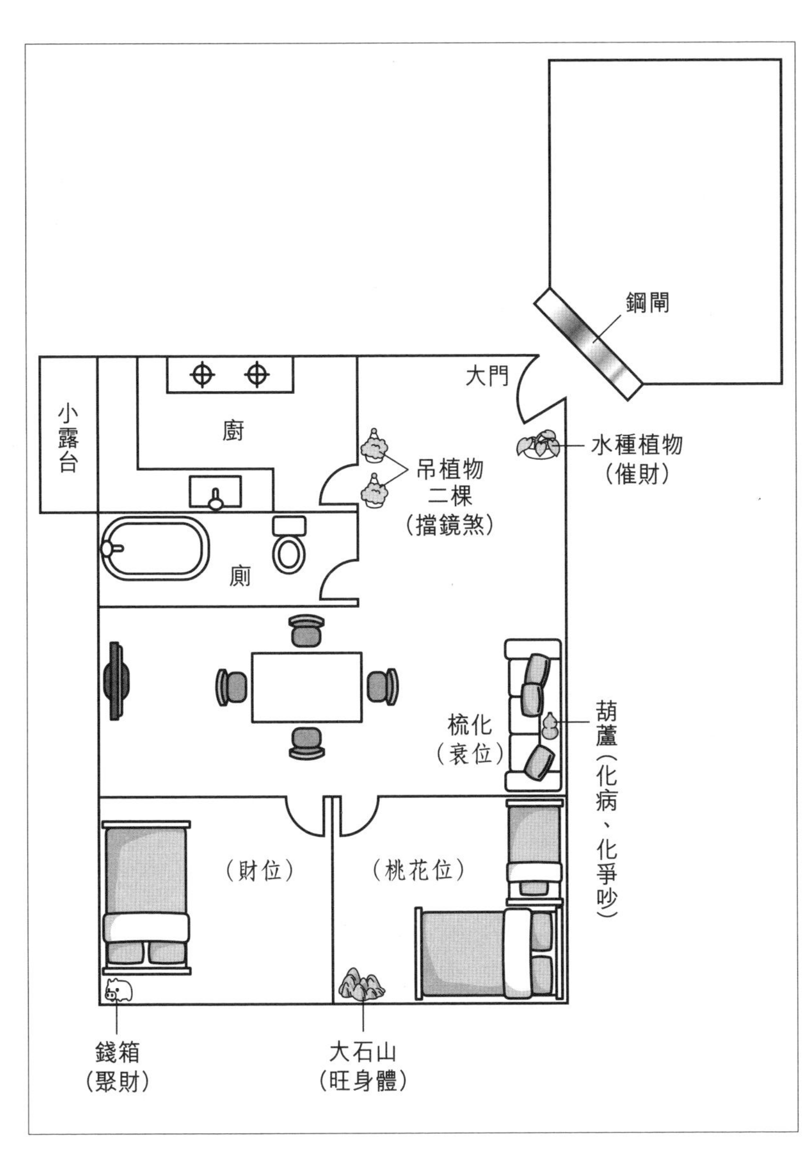

(圖一)對戶大閘為鏡面，由於它正對此戶之廚房門，所以引致宅中人疾病連連，現於廚房入口左右各吊一棵植物化解。另外，以上佈局已包括催財、聚財、旺身體、化病以及擋煞之效。

火燒五鬼，財位入廁

九三年應澳門馬會陳小姐之邀請，為她的朋友勘察住宅風水，地點是杏花邨某單位。

此單位坐西北向東南，坐戌向辰，以飛星計算七運應為旺財旺丁之局，且中宮為八六當旺之星。《玄空紫白訣》云：「八六為文士參軍或則異途擢甲」，又宅主人從事水電工程業而非文職，故有相配之象。

可惜大門為二四相剋之局，二為坤、為母，四為巽、為長女，而宅主人只有一女，所以既是長女，亦是孻女。二、四相剋，當應母女不和。

主人房為六四相剋之局，六為乾，屬金；四為巽，屬木，金剋木為金屬所傷之應。

廚房為一八相剋之局，當旺之八剋失令之一。八為艮，屬土；一為坎，屬水，土剋水，剋主耳病、腎病之應。

女兒房間為三一相生之象，但三、一皆為失令之星。又三為祿存，是爭鬥之星；一為貪狼，當令時為官星，失令時為桃花星，而三一同星，當有感情爭鬥之事。

若以八宅法配合飛星法來計算，此局廚房為五鬼，有火燒五鬼之象。火燒五鬼為大凶之事，當應怪病，是屢醫無效之症。又廚房在東方為巽卦主事，巽屬木，屬長女、足、膽、肝及皮膚等。火燒五鬼在巽方當應以上之症。又因在廚房，故會影響全家人之身體，尤以宅主人為甚。

至於女兒房間，因位在坎方屬水，而飛星一白向星在此方位亦屬水，所以有水過重之象。水為桃花，又主腎、膀胱、泌尿系統，代表有月經痛等婦科病。

再加上五鬼在廚房，所以女兒每次在家吃飯後便馬上要上廁所，但在外面吃飯卻沒有此現象。

又局中財位坐落廁所，而廁所為去水最多之位，故會有漏財的現象。

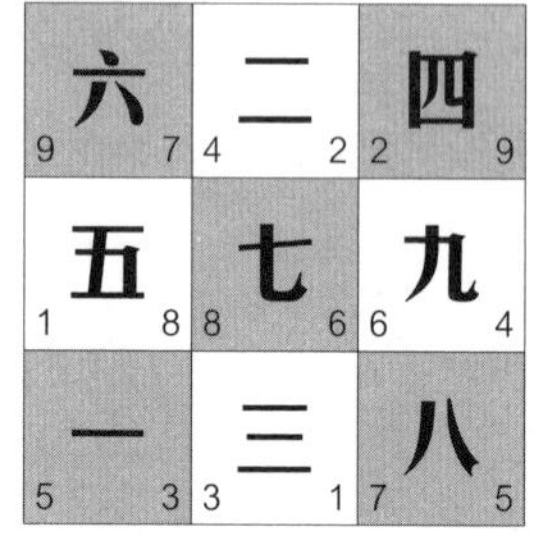

坐戌向辰七運飛星圖

飛星七運坐戌向辰
旺山旺向，為旺財旺丁局

向巽

五鬼	禍害	絕命
☳	☴	☲
天醫 ☶		☷ 延年
☵	☰	☱
六煞	伏位	生氣

坐乾

八宅圖：乾宅

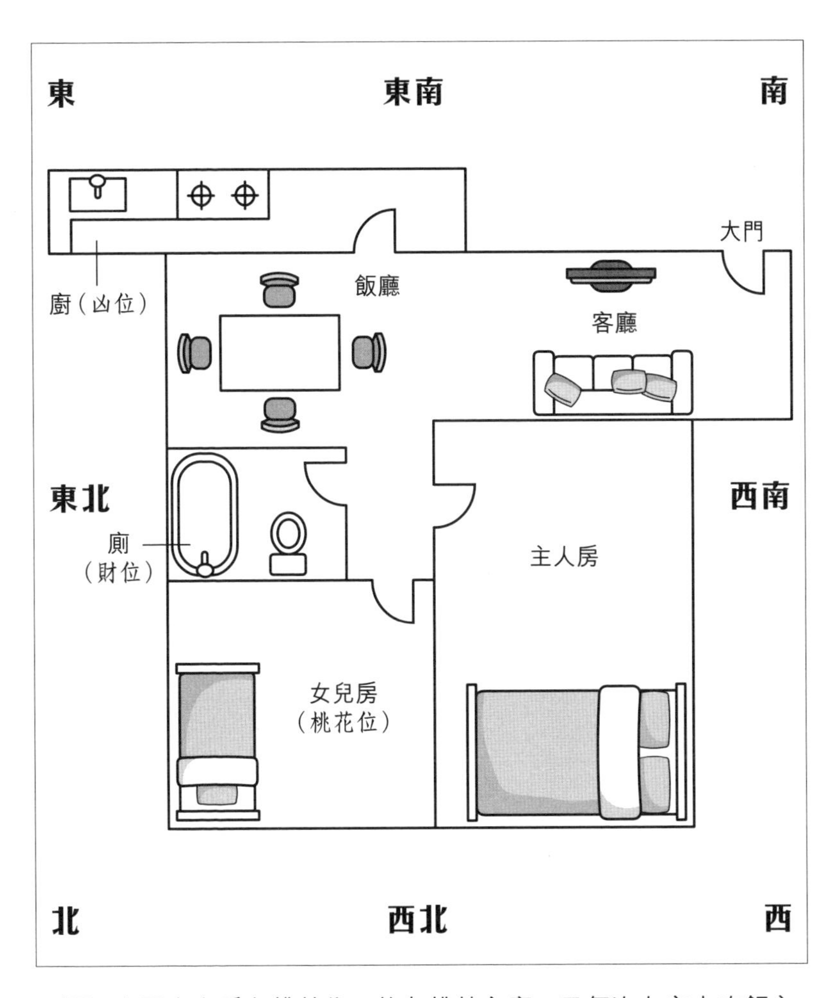

（圖一）因女兒房在桃花位，故有桃花之應。又每次在家中吃飯之所以會馬上如廁，是因為房間屬坎卦，而坎屬水，胃屬土，故有水旺土蕩之象，生出腹瀉及月經病之應。

綜合以上八宅及飛星之配合，此宅本為旺財旺丁之局，但因內裏間格不能配合，以致出現損財傷丁之象，實在可惜。尚幸大局始終是佳局，故沒有大凶之事發生。

內局不佳，外有燈柱，食店終釀火災

根據風水學的理論，門前不宜對向大樹或電燈柱，否則犯了「頂心杉」。對向樹木往往會引致宅內人口容易患上胸、肺部位之疾病。

至於對着燈柱則更凶。香港的燈柱以金屬製造，全部內藏電線，又電線亦為煞氣的一種，稱為「火煞」或「磁電煞」，它不但會引致宅內人口精神緊張，脾氣暴躁，嚴重者更會引起火災。

九三年，應朋友之邀請為佐敦道某食店勘察風水。此店坐西向東，酉卯向，七運為旺財旺丁之局，地運應至二〇〇三年止。但據店主説，最近先是他養的貓無故死亡，後來廚房又離奇失火，令他思前想後也想不出個所以然。事實上，他這間食店，開業經年，生意一向興隆，丁財兩旺，為何今年突然會損財又傷丁？

我先把九宮飛星圖及八宅圖排好，發現此局中宮九五七，火土並見；再加上大門為二七五，亦為火土之局。

本來中宮九七之先後天火及大門二七之火皆為五黃所洩，可惜五黃為燥土，不能洩火，反有火旺土燥之象。但因風水學上有「有理氣而無形煞者不驗，有形煞而無理氣者亦不驗」之說，於是我馬上到門外觀察，終於給我發現原來對面有一條新建的電燈柱正對此局之正門。

加上此局門內有一大鏡正對大門，以致把門外的燈柱收入門內。而鏡後為廚房，又廚房亦為七三九木火之局，故令火氣完全湧現。再加上流年星大門為七，中宮為九，廚房為二，

坐酉向卯九宮飛星圖

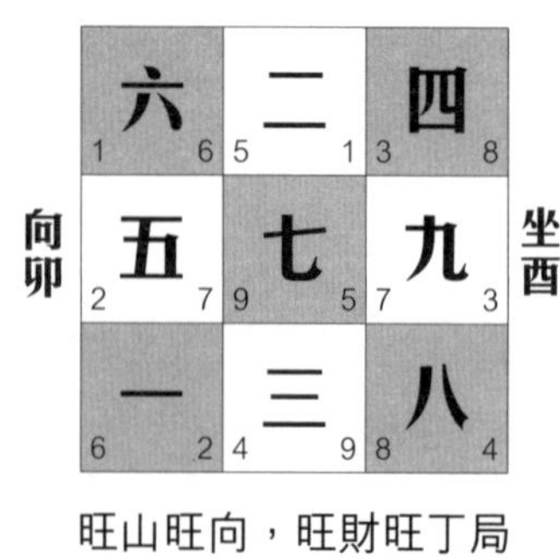

旺山旺向，旺財旺丁局

八宅圖：兌宅

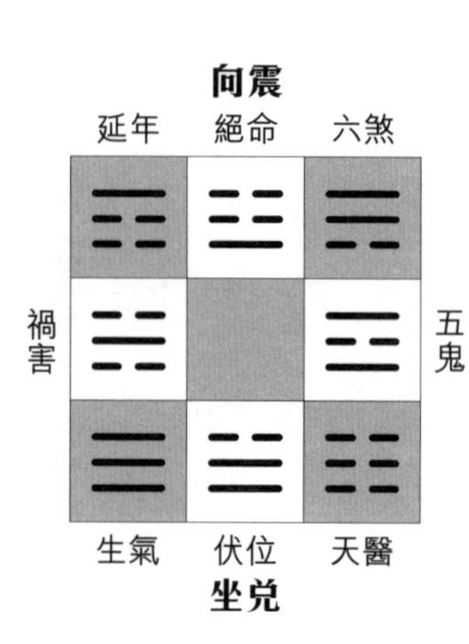

8	4	6
7 大門星	9 中宮星	2
3	5	1

火災流年星，火入中宮，加上大門七到，與局中大門二七火相應，故引致火災。

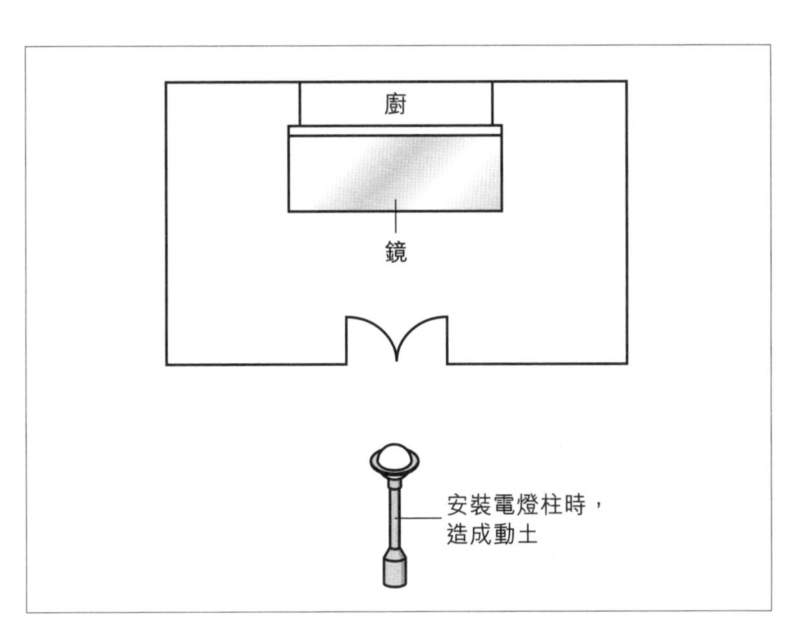

(圖一) 原局：廚房外的鏡把火煞收入室內中宮，終致火災。

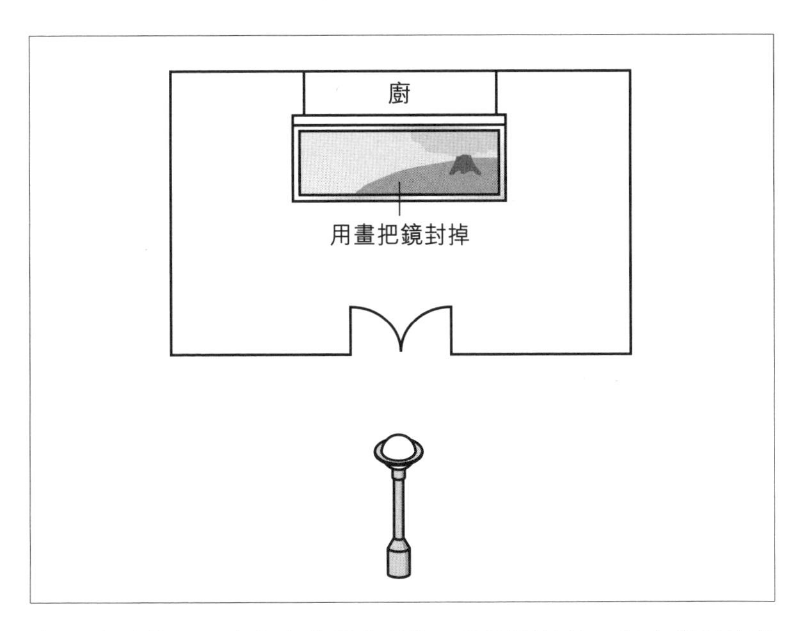

(圖二) 改後：原本之大鏡用畫封掉，另門頂放鏡，把火災留於室外，生起反射作用。

二七為先天火，九為後天火，二七九先後天火同到，如此焉有不發火災之理呢？細問之下，原來對面的燈柱是數月前才新裝上去的，再加上先前裝電燈柱時掘地動土，加旺煞氣，故此局發生火災可說是天意安排。

馬場風水怎樣看？

九三年年初，原想到北京辦一些事情，但突然接獲北京打來的電話，着我延期起行，五月底再去。無辦法啦，唯有五月底再去！但這數日假期該怎樣打發呢？

這時，電話突然響起來，我趕忙接聽。一聽對方的聲音，便知道這原來是我的學生阿郭。

阿郭是一個騎馬「發燒友」，而且還養了數匹馬在香蜜湖之馬場，所以他每個週末都會去香蜜湖騎馬。這次他之所以打來，原來是因為他在香蜜湖附近租了七畝地來養馬及做一個小馬場，故此想請我幫他看看那邊的風水該如何設計。還好我有看濠江馬場之經驗，當時雖然不是看整個馬場而只是看最重要之部分，但亦足以增進筆者在這方面之知識。

上次看濠江那個馬場的時候，一進大門即發現煞氣重重，好像賭場之佈局。我心想，馬場只是抽佣金的生意，根本無必要佈置一個殺局出來——

那邊一進大門即來一個萬馬奔騰的屏風，而屏風後面為一「鉸剪形」電梯，好像要把人

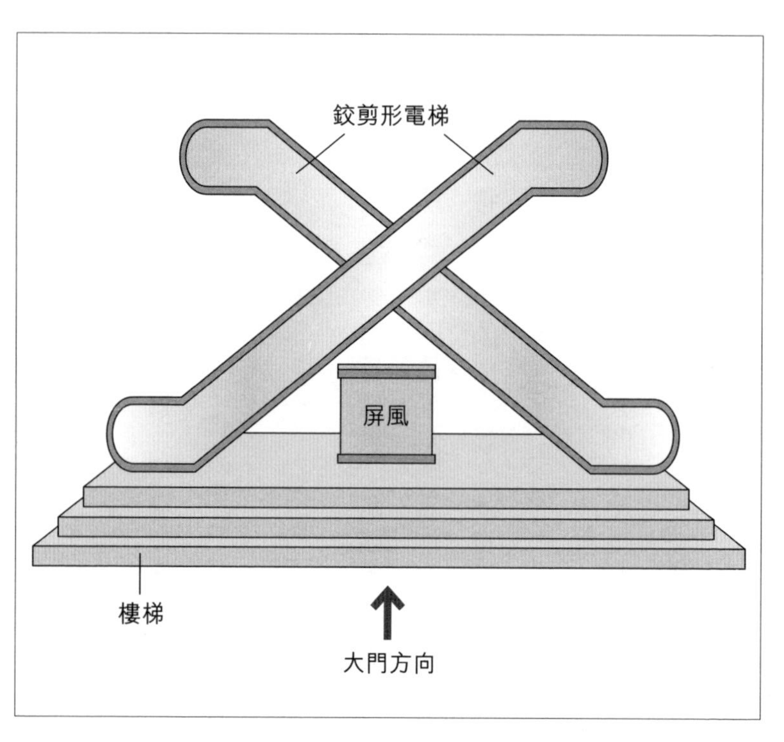

（圖一）濠江馬場入門佈局，當中可見萬馬奔騰屏風之馬皆立體而凸出，狀甚可怖。

趕盡殺絕一樣，怪不得上手主人無法令它興旺起來（見圖一）。

試想一下，如果每個客人都輸錢，還有誰會再去？所以我告訴客人要把這「鉸剪形」電梯擋住，而且最好把那個萬馬奔騰屏風換掉。隨着殺局化為平和之局，客人自然會漸漸多起來。

至於我學生阿郭的馬場，當然沒那麼複雜，但某些重要的事情還是要多加注意，例如養馬的方位、馬伕宿舍及辦公室的位置、開水位及糧倉在哪裏等，都要一一佈置。

此局坐南向北，水位放於東面為當運水，財位用來養馬生財；寫字樓設於桃花位，以利交際應酬，作見客之用；至於假山方面，因此局雙星到向，為旺財不旺丁之局，故有催丁之用，而凶位則不宜用於有人到之處（見圖二）。

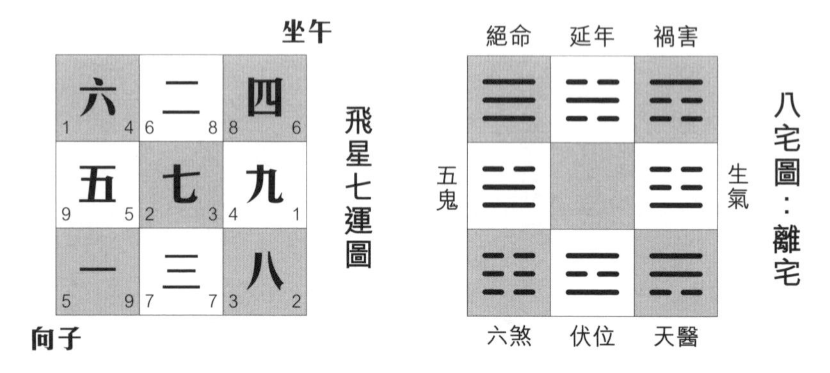
坐午
六
1 4
二
6 8
四
8 6
五
9 5
七
2 3
九
4 1
一
5 9
三
7 7
八
3 2
向子
飛星七運圖
絕命
延年
禍害
五鬼
生氣
六煞
伏位
天醫
八宅圖：離宅

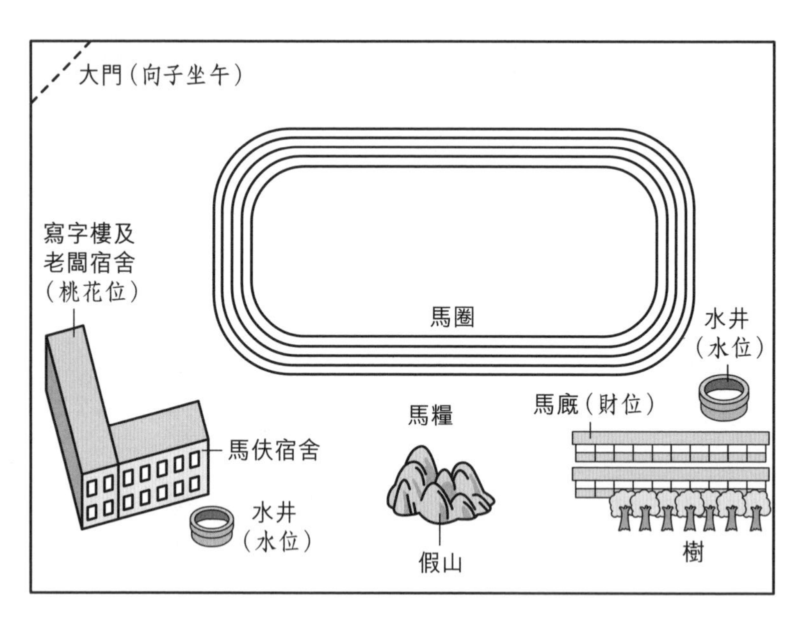
大門（向子坐午）
馬圈
寫字樓及
老闆宿舍
（桃花位）
馬伕宿舍
水井
（水位）
馬糧
假山
馬廄（財位）
水井
（水位）
樹

(圖二) 香蜜湖之馬場佈局

大鵬灣墓穴風水

早上剛剛從深圳看完阿郭的馬場回來，疲累不堪。本來打算休息一會，到晚上起來吃過飯後，再去AD飲杯酒，鬆弛神經。怎知睡到七時許，電話便響了起來，而對方原來是我的好友劉某。

劉某個子不高，有兩撇鬍子，經營建築材料及很多其他範疇的生意。他為人熱心好客，完全沒有有錢人的架子。他這次找我，是因為他有個朋友的長輩剛剛過身，在深圳大鵬灣買了八個墓位，於是想請我到那邊看一看風水，還問我今晚可否一起吃飯，跟他的朋友會一會面。

我想反正都是一個人吃飯，而且看墓地亦不能拖，於是便答應跟他們一起吃飯（平常我很不喜歡跟客人吃晚飯，因為他們一定會問很多關於風水命理的問題，又會要求我贈幾句，令我不可以完完整整地吃一頓飯，甚至比開工還要辛苦）。由於他說將於五分鐘後在我家對面接我，於是我馬上起牀，穿衣洗面，立即跑到樓下去。他先開車送我到他們相約的酒家吃飯，然後再到其家把全家人的八字排出來，並約定明天早上在火車站碰面。

第二天一早起牀，便到火車站跟他們會面，一起到大鵬灣去。

由於我曾到大鵬灣那邊察看過，所以對當地很了解，且那次還認識了一位蕭先生。剛巧這次我要看的位置也是蕭先生跟他們一起初選的，所以我想該穴之風水應不會太差（這位蕭先生經常接觸這些選墓之事，而且遇過不少風水師，所以他對風水亦有一定程度的認識，而我上次跟他傾談時，也從他口中獲得不少知識）。

言歸正傳，究竟那邊的風水如何呢？

我先講一講大鵬灣的形勢——

那邊背山面海，正面水口向西北，大海茫茫，一望無際；左右兩邊，龍虎沙合抱有情，背枕山不高，尚算圓潤，雖略嫌氣勢不夠，但亦不失為一吉地，加上正穴朝北，而不是正面向西北之地。如向正西北面，則大海茫茫，水口不收，無遮無擋，縱然當運亦會家破人亡、最終財離人散。相反在北之正穴，前有案台，更有重重朝拜之勢，且有倉庫印台，雖然枕山氣勢不足，亦足以發小貴、發小富。

至於我這次看的位置，雖然不能正對玉印之方向，只能收到後面倉庫之尖峰，但亦為上佳之地。

在碑向方面，我用坐丁向癸九運線（坐恒向益），再加北面水，九運當發，所以這墓穴之地運可發到二〇四三年止，後附圖供讀者了解形勢。

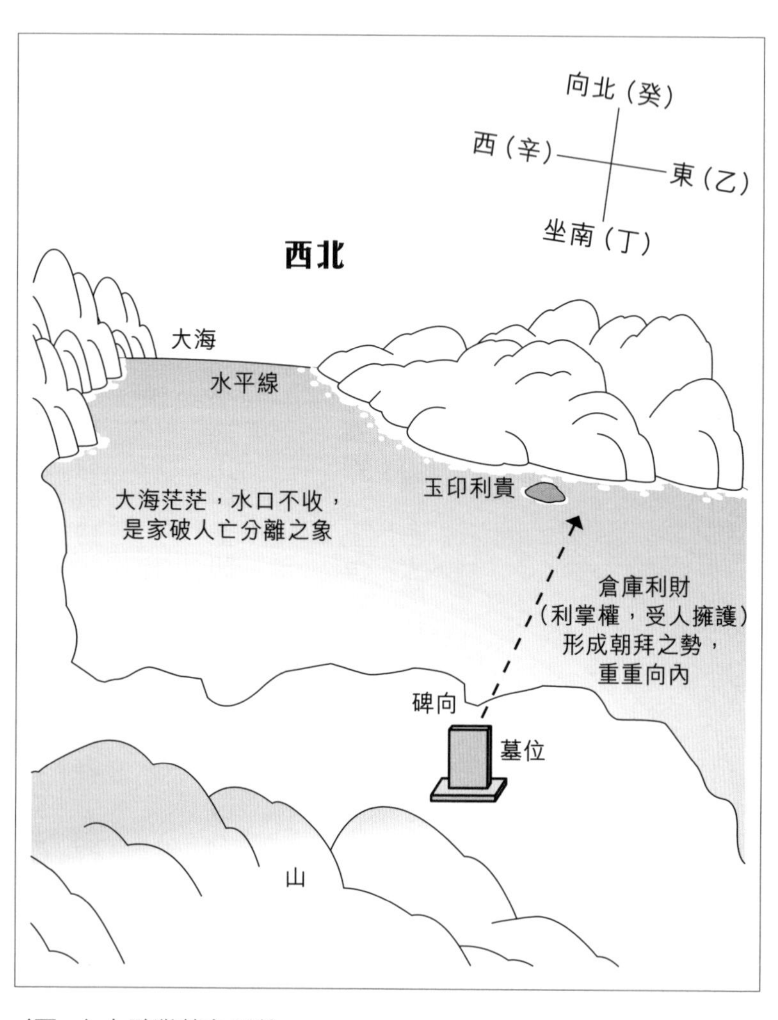
向北（癸）
西（辛）
東（乙）
坐南（丁）
西北
大海
水平線
玉印利貴
大海茫茫，水口不收，
是家破人亡分離之象
倉庫利財
（利掌權，受人擁護）
形成朝拜之勢，
重重向內
碑向
墓位
山

（圖一）大鵬灣墓穴形勢

命帶辰戌，宅為辰戌，險死還生

九四年某日，我應學生之邀請，為他朋友位於美孚百老匯街之單位勘察風水。入屋後先開羅庚，得出此屋坐戌向辰。由於宅中人於七運入宅，故為旺山旺向之局，可惜屋內佈局有甚多錯誤之處。

首先，大門直沖主人房再沖窗（漏財，但並不嚴重），加上主人房之牀頭對着廁所，而主人房之牀頭又向戌位方，故沖正宅主人（見圖一）。而且主人房為桃花位，再逢流年星二黑到牀，以致婚姻及身體在九四年甲戌流年皆出現問題。加上當時窗外三煞方有大型動土，故令情況更加嚴重。

兒子房位處財位，但房門對正廁所門，桃花、疾病自然至，尤幸兒子還未結婚，桃花對他有利。他打算於九五乙亥年結婚，然婚後必須把房門改動，否則不利女性，亦不利懷孕。另外，廚房在凶位方，亦會對身體健康有壞影響。

最後就是大門、主人房門以及露台之門建成一直線，使氣由辰位直沖出戌位。因辰戌為天羅地網，又為後天之陰陽分界線，故令室內之煞氣增強。但因坐戌向辰，在此運為旺山旺向，所以入住數年，女主人也一直相安無事，而其子學業亦佳，正攻讀工程師。直至甲戌年，問題便開始湧現。從甲戌年夏天起，女主人一直生病，到甲戌月間更開刀施了一次大手術。雖然此宅煞氣較重，但亦不至於發生以上事件。原來，原因出於女主人之八字上面：

戊寅
丙辰
甲午
戊辰

1	乙卯	6
11	甲寅	16
21	癸丑	26
31	壬子	36
41	辛亥	46
51	庚戌	56

以上命造，甲木日元，生於辰月，為財星當令。又時為戊辰，年為戊寅，雖然日元自坐午火，食傷財皆旺，而日元通根於二辰一寅，日元亦不弱，但因進入三月，暮春陽氣漸壯，最需要者為水，又二辰為水庫，故足以滋潤日元而起調候之功。

此局本為不錯之局，所以女主人的職業為女醫生，可惜女命重夫星，而此局全無夫星，且食傷乘旺，故引致二度姻緣，皆如虛花。

此局一歲起運，二十一歲入大運，癸丑、壬子、辛亥皆吉。但運行至庚戌則戌辰相沖，沖弱辰中癸水，故運程較差。尤幸一戌沖二辰，其力不專，猶可自保；但運行至甲戌流年，則二戌沖二辰，再加上宅向為坐戌向辰，而其牀頭亦向戌位，所以甲戌年將長年患病；至甲戌月更凶，甚至有可能會險喪性命。

但其兒子在此宅中卻非常順利，不但學業有成，而且還準備於乙亥年結婚。以下為其兒子及其未來太太之八字：

男

八字	大運
戊申	9 庚申
己未	19 辛酉
癸未	29 壬戌
甲子	39 癸亥

女

八字	大運
戊申	2 甲寅
乙卯	12 癸丑
辛巳	22 壬子
丙申	32 辛亥

以上之女方八字，辛巳日元，與九五年乙亥流年天剋地沖，為感情變化之年，所以明年的婚事應由女方提出。

現再詳述此宅之錯處、甲戌年事發之原因以及更改辦法。後詳見八宅、飛星及流年圖。

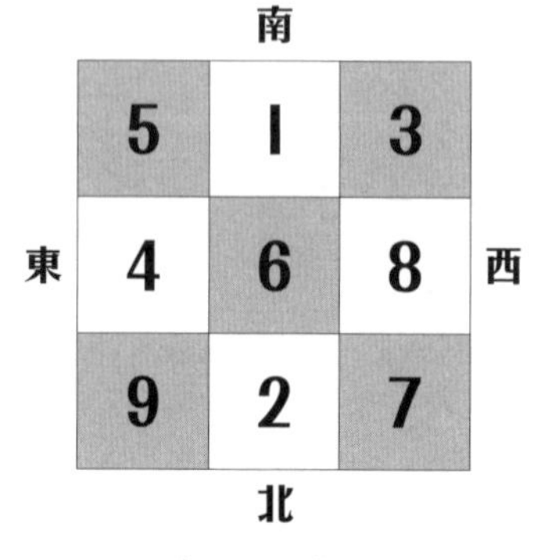

九四年流年飛星圖

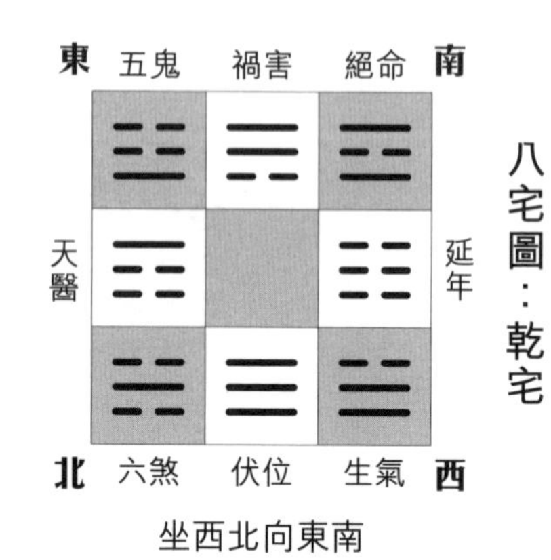

八宅圖：乾宅

坐西北向東南

正北為二黑病符，與原局向星一有土水相剋之象。飛星有云：「二一同宮主腹疾」，又土水相剋，水受傷，亦主腎血受損。正巧主人房之牀位正放於正北方，所以引致腹部以下出現嚴重疾病；再加上命中戌沖辰中癸水，亦為腹部以下之疾。

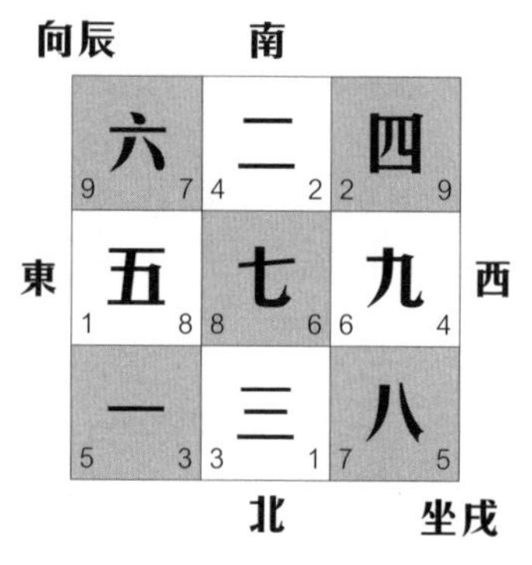

坐戌向辰七運飛星圖

坐西北向東南

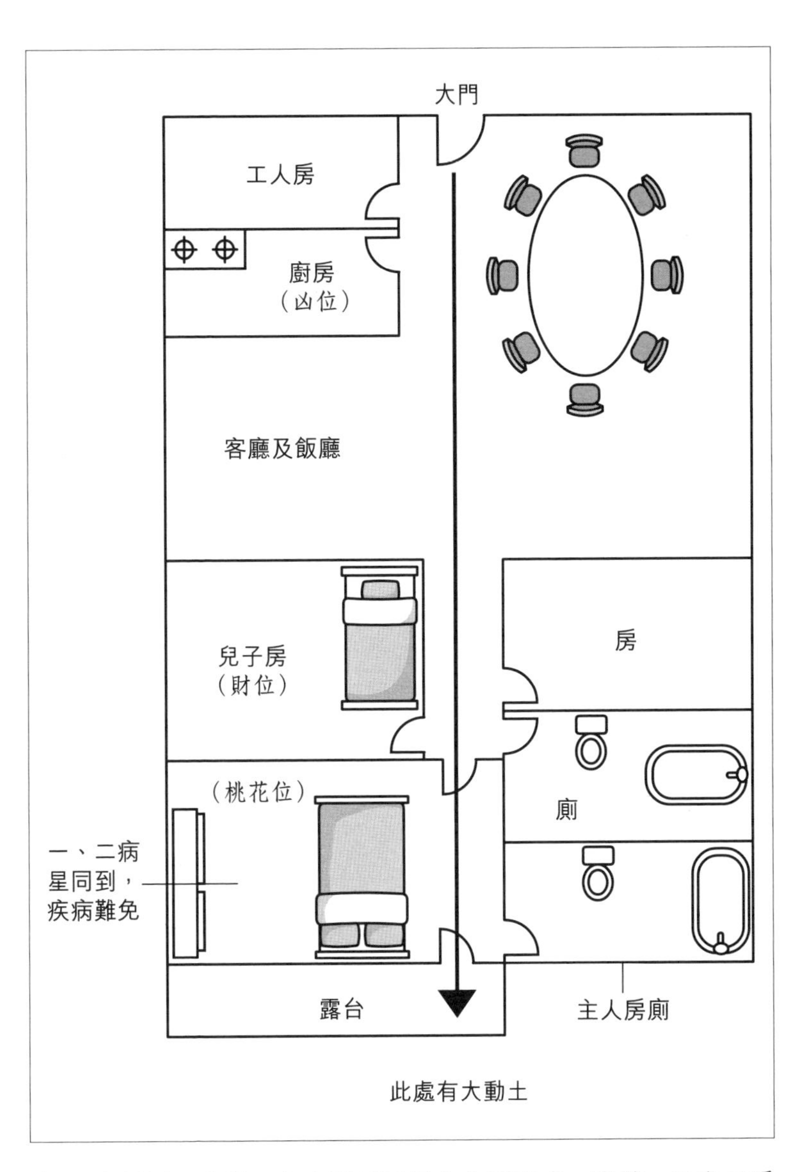

（圖一）原局：大門、主人房以及露台之門形成一直線，且兒子房房門與廁門相對。

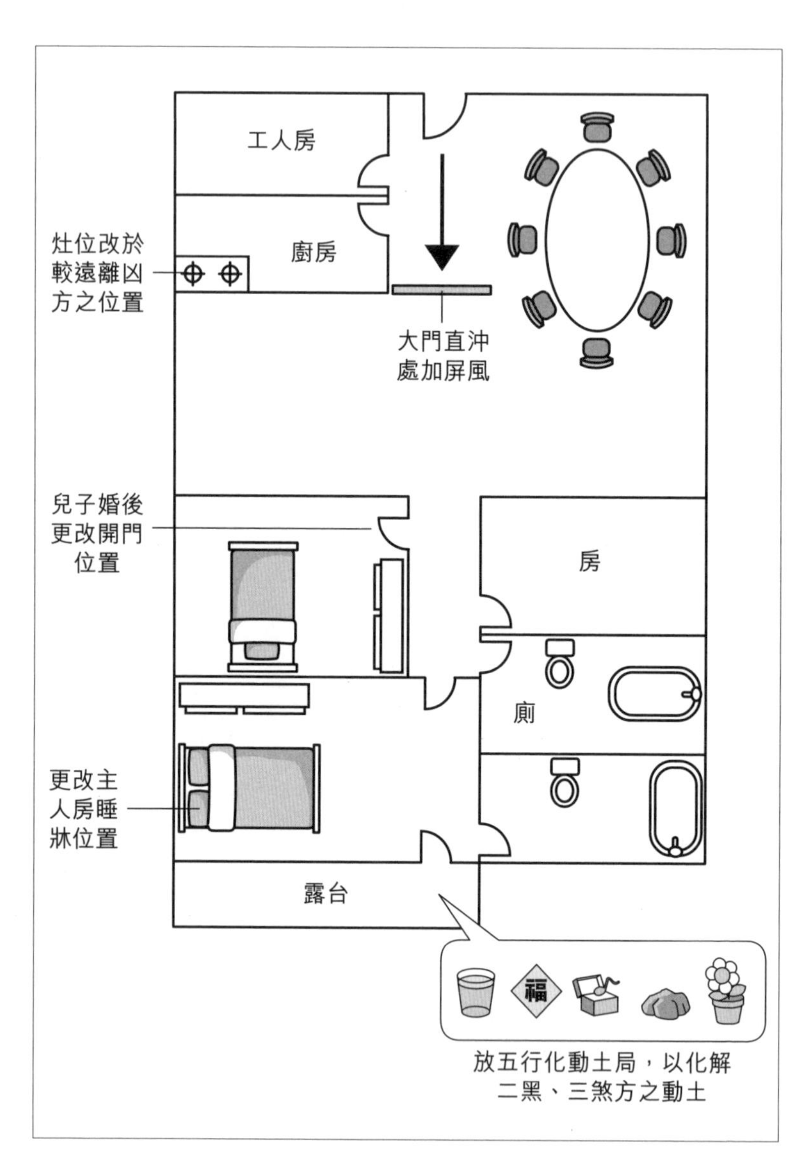
工人房
廚房
灶位改於
較遠離凶
方之位置
大門直沖
處加屏風
兒子婚後
更改開門
位置
房
廁
更改主
人房睡
牀位置
露台
福
放五行化動土局，以化解
二黑、三煞方之動土

(圖二) 修改後之佈局

真正之天王女歌星新居風水

九四年間常常看見某風水師在雜誌上寫明星、名人之八字風水，令人不禁聯想起這些名人、明星都是他的客戶。這本來和本人沒有甚麼關係，以前看來亦只覺「搞笑」非常。但後來看見這位大師不停在周刊雜誌談論某天王女歌星之八字及其家居風水，說來言之鑿鑿，好像真有其事一樣。如果他講的都是對的話，那本人當然無話可說，可惜他講的都是錯的。

不單八字寫錯，就連風水坐向亦錯，但我在這裏當然不方便公開我客人的八字，所以只可對各位讀者說那大師所寫的八字，無論時辰、月柱皆錯。

但是我可以在這裏提供一些有關天王女歌星之新居的風水資料。她的新居風水並非如某術數師所講的坐坤向艮，而某大師所提供的那些坐坤向艮平面圖，其實只是示範單位之平面圖。至於天王女歌星之新居，莫講某術數師不能內進參觀，就連記者也免問。

本來人家拿明星的八字風水來幫自己宣傳，對我並無甚麼壞影響，但某大師竟然不負責任地在八卦雜誌上寫此宅在九五年的風水非常不佳，害得人家很不放心，馬上打電話來問我怎樣，枉我費一番唇舌來解釋才令她放心。

但就算此宅真是坐坤向艮，九五年亦只是五黃到門，並沒有甚麼大不了。因為如果五黃到門真是那麼嚴重的話，那每年每九間屋便最少有一間死人塌樓了，因為五黃到門是九分之一的機會。

言歸正傳，其實天王女歌星之新居是坐辰向戌，就算以窗納向亦是坐丑向未。坐辰向戌在七運是旺山、旺向、旺財、旺丁之局，而坐丑向未則是雙星到向、旺財不旺丁之局，所以不論以門納向或以窗納向都是佳局。而我蘇派風水當然是以門為向，我想我和我的學生都不會爬窗入屋吧！

其實她的居室設計是以半層為一級，上分廚房、客廳，再上飯廳、主人房，再上為其他客房。

根據圖一之設計，地下廚房之灶位為財位，再上之飯廳就橫過財位、凶位及桃花位（見

圖一）。當時我們還說笑，哪個人最衰，就安排他坐到凶位，讓他吃完飯馬上肚痛（當然沒那麼誇張啦！）。再上一層為客房，財位為化妝間，而睡牀則放在桃花位（見圖二）。

而另外一面地下為生氣，一面為延年，所以無論在哪一面放沙發都沒有所謂。二樓則為主人房，睡牀當然要放在延年位以避房門及樓梯之氣沖，這樣便大致完成佈局。但因第一次只是初步勘察此宅值不值得住下去，而且三樓是留待客人之用，所以待收樓以後再放風水擺設，以增旺財、旺丁之效。

註：說天王女歌星放棄已居三十多年之舊樓而買下此幢豪宅之說亦與事實不符。她很久前已買下玫瑰新邨，而旺角之屋只屬朋友所有，且風水亦是由我佈局。再說她的性格，只有不懂她的人才會亂說她是甚麼七殺傷官格，因為她其實是正印食神，即食神配印格，性格非常之沒所謂，只是怕麻煩而已！

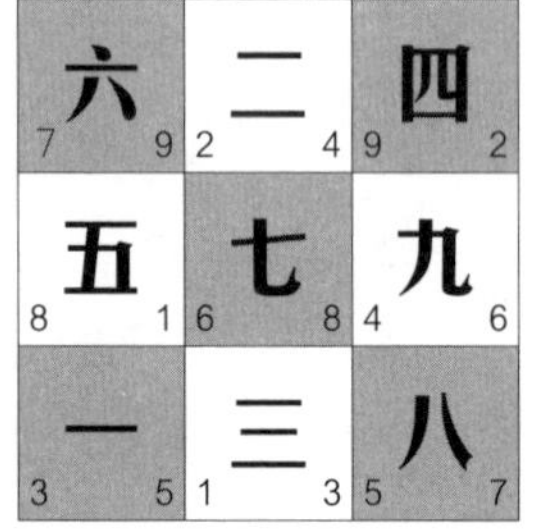

坐辰向戌七運飛星圖

旺山旺向，旺財旺丁局

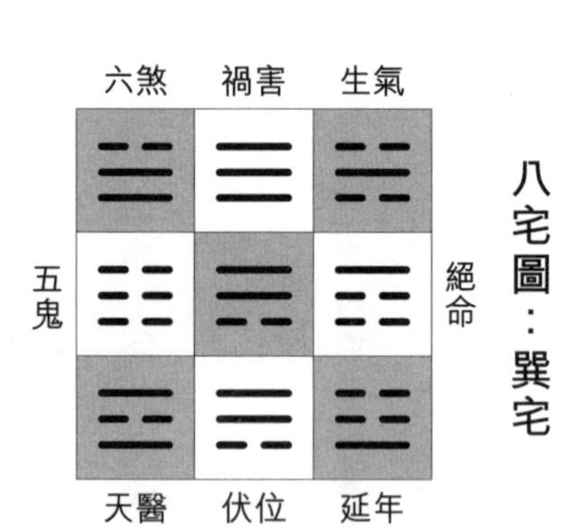

八宅圖：巽宅

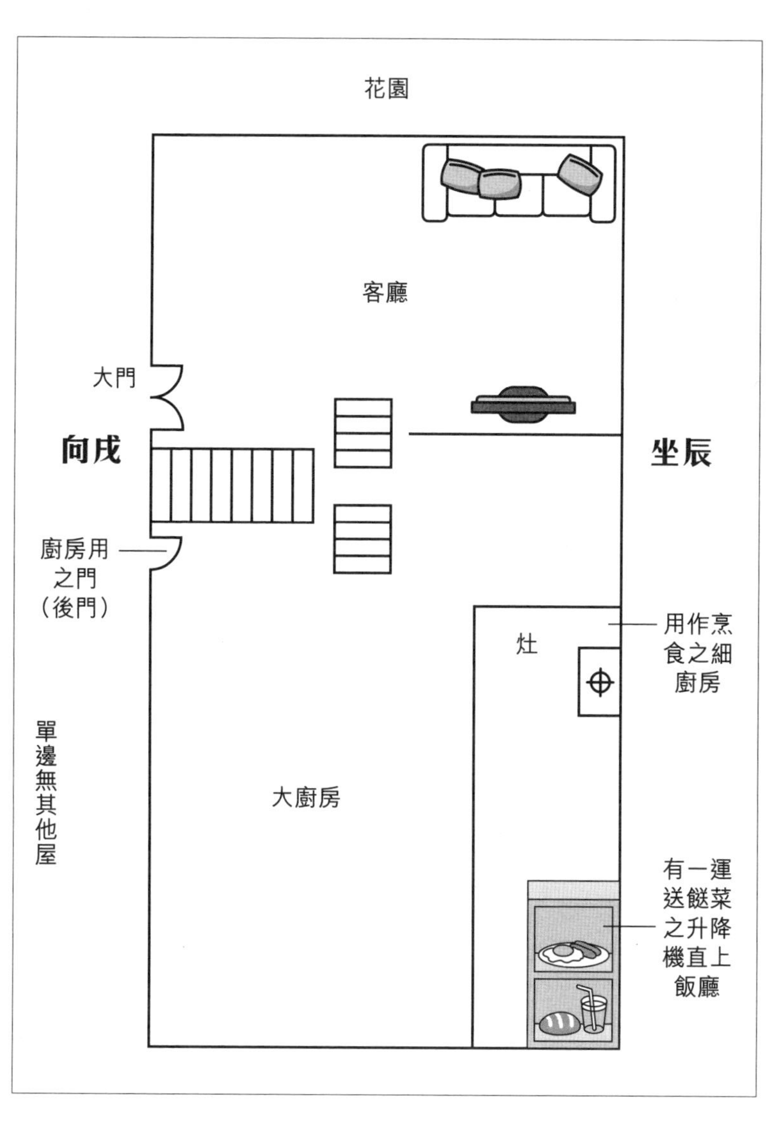

（圖一）

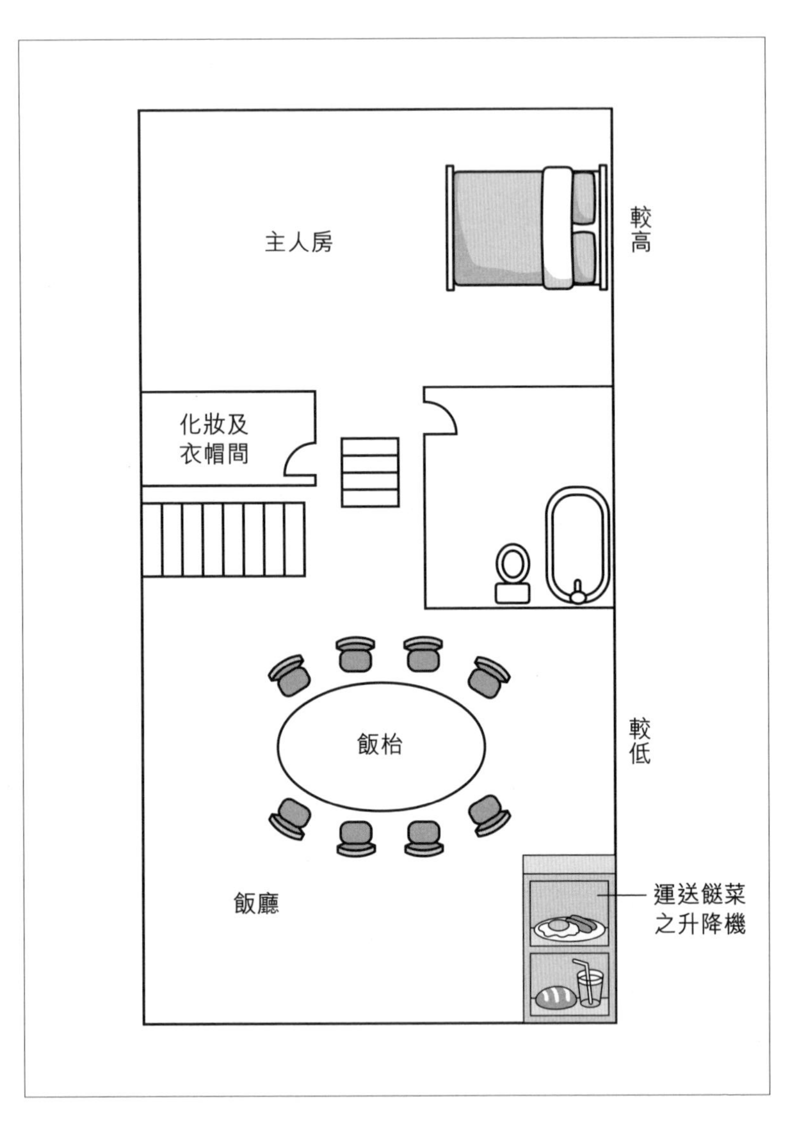

（圖二）

要快發鬥三煞

風水學上有云：「要快發，鬥三煞」，到底甚麼叫三煞位呢？要鬥的話又該怎樣鬥呢？

首先，我先簡單解釋一下甚麼是三煞位。通常在十字路口之四個角，或長巷盡頭，或路沖，或面對煞氣，如雞嘴煞、穿心煞、氣沖等皆謂之三煞位。而鬥三煞之方法則多不勝數。又因每個風水師之思考方式不同，所以便產生了不同之鬥煞方法。

至於本人常用之鬥煞方法，大則全面佈局，小則用「擋」——用仙人掌或多葉植物；「鬥」——用三叉、八卦、獅子、麒麟、凸鏡；「收」——用凹鏡等多種辦法。

至於大佈局方面則較為複雜，現舉例如下：某店舖雖然設在某醫院對面，承受着很強的煞氣，但於其不佳之煞氣並非源於面向醫院，而是它剛好對着電燈柱及醫院之角，從而形成火煞及雞嘴煞（見圖一）。

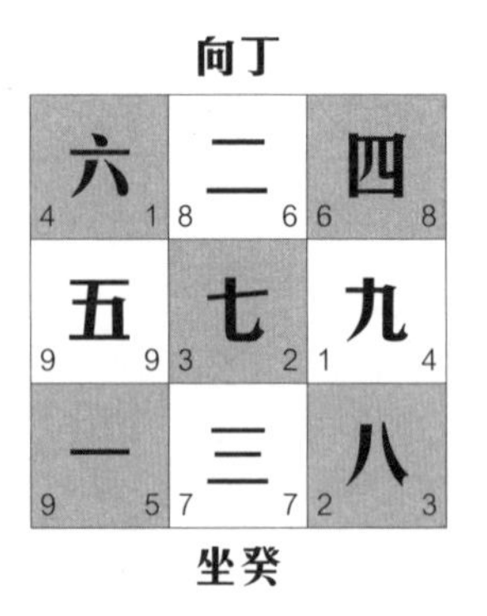

坐癸向丁七運飛星圖

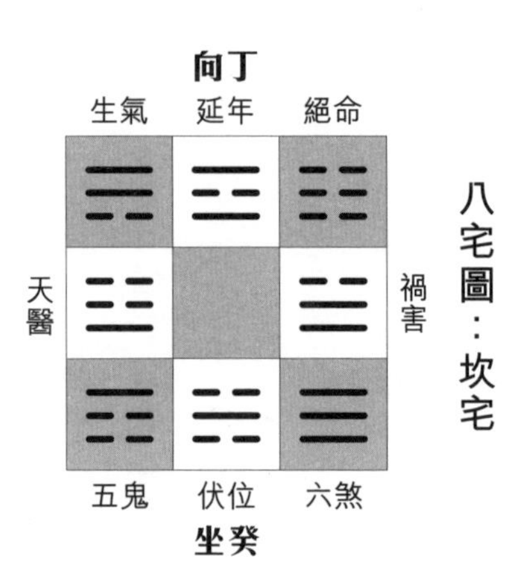

八宅圖：坎宅

5	1	3
4	6	8
9	2	7

九四年流年飛星圖

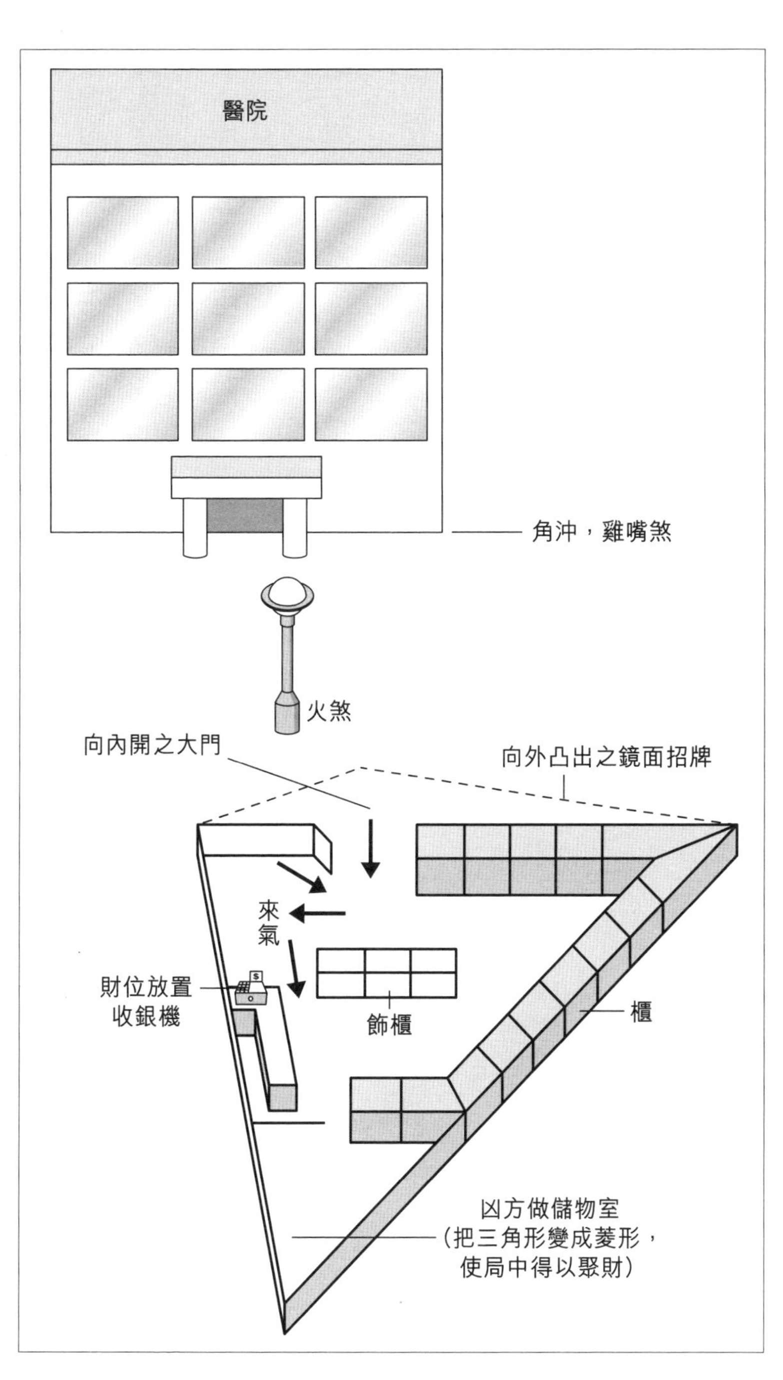
醫院
角沖，雞嘴煞
火煞
向內開之大門
向外凸出之鏡面招牌
來氣
財位放置
收銀機
飾櫃
櫃
凶方做儲物室
(把三角形變成菱形，
使局中得以聚財)

(圖一)

此局坐癸向丁，鋪面呈前闊後尖，為有財不聚之局；以飛星計算，乃雙星到山，向星八六相生，為旺丁不損財之局；以八宅計算，則生氣、天醫、五鬼皆在鋪之左面，而正前方就是延年，右方皆為普通位。

佈局方面，由於我們必先應付對面之煞氣，所以筆者提議用向外凸出、微呈三角形之招牌，從而把煞氣叉散，並用招牌之鏡鋼把部分煞氣擋回，最後再把大門略向內開，把煞氣吸納，如此便完成了鬥煞、化鬥及收煞之步驟。

至於內局佈置方面，首先要把三角形之底部切平，變成菱形，以收聚財之功，然後再把左下方之凶位作儲物室之用。

左中方之天醫位可擺放收銀機，只要再在面向大門之方向放一飾櫃，即可把來氣擋住，使其向左右兩邊流動，進入收銀機之位置，形成重重生入之象，至此即可謂佈局完畢。

最後，只要注意流年飛星之生入剋入、生出剋出、二黑及三煞所在，便可收到旺財收煞之效。

玉戶迎香穴

九四年應邀到東莞為一盧姓人家勘察祖墳，而此盧姓人家其實在九三年已曾邀請本人到其住家勘察風水，從而改善生活環境。

此盧姓人家，一家四口，住在一個政府屋邨。盧父不理家事，盧母收入不多，兒子運氣不佳，常常生病，而媳婦則在內地，未能申請來香港幫補家計，所以盧家可說是非常貧困。大概兒子於早年結婚時借下他人一筆錢，所以每個月皆需支付利息，擔子極重。

事緣九三年盧家媳婦來港旅行時，在某雜誌看見本人所寫的風水專欄及廣告，得知本人的電話後，便致電給我，問可否為其家人勘察風水。但由於此姓盧的家人實在無法支付風水步金，以致本人沒有立即為其勘察住宅（雖說地理師應救人於危難，但不要忘記地理師也要吃飯）。後來在對方再三請求下，才勉為其難，收了少許金錢便為他們勘察家居。

他們住在藍田某屋苑，坐向為坐子向午，即坐北向南，七運乃雙星到山之局，亦即旺丁

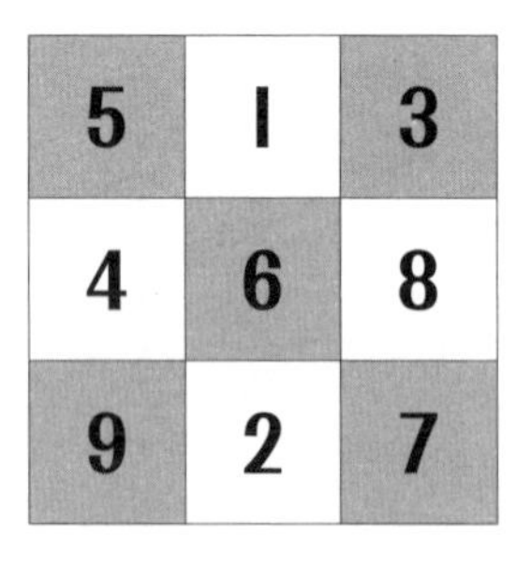

九四年流年飛星圖

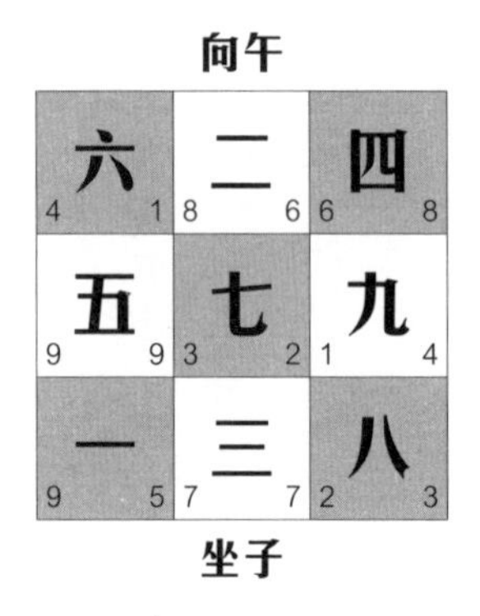

坐子向午七運飛星圖

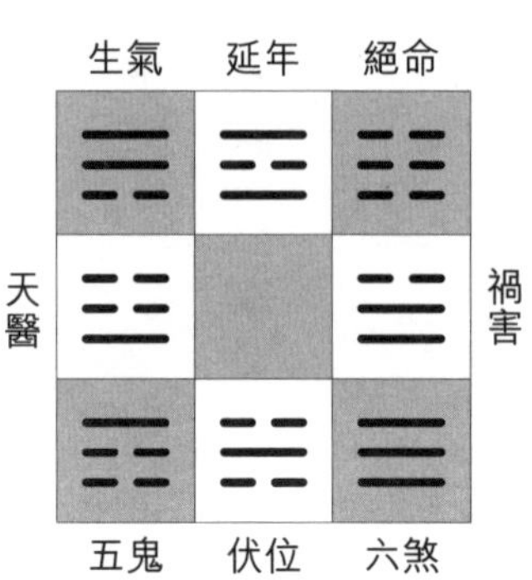

八宅圖：坎宅

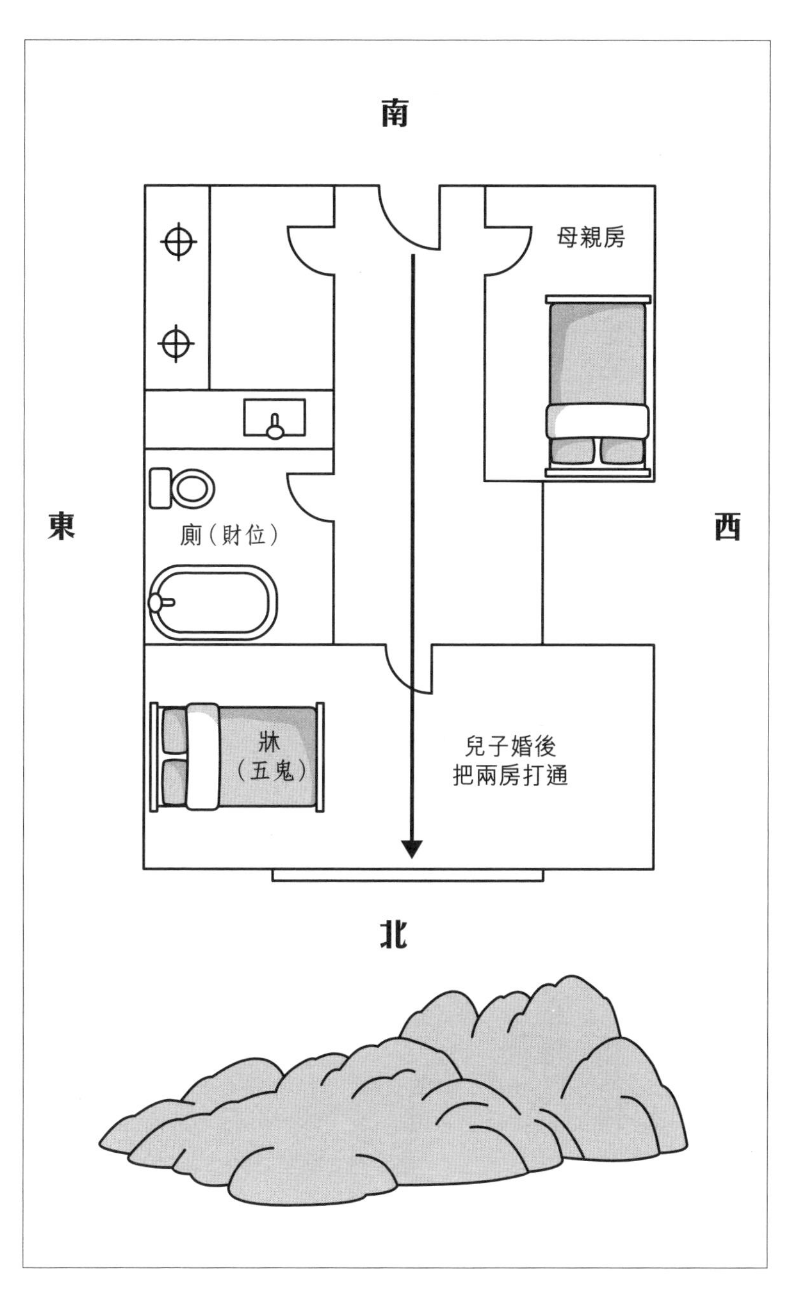

（圖一）原局：圖中開山處常常動土，尤其在九四甲戌流年，三煞在北影響尤大，所以甲戌年間其兒子經常生病，引致不能上班。

不旺財局；另局中大門直沖窗門，加強子午向之煞氣，加上局內財位落在廁所，故對宅內財星不利（見圖一）。而兒子之牀位在五鬼，亦不利身體，再加上坐子向午雖云旺丁，但子午之線非一般家庭所能享用，所以人口亦不和睦。又此局窗門向北，適逢九四年甲戌年三煞二黑在北，且有動土之影響，故令局中人口之身體更為不佳。

我把以上之情況告訴他們後，便開始替他們作出改動。

首先，他們要在門前放水催財，大門直沖處放高身多葉之植物擋煞，並在窗門下放一排小植物以擋窗外之開山所形成的煞氣，再加上白布在內、黑布在外，便可把睡牀與窗外之開山位置擋住。最後把兒子的睡牀搬離凶位，便大功告成（見圖二）。

經過以上改動後，雖然不能令他們發達，但最少令局中人身體轉佳，人口漸轉和睦，而且還有親戚主動借錢給他們清還欠款，使他們免於每月支付利息。雖然親戚欠款也要清還，但不用支付利息已算是不錯了。

言歸正傳，九四年時我應他們邀請所勘察的是其家的祖墳。此墳在清代以前下葬，民國

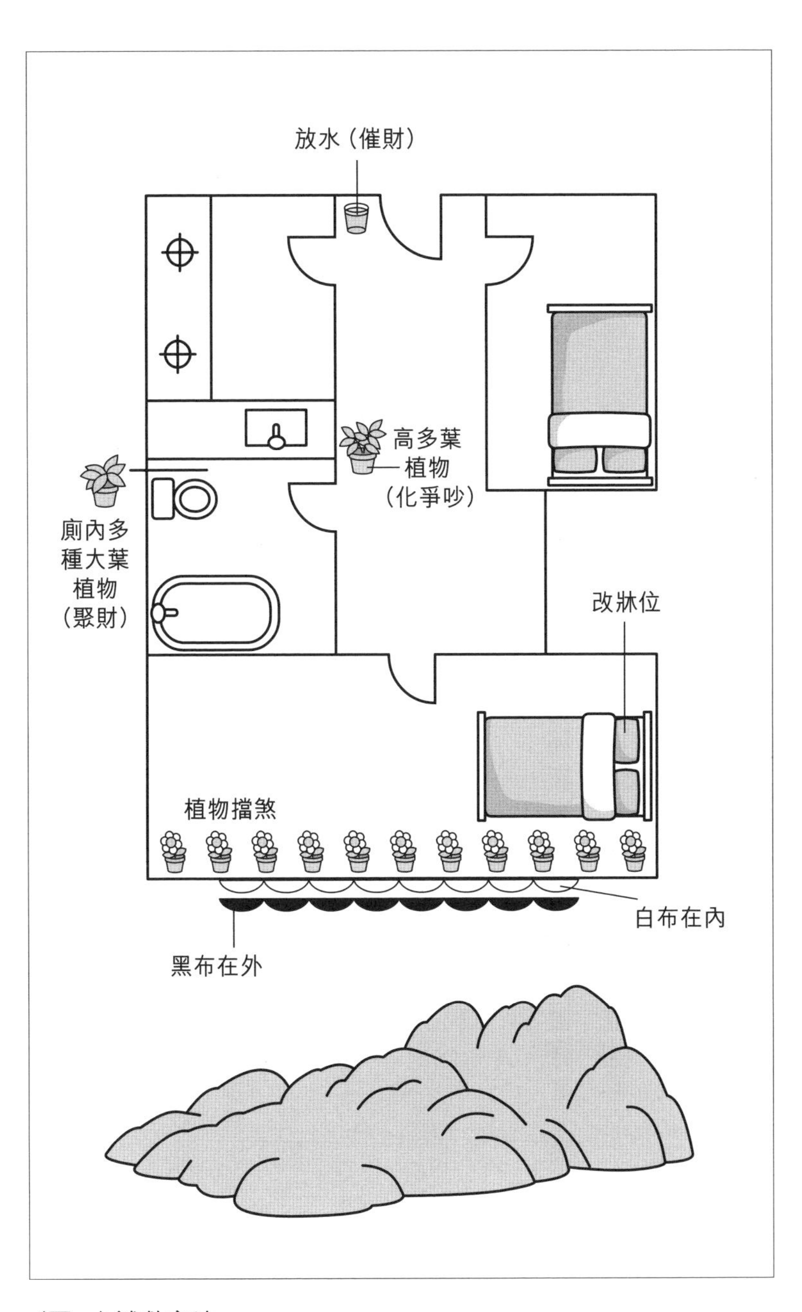

（圖二）補救方法

二年重修，相傳此地是經過他們祖先重金禮聘的地理師勘察後，再經一輪與鄰村的爭奪才能納為己用。他們說這地是鷹地，而祖墓就建在鷹頭之上。

但當我跟隨他們尋找祖墓時，卻發覺此墓立在荒山之中，就連到墓地之路也沒有，可知人丁不旺。又此地雖云鷹地，但後無枕山，前無明堂，亦無朝拜，怎樣察看也不似一幅吉地（見圖三）。再加上穴星宿頭伸肩，穴後行龍未止而成反弓之勢，就算它是鷹穴，也是一隻縮頭鷹。所以自此穴下墓以後，後人從未發過，且代代人口不和，到現在亦如是。

又此穴立向於亥壬之間，卦落空亡，不知是當時那個地理師有自己的家傳秘法，還是「有心整蠱」。

原先我着意他們擇日改立壬丙向七運線，但後來在跟他們下山去察看一個想把近代祖先安放於此的金塔之地時，卻意外地發現不遠處之山勢正緩緩而下，成開帳之勢，並由水星發下二枝，一長一短。由於其勢橫走，故如不小心察看，還以為結穴在長枝之盡頭，但仔細觀看，則不難發現它在長枝之旁另出一小枝，並束勢而下，形成太陰星之狀，且兩旁有金魚合

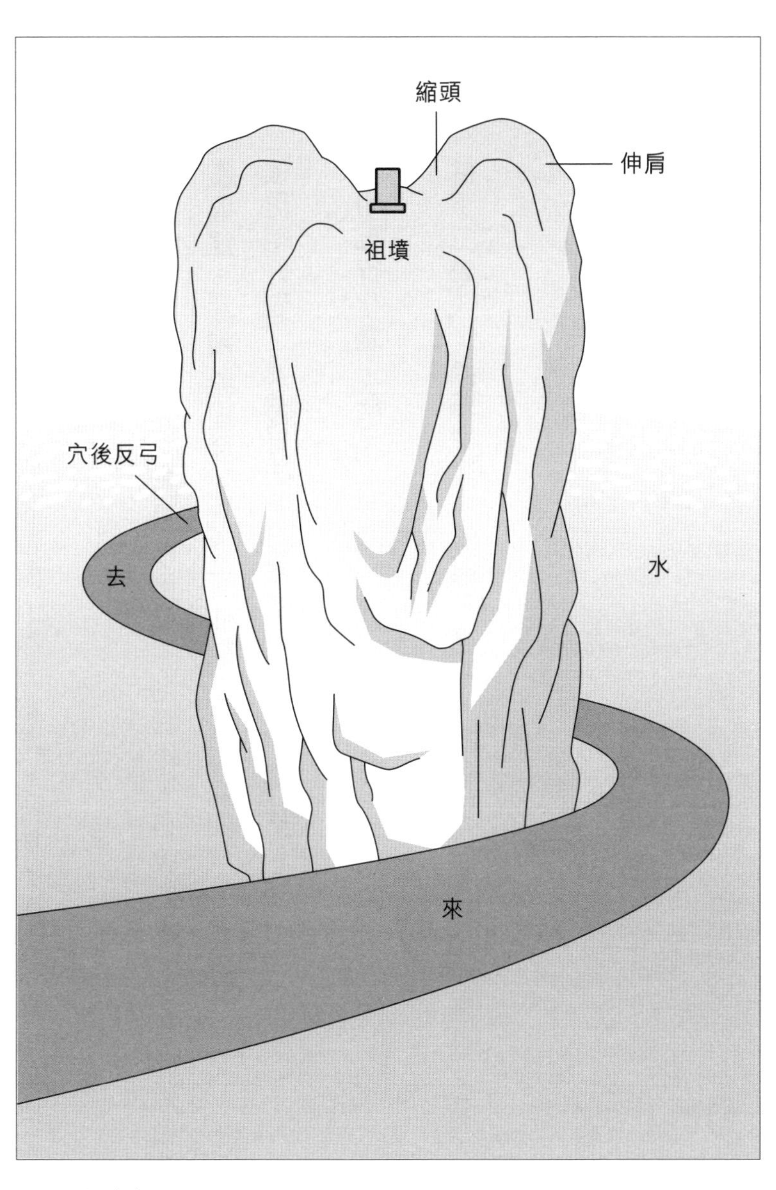

（圖三）鷹穴圖

水。雖然前面明堂不夠開闊，但平坦而有情，水田處處，再加上龍虎沙合抱有情，無崩無破，實為一佳穴也。

所以我提議他們把近代祖先之墓遷移到此，則其後人必發財丁。兼且此地山峰之坐向為坐癸向丁，為當運線，故即葬即發，其運可伸延至二〇六四年。但因此穴為「玉戶迎香」，發女不發男，但男得好妻，女得好夫，且子孫延綿，亦屬佳穴。

註：當時尚未發明五行化動土局。

後記：此族只餘下三夥人，遷墳之事，久談不合攏，最後政府要收地，遷墳之事，不了了之，命也、運也！

風水立向不同，引致徵驗不準

九五年某月，突然接獲一位顧客的電話，說是某鐵板神數大師介紹她前來找我看風水，而且找得很急。原來這位客人在一個星期前曾經請了另一位風水大師為她勘察風水，怎知佈局完畢以後，馬上就災禍重重（本來陽宅之風水佈局不會在那麼短時間內生效，但因其風水涉及鬼神，故已脫離了風水範疇）。

這位客人的住屋是多層式住宅，理應以大門立向為準，怎知那一位風水師竟然用窗口立向，以致所佈之局完全錯誤，並引致了反效果。而最致命的是那一位風水大師自己發明了一種在室內放置的生基盒（見圖一），而其道理就應取材自陰宅之造生基或神功之寄石（按：生基盒內有宅主人之頭髮、指甲（十指）、血、舊手巾、照片、名字、生辰八字以及那位大師所謂之獨門秘傳——一張以膠印製的符。他說是招財符，但據本人所知，如以符助風水，則此符必須手寫，且要有符印、符膽及問准師父，此符方能生效，故以膠印製之符根本無效）。

上手風水師之佈局

坐子向午七運飛星圖

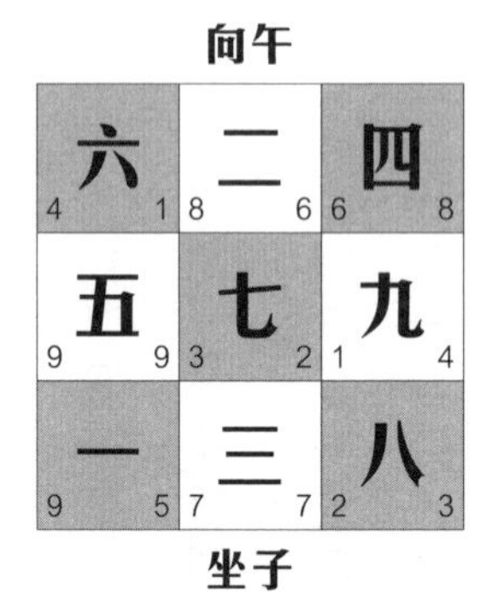

坐子向午，雙星到山，旺丁不損財局

八宅圖：坎宅

生氣	延年	絕命
天醫		禍害
五鬼	伏位	六煞

八宅坐坎向離

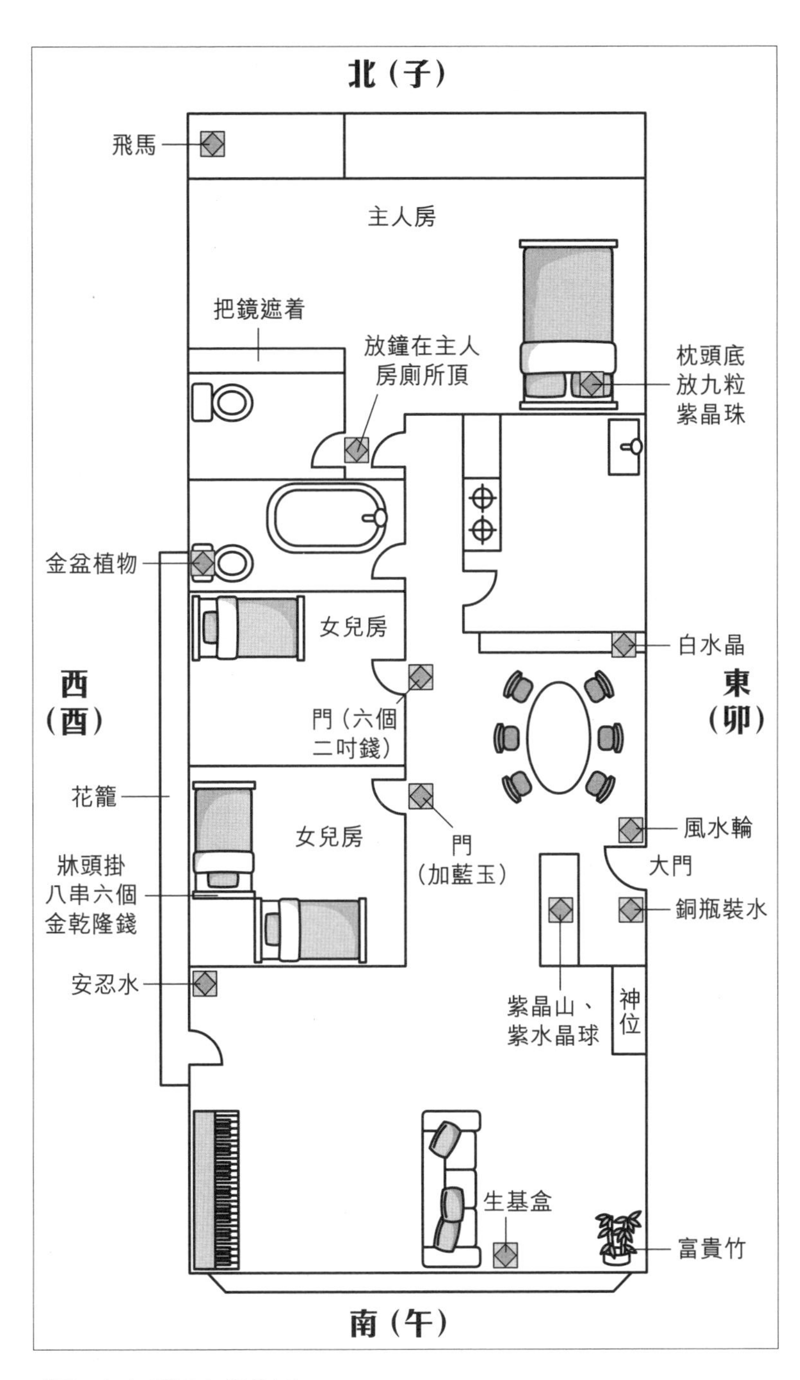
北（子）
飛馬
主人房
把鏡遮着
放鐘在主人
房廁所頂
枕頭底
放九粒
紫晶珠
金盆植物
女兒房
白水晶
西
（酉）
東
（卯）
門（六個
二吋錢）
花籠
女兒房
門
（加藍玉）
風水輪
大門
牀頭掛
八串六個
金乾隆錢
銅瓶裝水
安忍水
紫晶山、
紫水晶球
神
位
生基盒
富貴竹
南（午）

(圖一) 上手風水師佈局

現代的風水環境千變萬化，本來發明新招是具有建設性的，可惜這位風水大師在立向不對、無陰宅的山水作用及無神功之符籙幫助下便胡亂拿客人作試驗，實在不負責任。至出事後，當客人打電話給他求助時，他又猶豫不決，只叫客人把生基盒拿走不用，看看情況有否好轉，致使客人在危急之下才求助於她認識的一位鐵板神數大師，並請他介紹一位風水師給她，令本人得以接獲這個案。

此宅大門向東，理應坐酉向卯，在七運中為旺山旺向、旺財旺丁之局，但那位大師卻以窗作向，變成坐北向南。先不論到底是這位大師的立向正確，還是本人的立向正確，只是觀看這位風水大師叫客人所佈置之物件，便已嘆為觀止。這位客人除了要付風水酬金給那位大師外，還再花了七千元來幫他購買風水用品。

又這位風水師以窗作向，坐子向午。除上述擺設外，男、女主人還要佩戴紫晶手鏈，至於其他擺設則可詳見圖一。姑勿論是否真有需要設計這種佈局，但由於立向錯誤，所以那位風水大師所佈之局，根本達不到他想要之效果。而最致命的是將那個生基盒放在此局原本之五鬼位上，引致宅主人的指甲、頭髮、血等均變成養鬼之用，所以才會在佈局以後，災禍立至。

宅主人在佈置此局以後，隨即有怪事發生──先是他在報關時，竟把一批運上內地的五千公斤貨物寫成五百公斤，結果被內地關員發現後，說他故意瞞騙，把整批貨扣留；繼而是他雖早已辦好移民澳洲的手續，但原本已通過之驗身報告竟突然發現他的肺部有一個黑影，令可能已批之移民手續將會受阻。所以宅主人太太才急於找人幫她查看風水是否有問題，而她先生則留在內地辦理那批貨的事宜。

而此局經本人勘察後，馬上把坐向改成坐西向卯，即坐西向東之局來計算。此局原本坐酉向卯，為旺丁旺財之局，只是九五年流年漏財，且原局與流年之五黃皆在中宮，以致今年出現漏財及有疾病之情況，但並無大礙。所以我在幫此宅勘察後，便把可以留下的東西留着，把無用的東西棄掉，然後再化解漏財及五黃便可（見圖二）。又因此局本為佳局，所以把此局扶正以後不到十天，宅主人的問題已獲得解決。現在他全家已移民澳洲，惟男主人仍經常回港處理業務。

其實此宅本屬旺財旺丁之局，故在大局上根本不用放置甚麼東西，只要把內部家具擺設於有利的位置即可。而稍為要注意的是流年之生入剋入，只要知道五黃二黑所在之處、三煞位置有否動土便已足夠。

坐酉向卯七運飛星圖

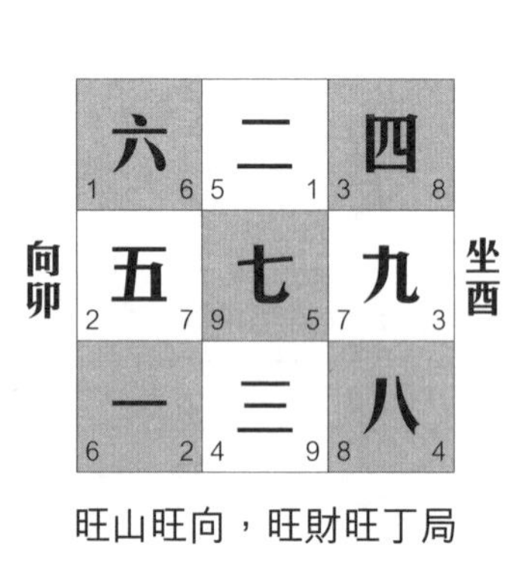

旺山旺向，旺財旺丁局

八宅圖：兌宅

延年 絕命 六煞

禍害 五鬼

生氣 伏位 天醫

八宅坐坎向離

九五年流年飛星圖

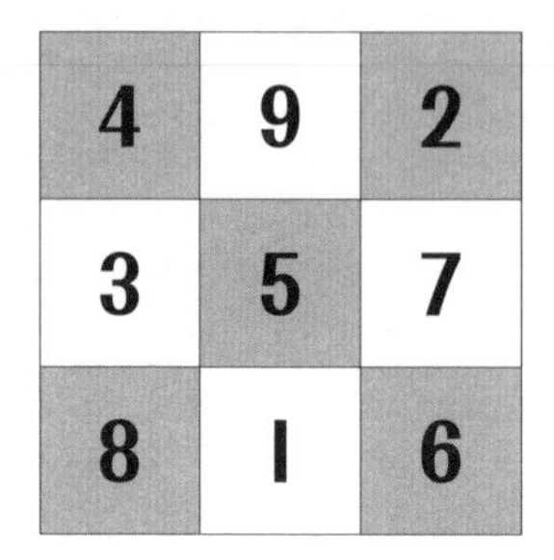

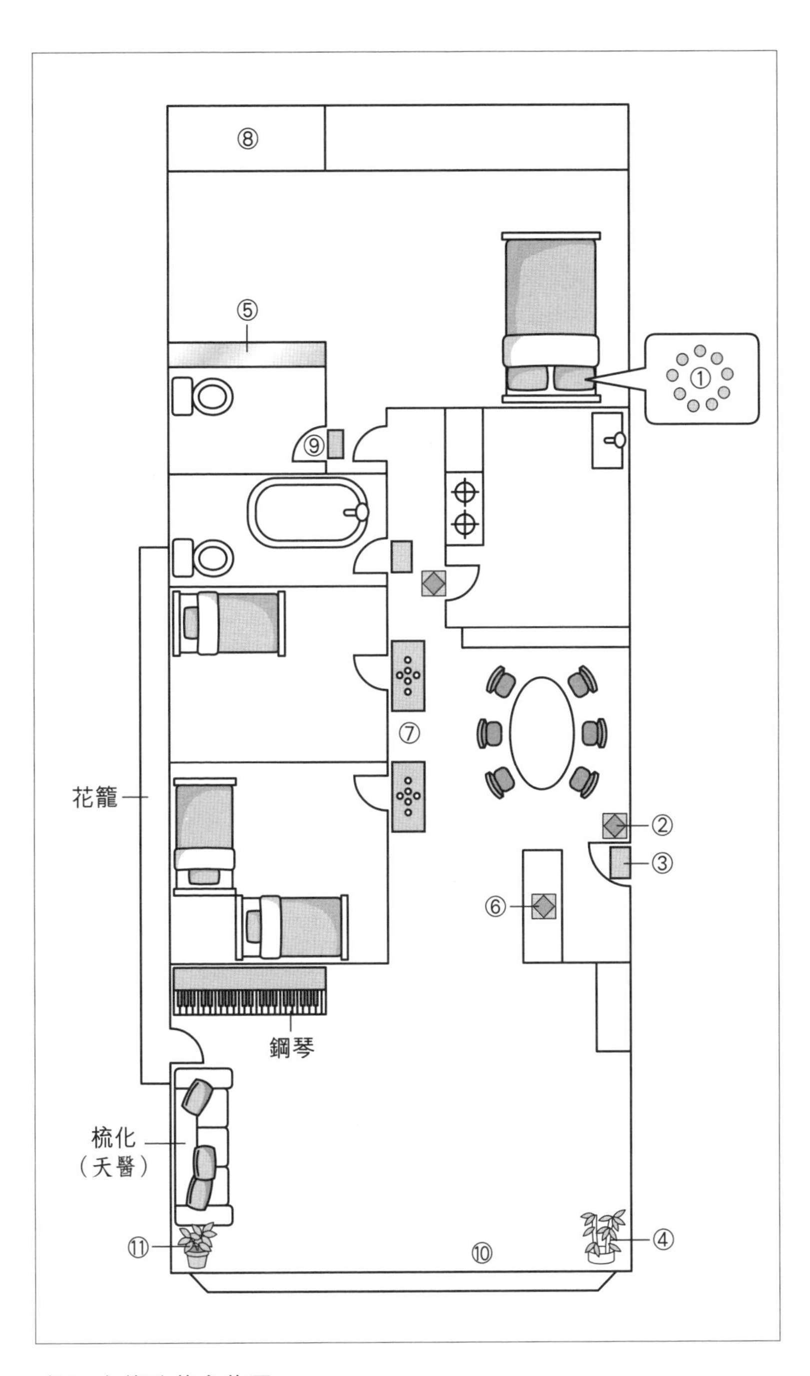

（圖二）修改後之佈局

修改後之佈局（見圖二）：

① 枕頭底之九粒紫晶珠可留，因宅主人屬寒命，以火為用，故九紫晶屬火將有幫助。
② 風水輪可留，放大門旁催財。
③ 大門在九五年宜以紅地氈引財入屋，以便重重生入。
④ 富貴竹於巽方無礙，可留。
⑤ 此鏡可留，向窗作收財之用。
⑥ 紫晶山可留，無礙。
⑦ 此處為五黃所到之處，可用一個金屬鈴，或在灰地氈上放六個銅錢化掉病氣。
⑧ 牀頭不利主人，可不用此飛馬馬頭向主人。
⑨ 長遠來說，房門對廁要改門，而短期則可經常關門及放紅地氈，以把廁所西方之氣截住，使之不能流向東方。
⑩ 此處原來之生基盒需馬上燒掉。
⑪ 放大葉植物聚財。

一個月遭兩次雷劈的風水格局——電煞影響，終致意外身亡

九五年應邀到上水坑頭村勘察風水，而這位客人李太其實是由坑頭村另一位客人所介紹。上次我到坑頭村勘察風水，已是九二年的事。之前那位客人是因為兒子在新婚遷往主屋後面之小屋居住後，不到三個月便意外撞車身亡，故她想知道當中的原因及能否再添男丁。

那個客人的房屋建於一個三角形之地形上，前闊而後窄，前高後低，主屋前面為坐丙向壬，乃旺丁不旺財局，而小屋則建於三角形之後半段，坐巳向亥，七運為損財傷丁之局（見圖一）。本來單是坐向不佳並不會引致死亡，可是此局之地形前闊後窄，前高後低，且後方給兩條去水道包圍，以致前方之氣在進入宅內後，全聚於後方三角形之尖端而不散。再加上小屋被三條形成三角形之電線所圍繞，以致煞氣更重，最終引致宅主人之思想混亂，情緒不佳，在與妻子吵架後，便獨自駕車外出，引致撞車意外死亡。

今次這個李太告訴我，那一家後來又添了一個男丁，且很聰明伶俐，算是不幸中之大幸。

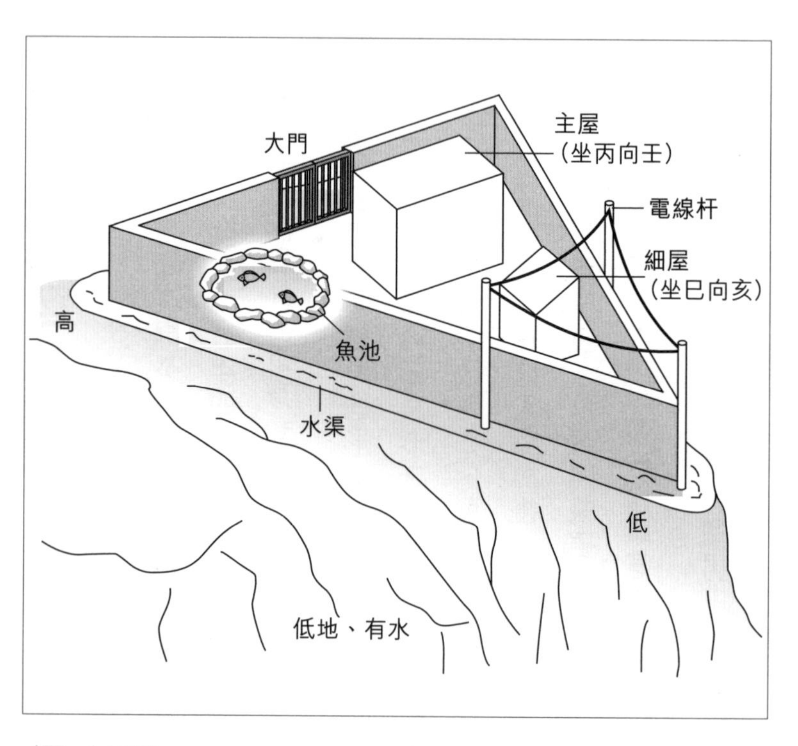

(圖一) 原局

那一次我的佈局主要是將巳亥向之小屋改成寅申向，然後把魚池遷後一點聚氣，再在三角形之尖端建一座大型假山石，以收催丁及迴風之用（見圖二）。由於今次這位李太以前是幫那一家人做工的，因此對整件事情非常了解。話說回來，這次她之所以特別邀請我為其新居勘察，是因為她的新居自建成以後，在還未入伙的情況下，已遭兩次雷劈，致使她非常害怕，不敢入內居住。

她的新居是三層高的建築物，前面有一排新建之房屋，全都還未落成；兩旁是有牛角形屋頂之中國式房屋，而右後方是空地，左後方則是一排用以養豬的鐵皮屋，所以這間屋可說是四面皆有煞氣圍住（見圖三）。再加上流年二黑在坤方，即天台門之位置，使之與原局之九紫火相會，而成為先後天火一同到位。而且流月三碧木到，木生火旺，又三碧為震為雷，致使坤方遭雷劈，尤幸七赤無會於此方，故遭雷劈亦無火災。

在坤方遭雷劈後不到一個星期，乾方，即大門位置再遭雷劈，尤幸並不嚴重，且兩次皆無人受傷。

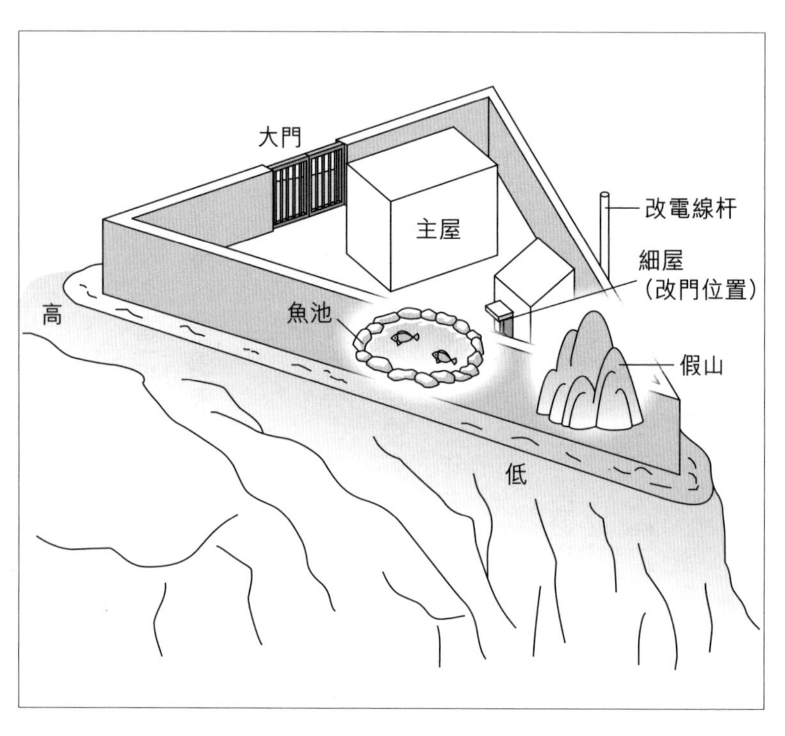

（圖二）修改後之佈局：氣從主門進入後直過後去，加上低地並無藏風聚氣，故在三角形端建一座假山，以起迴風之用，從而使人丁旺盛。

至於乾方之所以亦遭雷劈，是因為天台之樓梯直通到地下大門處，使兩氣相通，加上又窄又斜，把坤方之氣帶往乾方，與乾方之氣合併而遭到雷劈。

勘察這間屋之時，我問她雷劈是否發生於農曆六月之內，她說是，我於是對她說，這屋風水問題不大，除四周有煞之外，主要是因流月三碧木才引致雷劈。由於雷劈位置在坤方，而流年二黑亦為坤方為地，加上流月三碧為震為雷，遂構成雷行於地之象，故一過此月便會無事。

然後再叫她把一些大葉植物放於天台左右兩旁，從而把兩邊的「牛角煞」擋住。另外，由於後方之豬場將於日內拆掉，改建房屋，故屆時只要樓房之高度相約，便不會形成煞氣；至於前方動土，雖然並非五黃三煞所在，但我亦叫她在每層樓之左右兩旁前方，放一個風鈴，從而把動土煞氣擋住。

註：那時還未發明五行化動土局。

西南

4	9	②
3	5	7
8	1	6

九五年流年飛星圖

西南

5	1	③
4	6	8
9	2	7

六月流月飛星圖

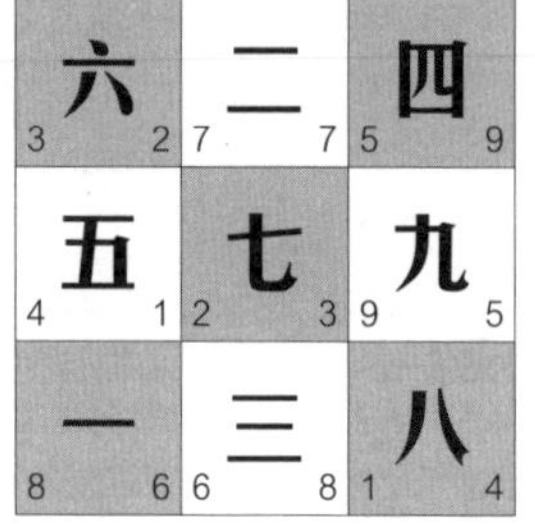

坐丙向壬飛星圖

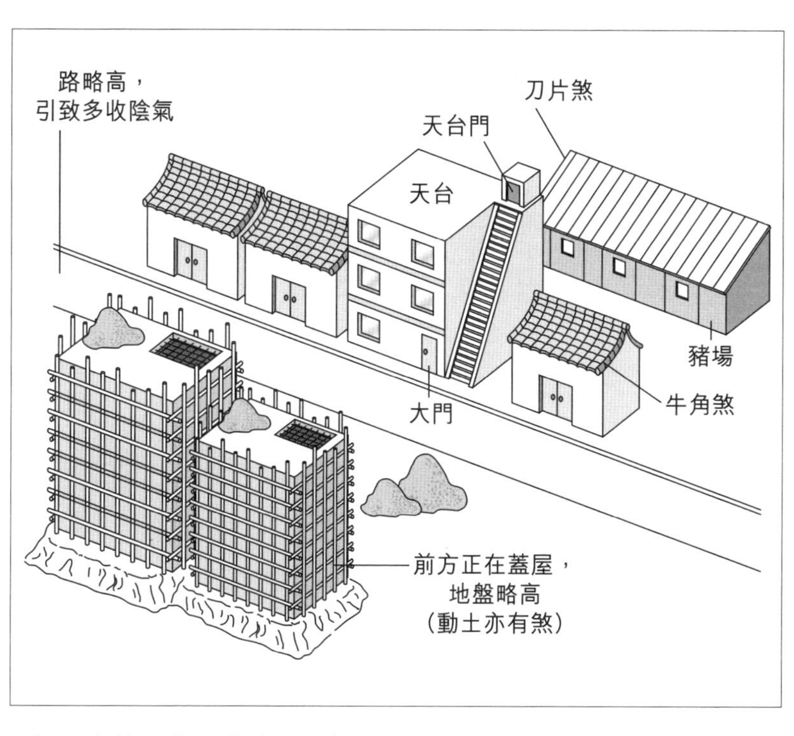

(圖三) 第一次雷劈劈正天台之門檻，非常嚴重；第二次雷劈則劈正大門，幸無損傷。

屋宅面向電塔之解救方法

自從飛鵝山的豪宅附近蓋了一個電塔後，便引起滿城風雨。但在市區受電塔影響的，又何止飛鵝山一帶呢？

我在九五年應邀往荔枝角某屋苑勘察風水時，便發現了一個奇景。本人步進屋後，即依慣例，先開羅庚察看此屋之衰旺，繼而再勘察此屋之財位、凶位及桃花位，再其次就是觀察屋外有否煞氣。怎料愈看愈心驚膽戰——首先，此宅坐乾向巽，七運為上山下水，乃損財傷丁之局，再加上山星剋出而向星生出，故此更為不利。再以八宅計算，五鬼方剛好在廚房位置，本已對宅內人口極為不利，加上財位落在廁所之中，亦不能聚財，所以此宅至此已可謂極之損財傷丁矣，但它還不止此呢！

此局窗外剛好正對電塔，且不是一座，而是兩個窗戶皆被五座電塔所包圍，而且距離很近，當中只隔着一個舊荔園遊樂場，所以此宅要承受很猛烈之火煞及磁電煞（見圖一）。火煞會使人脾氣暴躁，精神緊張，如再加上宅主人生於夏天，以火為忌則更為不利；而磁電煞就會對人的腦部產生不良的影響，以致經常頭痛，精神不能集中，嚴重者更會容易產生意外事件，引致身體受傷。

記得在九二年，本人曾到元朗看過一個個案：宅主人的兒子在新婚之後，便遷往原屋後面一間面積較小之房屋居住。孰料不到三個月，他就車禍身亡，而其原因也是坐向不利，損財傷丁，再加上此宅被三條電線杆圍繞，以致整間屋被很猛烈的磁場包圍，最終因車禍身亡。以上事件是巧合也好，是風水也好，但宅主人之兒子在搬到這小屋後，的確開始性情大變，而意外發生前幾天，性情更變得非常古怪。意外當日，他就是在家中跟妻子爭吵後，獨自駕車外出，以致意外身亡（相關案例詳見第203頁）。

尤幸九五年至九七年流年水旺，可壓制火煞及磁電煞，故應不至於發生以上事件。至於上局之解救辦法，現列如下（見圖二）：

損財傷丁之解救辦法當然是催財催丁，而催財就可以在大門旁放水或在飛星圖向星七位、八位放水；催丁方面則可在屋之坐方或飛星之七位及八位放置假山；財位在廁所內之補救方法較為困難，唯有叫宅主人不要儲蓄，改買實物及放大葉植物、錢箱以聚財；廚房在五鬼位

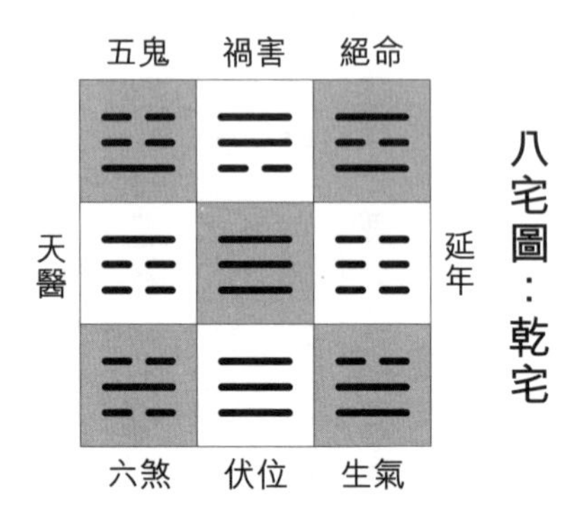

八宅圖：乾宅

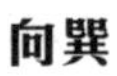

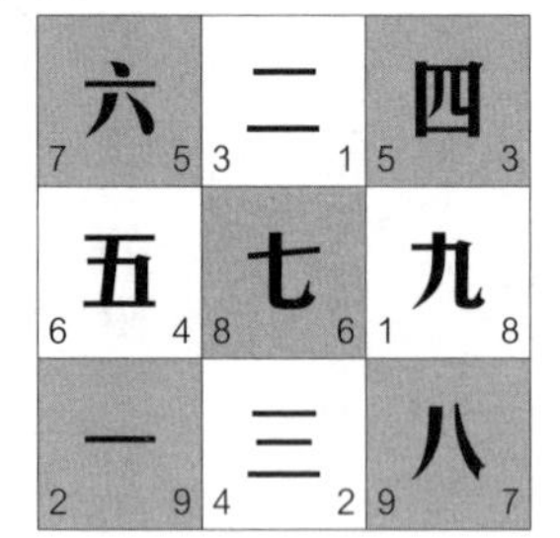

坐乾

坐乾向巽七運飛星圖

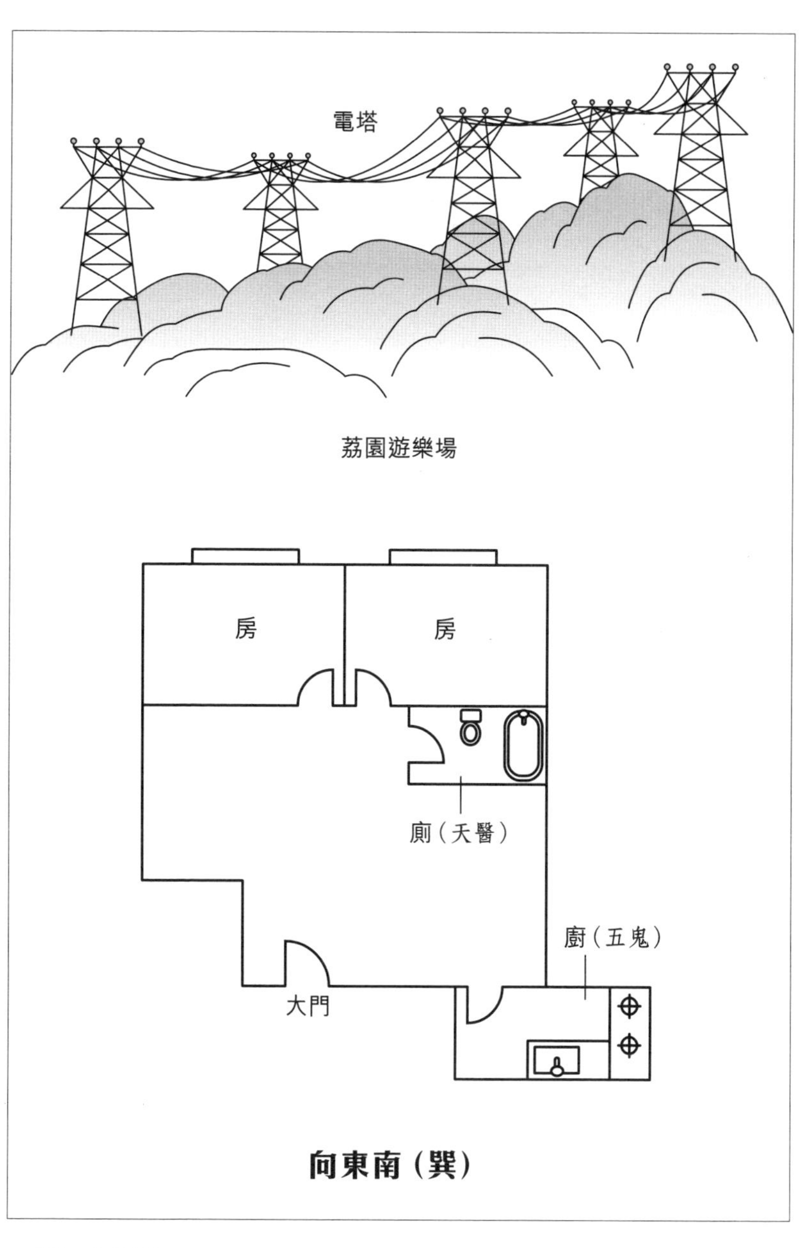

(圖一) 原局

九五年流年飛星圖

4	9	2
3	5	7
8	1	6

飛星向星圖

南

東	5	1	3
	4	6	8
	9	2	7

北 西

七、八及門口之五
皆可用水催財。

飛星山星圖

7	3	5
6	8	1
2	4	9

可在山星之七、八及坐方
之位放大石假山催丁。

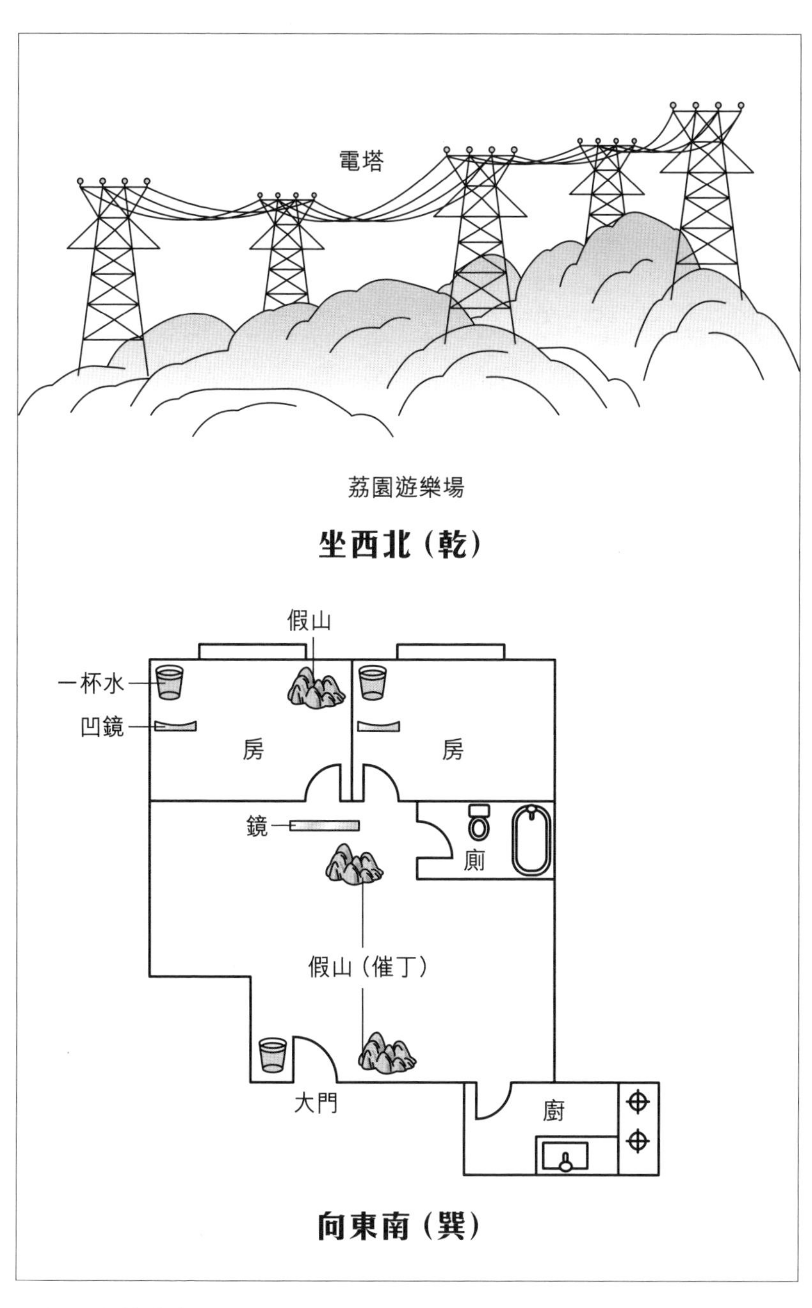

(圖二) 補救方法

則不宜經常生火煮食，尤幸宅主人是新婚之年輕夫婦，所以沒有煮食之習慣。最後，可在對大門方向放一列鏡以將門外之氣收進來。這樣佈局，便足以補救損財傷丁之局（但只能短期使用）。

至於窗外五個電塔之化解方法，就最為複雜：

① 在窗外貼反光玻璃紙，從而把煞氣擋回；

② 在窗前種仙人掌或多葉植物擋煞；

③ 窗門長期落白紗，以生遮擋之效；

④ 窗旁長期放水，從而把火煞、磁電煞截住，並於其後面放凹鏡收電塔為用，隔水化煞後變成文昌塔；

⑤ 最後當然是避，待滿約後立即搬遷。

註：此宅之主人為《命帶辰戌，宅為辰戌，險死還生》篇之母親，而其兒子是在結婚以後才遷入此宅。最後，他在此宅內完成了建築師課程。

半山豪宅，三煞動土，流年欠佳

九七年應客人之邀請，前往中環半山梅道某屋苑為客人勘察風水。此宅坐丑，大門向未，為坐空朝滿之局。加上露台之外，維港景色盡收眼底，本是極佳之局。可惜局中佈置錯誤，加上風水流年、宅主人之流年皆有不利之象，故導致入宅不足兩年，便令到夫妻可能離異。雖然勘察之後已盡力補救，但能否挽回，仍是未知之數，謂之盡人事、聽天命。

此局坐丑，大門向未，七運為雙星到向，乃旺財不旺丁之局。此宅入宅前曾邀請風水師勘察，然後才作佈局裝修，但為何最後仍導致這樣的結果呢？事實上，這並不是上一位風水師勘察錯誤，而是給潮流所累。原來風水流派主要分為三合、八宅、飛星及玄空大卦等。上代人多流行八宅、三合，而現代人則流行飛星、玄空大卦，但究竟誰優誰劣，則不在本文之研討範圍之內。為甚麼説以上之風水師用飛星佈局是受潮流所累呢？因為根據本人近年研究所得，以上四派風水皆各有用途，而古時候甚至要綜合運用，才有成效。

現詳細說明原局風水之佈局手法。此局坐丑向未，七運入宅，為旺財不旺丁局。如此局單以飛星而論，佈局可謂非常配合：梳化位在正北方六八旺星，主人房亦為八六旺星，而大門則在西方，乃城門催財之局（見圖一）。至於坐方為四一，亦不見損丁，又山星之七八九方皆有靠山而無煞氣，故更無損丁之象。即使以露台作向，其飛星佈局亦不會更改，更有背山面海之利。而水位由北至東，亦無損財損丁之象。但為何入宅不久即夫有外遇，搬離此宅，而女主人自己亦萌生離婚之念呢？

坐丑向未九宮飛星圖

東 \ 南	南	向未
六 (9 5)	二 (5 9)	四 (7 7)
五 (8 6)	七 (1 4)	九 (3 2)
一 (4 1)	三 (6 8)	八 (2 3)
坐丑	北	西

八宅圖：艮宅

禍害	生氣	延年
☲	☷	☱
絕命 ☴		天醫 ☰
☵	☶	☳
六煞	伏位	五鬼

九七年流年飛星圖

東 \ 南	南	西
2	7	9
1	3	5
6	8	4
	北	

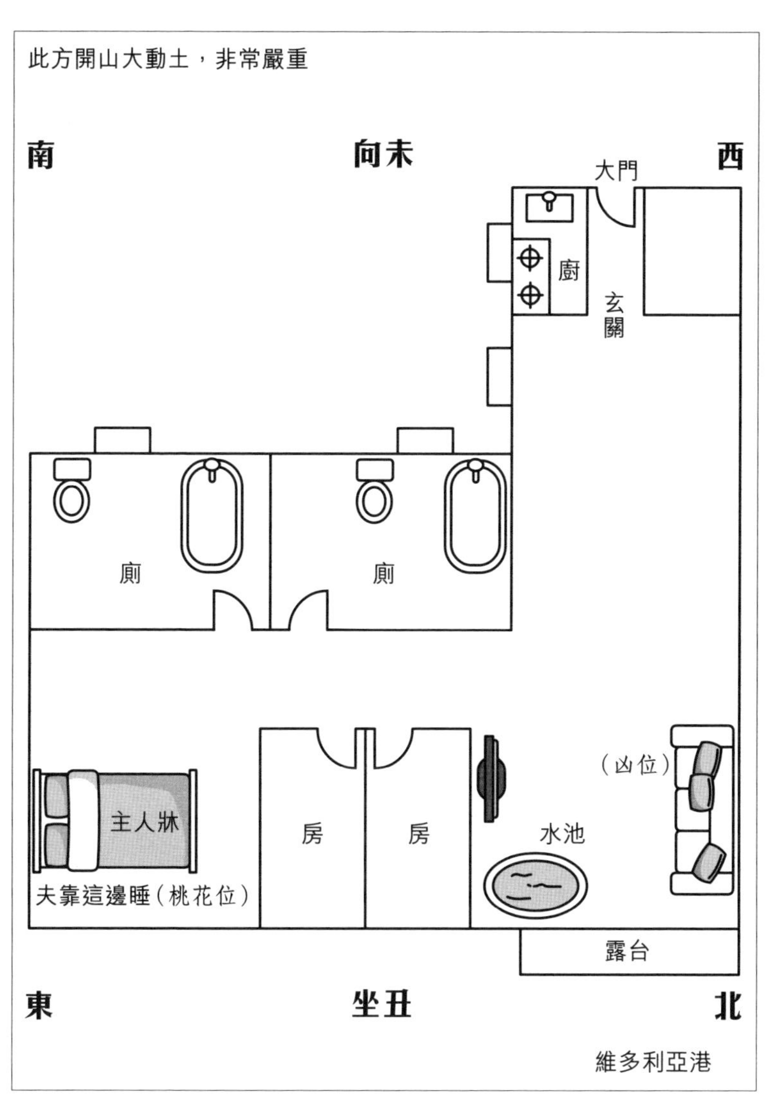
此方開山大動土，非常嚴重
南
向未
西
大門
廚
玄
關
廁
廁
(凶位)
主人牀
房
房
水池
夫靠這邊睡(桃花位)
露台
東
坐丑
北
維多利亞港

(圖一)

其實最大的原因，是進行風水佈局時有所忽略，加上宅、命皆流年不利，終致此結果。現詳述更改後之局如後。

此局如以八宅計算，正北梳化之位置為五鬼，又五鬼以八宅而論是病位、爭吵位、最凶位。在印證之下，他們真的經常坐在客廳之梳化爭吵。正東為六煞、為桃花位，且夫靠着桃花位那邊睡，故桃花更重。

又以飛星計算此局之東北位，運星、向星皆為一，而一為桃花星、為水星，故在局中放置噴水池會加重桃花，有催動桃花之象。

又大門正西雖合城門局，但最終大門為二三鬥牛煞，易有官訟之事，亦不能不化解。

最後加上女主人今年命逢辰戌丑未四沖，為大動之年、為晦氣之年，而男主人則屬乙木，又從九六丙子年起，大運行丑，為桃花大運。加上九九年流年己卯與命中日柱乙酉天剋地沖，故有分離之象。雖然夫妻宮逢沖即易有分離之象，但此象亦有可能是與第三者分手，所以我只能盡人事，把風水佈局弄好，希望能把凶象化解。

至於流年方面亦極為不利，因流年五黃到門，有損主之象，故不利宅中人口。加上大門向星為二，二五交加更凶，又山星為三，變成三、二，遇五黃更為不利。主人房正東為一白，為流年桃花，有加重桃花之象；而更壞者為三煞正南動土，煞氣極之嚴重，進一步加重流年之不利。現將化解方法詳述如下：

① 把梳化搬離正北五鬼位；

② 與丈夫更換睡覺位置，自己承受桃花總比現在為佳；

③ 用金屬物件化解大門之五黃、二黑、三碧；

④ 用石頭、紅色物件、植物、水、音樂盒等物件把正南之三煞盡量化掉。

佈置了以上之局後，希望能把問題解決吧！

五黃三煞動土，不凶反吉個案二則（一）
三煞動土，猛進財資

每一個學風水的人，都知道遇三煞五黃為凶象，但如果能配合宅中佈局及宅主人之命格，卻可反凶為吉。像九八年某客人之住宅，其大門所向之單位正值當年大興土木，而此宅之方向為坐午向子開中門，所以大門對正三煞動土，本必然人口損傷，無可避免。尤幸此人乃熟客，每遇疑難必以電話垂詢，亦幸本人當時剛發明了五行化動土局，故無懼三煞動土。再加上此宅風水不差，且宅主人之命格亦在大運之中，雖然流年反覆，但亦無大礙。現將此局詳述如下：

此宅坐午向子，雙星到向，為旺財不旺丁之局，而八宅則為離宅。以八宅計算，財位在主人房中，惟原來間格之廁所門在廁之中間，故不論主人房如何放置睡牀，都會對正廁所，而牀對廁所一則不利身體，二則不利感情（見圖一）。再加上每逢遇上五黃、二黑或三煞動土，必遇開刀重病，而遇上水星駕臨，亦必惹桃花之應。所以當初勘察時，我建議把廁所門改在旁邊，使主人房之睡牀能夠避開廁所門。至於另外兩個房間，一為五鬼，一為桃花，我建議五鬼之凶房用作衣帽間，而桃花房則作為書房之用。另由於男女主人之命格皆要火，所以全屋均宜以暖色佈置；又男女主人命格利東、利南，故睡牀牀頭向南，書桌則面朝東。至於在其他細節如廚、灶、梳化、飯枱等亦一一安排妥當後，便可擺設風水物件——在財位放大葉植物聚財、凶位放葫蘆、門前放水催財及屋後放一大圓石春。而大門直沖出窗，亦已放一盆高且多葉之植物遮擋。

經以上佈局後，宅主人自九七年八月遷入此宅以後，運程及身體均尚算不錯；即使九七年二黑病星在主人房，身體亦無大礙。再以九八年計算，大門七赤旺星加臨，理應進財更多，誰知農曆年過後不久，對面之宅即換上新主人，並隨即進行大裝修。

九八年三煞在正北，而三煞動土必為凶象，尤幸化解得宜，運用五行化動土局，化煞氣於無形，反為我用，得以無病兼且進財。

在此順道告知各位讀者，但凡在辦公室或住家看見動土，皆可以用以上之五行化動土局

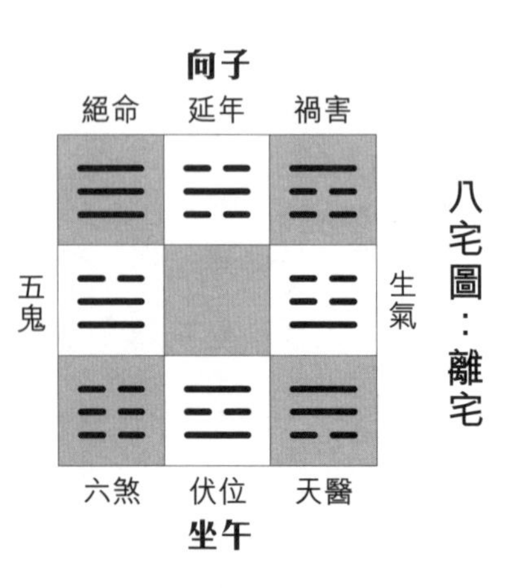

八宅圖：離宅

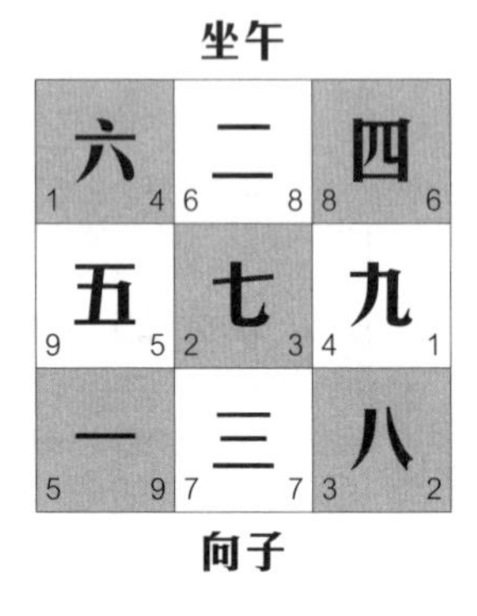

坐午向子七運飛星圖

1	6	8
9	2	4
5	7	3

九八年流年飛星圖

2	7	9
1	3	5
6	8	4

九七年流年飛星圖

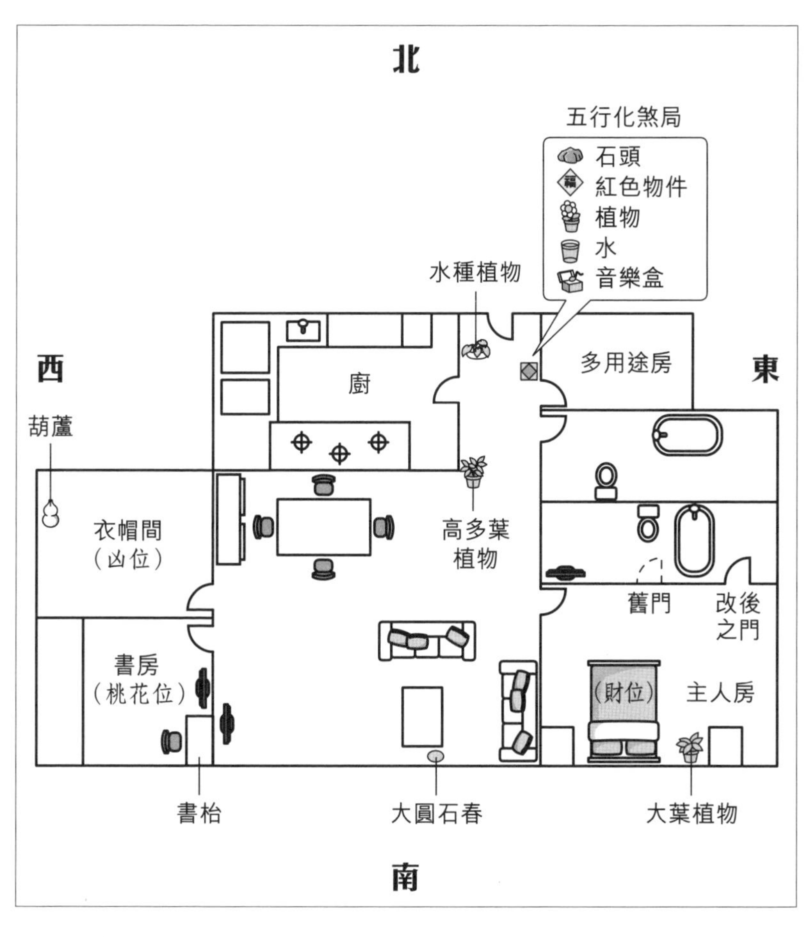
北
五行化煞局
石頭
紅色物件
植物
水
音樂盒
水種植物
西
東
廚
多用途房
葫蘆
衣帽間
（凶位）
高多葉
植物
舊門
改後
之門
書房
（桃花位）
（財位）
主人房
書枱
大圓石春
大葉植物
南

（圖一）

化煞。讀者們毋須太過敏感，因動土煞氣要正對窗外才算，故大家不用探頭窗外，東張西望，遠遠看見動土，亦以為犯煞。

運用五行化動土局時，可不用分方向，只需將金、水、木、火、土五樣東西圍成圓形，對着動土方擺放即可（見圖二）。

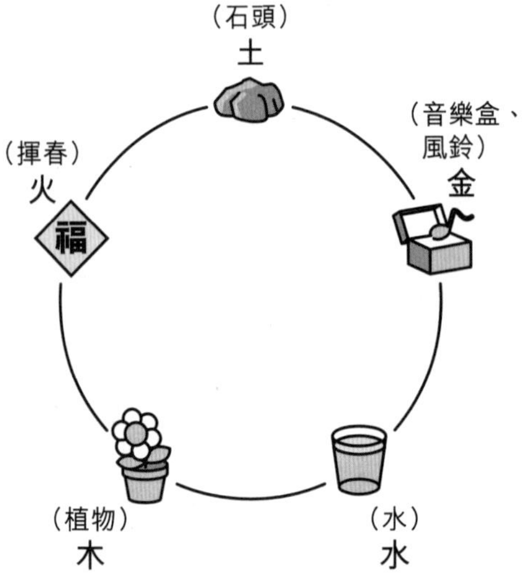

（石頭）
土
（音樂盒、
風鈴）
金
（水）
水
（植物）
木
（揮春）
火
福

（圖二）

五黃三煞動土，不凶反吉個案二則（二）
坐正五黃，連番告捷

很多學風水術數的讀者都知道，五黃二黑為死符、病符、為凶星，但大都不知道五黃二黑亦可化為財星，使財為我用，進財更急，惟這當然要配合風水形局及宅主人之運程方可。

九八年十月底應朋友之介紹為某家人看風水。由於宅主人剛把原來居住之單位連同隔鄰之單位一併買下來，故欲得知把兩單位打通較好，還是維持現狀較好。

她住的地方位於九龍塘，為地下連花園之單位（見圖一及圖二），坐向為坐午向子，為旺財不旺丁之局，風水不錯，有八十分，且屋內佈局亦配合得宜。然而，宅主人實不宜把兩單位打通，因打通以後，現位於桃花位的主人房將變成最衰位，又桃花有利交際應酬，亦能催旺人緣，且此為坐午向子之局，如開中門則這數年間進財亦急。

至於新單位之坐向則剛好相反，坐子向午，為旺丁不旺財之煞局，只利吉運之人士使用。

原來之單位

坐午向子七運飛星圖

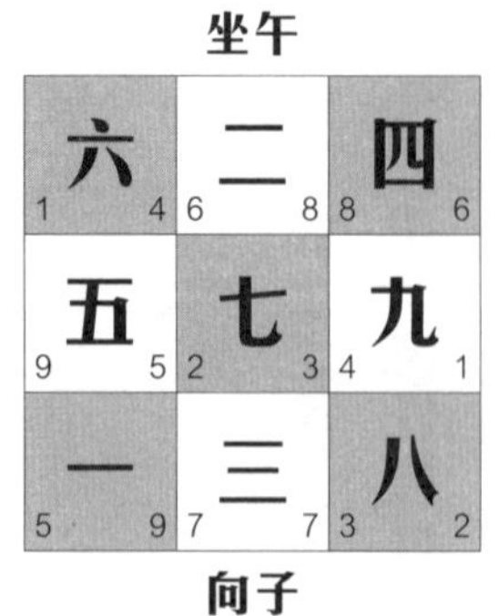

八宅圖：離宅

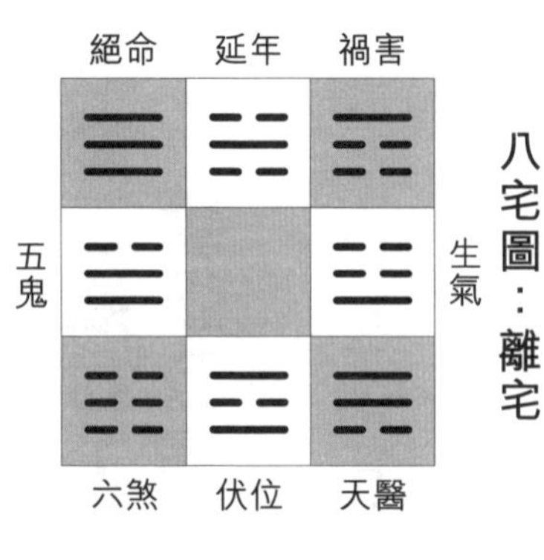

九八年流年飛星圖

1	6	8
9	2	4
5	7	3

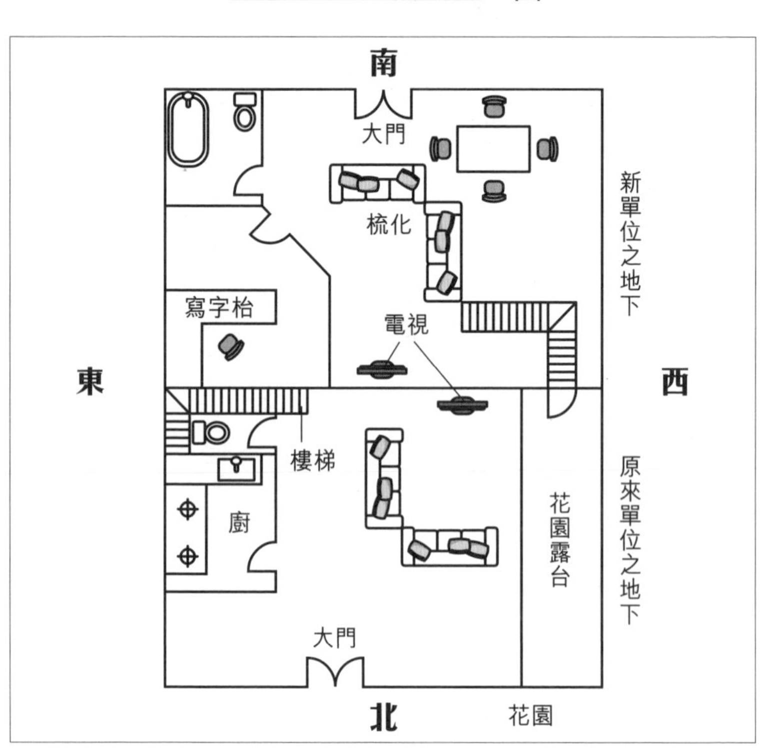

（圖一）

新作寫字樓之單位

坐子向午七運飛星圖

向午		
六 (4 1)	二 (8 6)	四 (6 8)
五 (5 9)	七 (3 2)	九 (1 4)
一 (9 5)	三 (7 7)	八 (2 3)
	坐子	

八宅圖：坎宅

生氣	延年	絕命
☴	☲	☷
☳ 天醫		☱ 禍害
☶	☵	☰
五鬼	伏位	六煞

九八年流年飛星圖

1	6	8
9	2	4
5	7	3

八月流月飛星圖

3	8	1
2	4	6
7	9	5

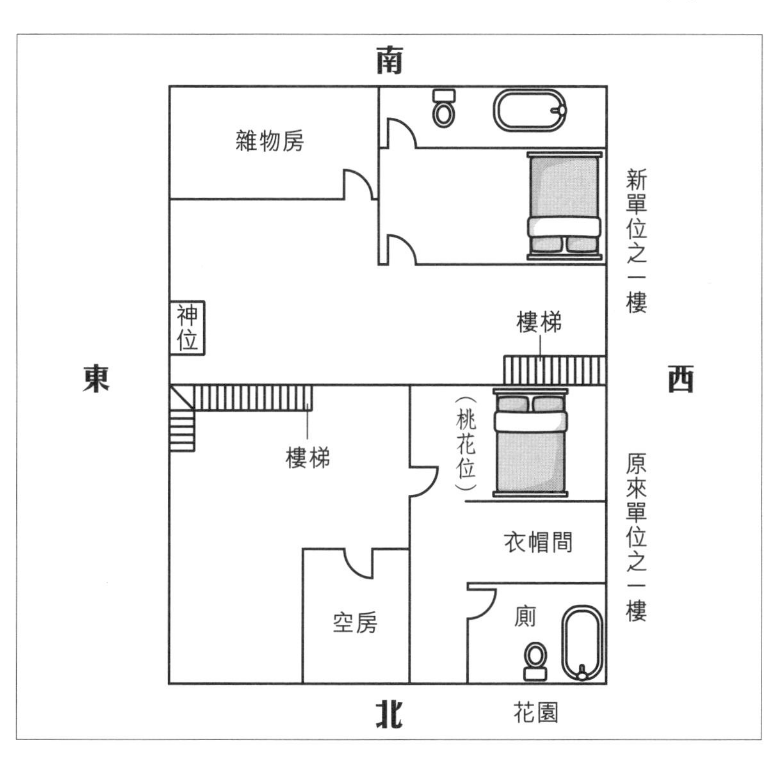

（圖二）

剛好宅主人命中要火，而九八至二〇〇三年又為木火之地，故為旺命配煞局，好運必然倍增，且宅內之佈局亦剛好配合宅主人之職業——馬評家。由於宅主人欲以新單位作辦公室之寫字枱又剛好在宅之東北面為五鬼，加上九八年流年五黃亦在東北，則五黃加五鬼，可構成五鬼運財之局。所以宅主人在這數月間連番報捷，贏了不少金錢（因宅主人之職業為馬評家，故自己當然亦會下注）。現將新舊局之方位及住宅圖詳述如下。

從上頁圖一及圖二之新局（即寫字樓那邊）看來，此宅坐子向午，開中門為八六旺星到門；且山星生旺向星，再加上流年飛星旺入，流月飛星又於七月為九到門，八月為八至，九月為七到門，十月為六到門，十一月為五到門，全皆為入財之月，故九八年之內想必還有大財進入。

此外，本人之寫字樓亦為坐子向午，而另有一學生之宅向也同為坐子向午。除了個案中的宅主外，本人自九八年九月後財運亦開始轉佳，雖不是橫財，但在這靜市下多幾單海外風水勘察來幫補收入，其實已算不錯；至於我學生是做電子零件的，他在九月亦突然多了很多意想不到之訂單，令財運開始好轉。

由此可見，五黃並不一定是凶星，如運用得宜，亦可進財。所以我家風水最喜歡見到五黃二黑到門或到辦公室大門，因必然廣進財資，事事順利，並不專以五黃二黑為凶論。

五黃三煞動土，開刀癌症個案三則（一）

九八年四月中，應學生之邀請為其勘察其母墓穴之風水。其母的墓穴在粉嶺和合石向蓬瀛仙館之方向，坐向為坐丁向癸（坐火風鼎向水雷屯），無論零正與卦運皆屬不佳，而唯一可取者為風水形局。

從圖一得知，此穴青龍欠缺，穴後來龍削平而高壓，唯一可取者為白虎有情，穴前明堂開闊，遠朝有力。加上左前方有蓬瀛仙館，右有廉貞山守護，外局其實不差。但此穴終究無情，只發三房，也就是長房、次房皆無用，即使九運入運後亦獨發三房而已。

當時還有能力邀請我為其勘察風水之學生，正好就是三房，但為甚麼他會突然聘請我為他勘察呢？原來自九八年以來，他事事不順，而且健康及財運亦不佳，所以他懷疑祖墓風水不佳（因他已知住宅風水並無問題），因此邀請我為其勘察。

其實現今香港的陰宅之地，可謂選無可選，我為他走遍整個和合石也找不到一個完美的

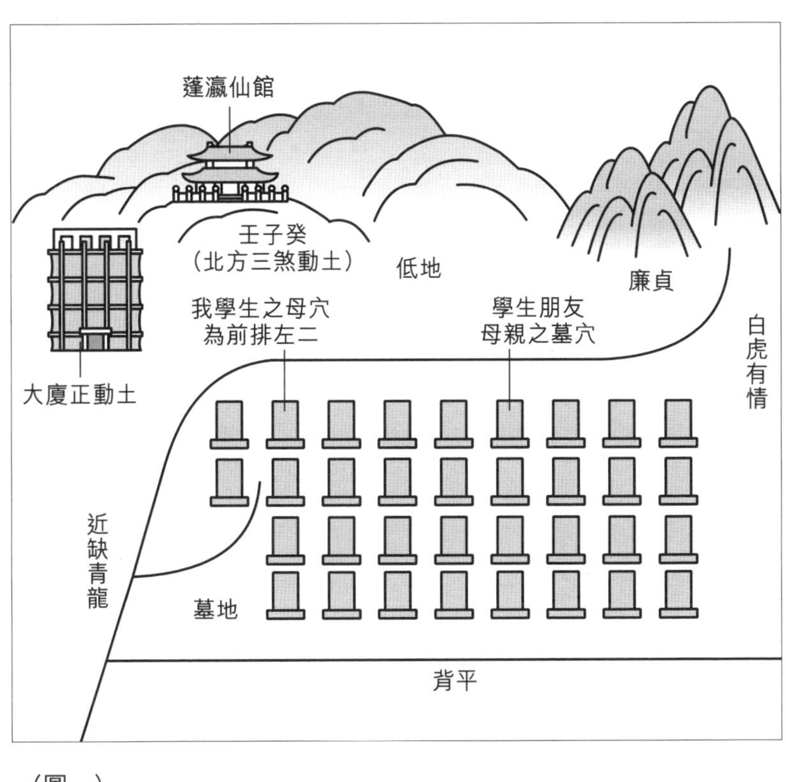
蓬瀛仙館
王子癸
（北方三煞動土）
低地
廉貞
我學生之母穴
為前排左二
學生朋友
母親之墓穴
白虎有情
大廈正動土
近缺青龍
墓地
背平

（圖一）

風水地，稍好的是面向大埔水口的那一邊，合零正水口，可惜該處有一大電塔橫過，把氣場破壞，故亦不可用，所以現今的唯一方法是以不變應萬變。

由於九八年穴前北方三煞位動土，有人口損傷之象，且對長房之影響尤大，所以我便教他佈局，以化解三煞動土及增加長房之氣運。現將佈局繪畫如後（見圖二）。

但以上的故事還未完結，因為陪同我學生一同前去的還有在那邊負責建墓地的人。還記得當時他對我半信半疑，這可能與我年紀較輕有關吧，因為他比我大二十年有多，而且很熟悉整個和合石哪處的風水較佳。加上他造墓地的經驗比我豐富得多，故他並沒有把我說的話記於心中。

但不知何解，當我的八字班於五月開班時，他竟然與我的學生一同來學八字命理。我當然沒有問題，因為我的教學宗旨是逢人必教，逢教必盡，而且我不怕別人在學完之後從事此行，亦不怕行家偷學，故此當然更不怕教曉徒弟無師父！因為當別人學完我今天所教的東西後，只停留在昨天的我，而今天的我必然比昨天的我更進步，所以他們要追上我，

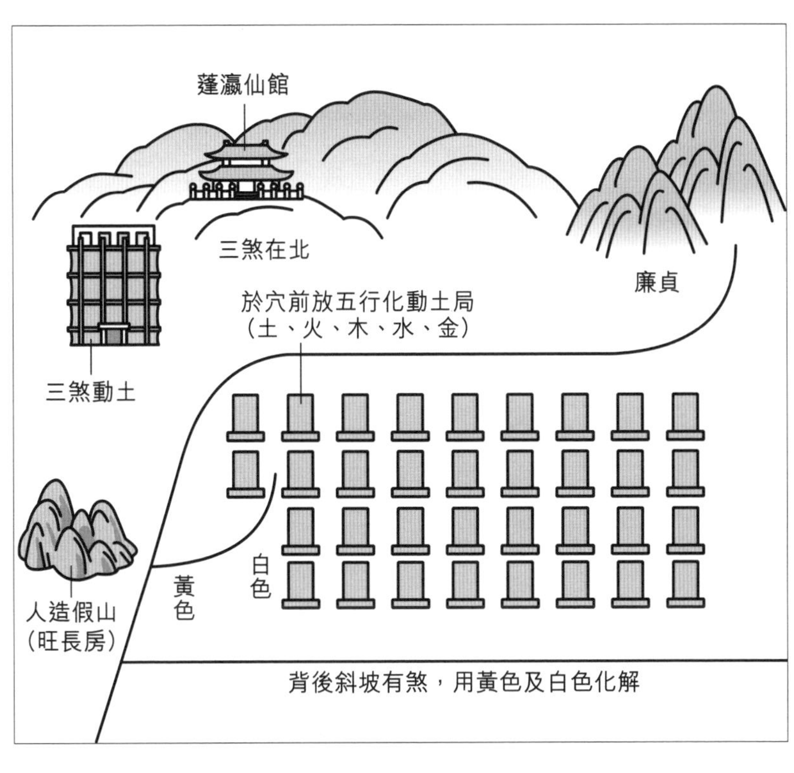
蓬瀛仙館
三煞在北
廉貞
三煞動土
於穴前放五行化動土局
（土、火、木、水、金）
白色
黃色
人造假山
（旺長房）
背後斜坡有煞，用黃色及白色化解

（圖二）

亦要每天進步。

閒話休說，就入正題吧！

八字開班後大約兩個星期，我學生突然打電話給我，說他正在醫院檢驗，擔心可能患上腸癌，問我八字能否看出病情。

我看他的八字生於辰月戌日，辰戌相沖，本命胃腸不佳，但不至於患腸癌，因他大運在水中，流年戊寅亦無相沖，理應問題不大。後來經檢驗後，發現大腸內原來只有瘜肉而非腸癌，終令他放下心頭大石。

但事件並非就此完結，因為過了一星期後，我學生再打電話給我，說他朋友正在醫院檢驗，醫生也說他可能患上腸癌，問我他的八字有否問題。

怎知一看之下，原來他生於戌月辰日，亦是辰戌相沖，胃腸必有問題，但如單看八字亦不至於患腸癌。誰知報告出來後，卻證實了真是大腸癌，要把整條大腸切除。為甚麼他會那麼嚴重呢？原來其母的墓地，就在我學生之母的墓地再過三個位，坐向相同，亦在北面有三煞動土，而且農曆五月三煞逢沖。

後來我的學生到過他朋友的家宅，發現他的神位不但安放在五鬼位上，而且還面對着廁所門並正向坐廁，以致加重了三煞動土之嚴重性，因而引致腸癌。

五黃三煞動土，開刀癌症個案三則（二）

九八年六月二十二日，一位熟客來找我擇日開刀做手術。當時我並不知道她因何開刀，所以在為她排過時辰八字，擇了六月二十九日丁未日午時開刀後，便以為事情已了。但到了七月初，她再來電約看家居風水，於是我便在七月十日為其勘察家居。

誰知一進入她家，就知道大件事！

一進門，便對着一排窗，而窗外正在興建一座三四十層高的樓宇，煞氣非常強大（見圖二）。然後我再開羅庚，得出此宅坐子向午，為雙星到山之局。正好動土在北方，而九八年戊寅三煞又在北，所以犯正三煞，以致她自從去年九月遷入此宅後，怪事便陸續發生——

先是她兒子在入住三個月後，肚子無端脹大，遍尋西醫、中醫亦查不出原因。後來經醫師介紹服食一些健康食品，情況才稍為好轉；在九八年四、五月間，我的客人又覺得喉部有些不適，她以為這可能是「大頸泡」，因為她的家族有此遺傳病。誰知到醫生處檢查後，竟

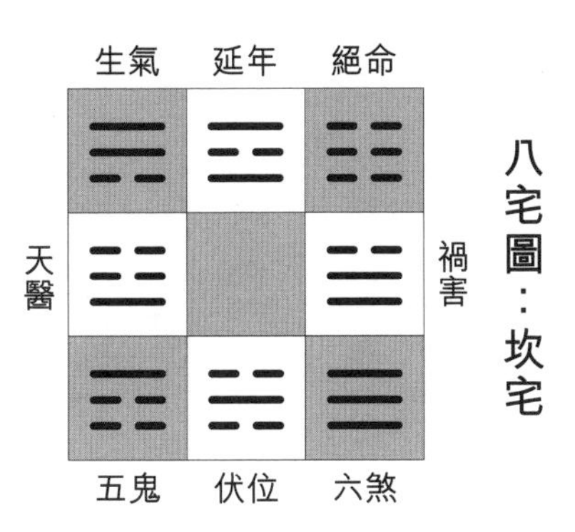

八宅圖：坎宅

坐子向午七運飛星圖

向午

六 4 1	二 8 6	四 6 8
五 5 9	七 3 2	九 1 4
一 9 5	三 7 7	八 2 3

坐子

九八年流年飛星圖

1	6	8
9	2	4
5	7	3

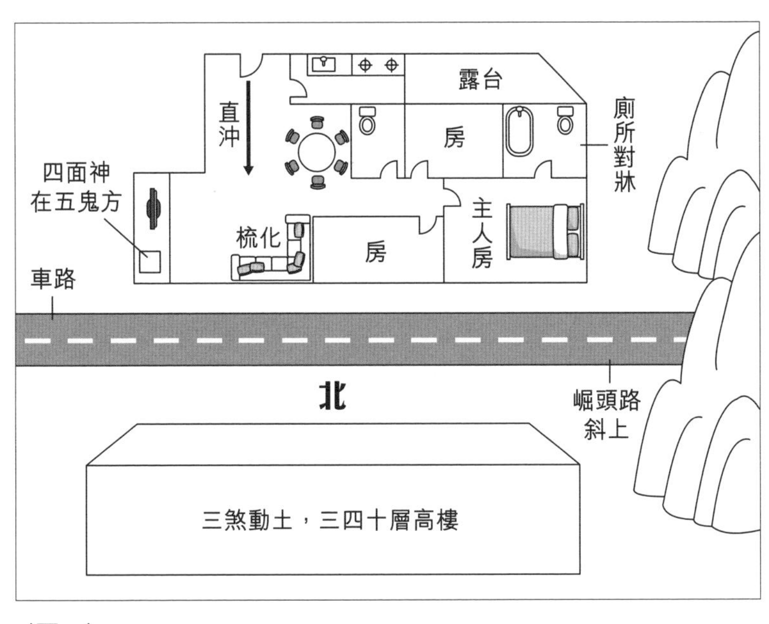

(圖一)

發現這是淋巴腺癌，簡直晴天霹靂，而上次為她擇日開刀，就是要把癌細胞切除。但怪事還未完結，因為在七月七日小暑之前，她丈夫竟無端惹上官非。雖然她沒有說明詳情，但相信應該頗麻煩。

她是我的熟客，本來應該在遷入此宅之前先看其風水之好壞。無奈她丈夫不大相信風水，所以在購買時覺得舒服便買下來，誰知惹來大風波。一家四口，三口有事，只有我在九五年間為她擇日開刀所生的孻子還未出事，不可說不驚險。

為甚麼她家的風水這麼壞呢？當然不獨是犯三煞那麼簡單。首先，她們命中要火，而九七、九八年剛好是轉運之前，所以必然反覆。加上其宅無論是外局還是內局皆有問題，所以才會引致這麼嚴重的事故。

此宅坐子向午，現將其風水詳述如下：

此宅之關鍵問題不在內局，而在於宅外形勢。首先，此宅位於一崛頭路上，陽氣不到而陰氣較重，再加上為斜上之路，令氣流更差，可謂孤陰不生，獨陽不長。且此建築物只為數層高之平房，但其所面對之正北三煞動土大廈，卻有三四十層高。所以，它不止犯三煞，且有高壓之勢，人口焉能不損傷？而在宅內五鬼位處安放神位及主人房廁所與牀相對，亦極為不利。所謂一命二運三風水，風水不佳，便會誘發體內的小病轉為大病，而此亦為風水之效用也！

現在改善宅中佈局如後，以供讀者參考（見圖二）。

註：看完此宅之風水後，建議她可能的話，最好速速遷離此宅，搬往鰂魚涌某大型屋苑，並找大門向東或西之宅（因二〇〇四年前大門向東及西皆旺財旺丁）。最後，她聽取了我的意見，並在不到一個月內已遷離此宅。從九八年到現在二〇一四年了，再不聽見她家中出現任何問題。在此希望她一家能一直平安快樂地生活下去。

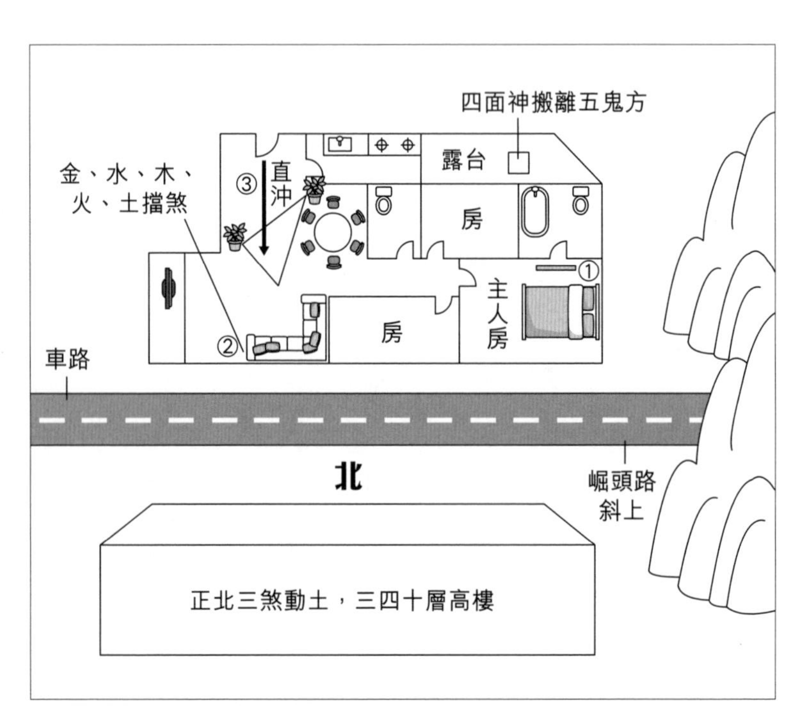

(圖二) 要破解此宅之風水煞，有以下重點：

① 在廁所門前放屏風，以擋廁所對牀之煞；

② 在梳化旁放五行化動土局（金、水、木、火、土），以擋三煞動土；

③ 用高多葉植物去擋大門直沖梳化之煞。

五黃三煞動土，開刀癌症個案三則（三）

九八年七月十四日，接到一個舊客來電，說昨晚突然肚痛，因腹部化膿而要馬上開刀做腹部手術。

這個客人住在屯門兆康苑兆順閣某高層單位，遷進此宅已近十年，一向相安無事，一家四口雖然住在兩房單位，但公一份，婆一份，生活還算可以。儘管我常說屯門風水不好，但此屋苑面向青山方向，山形還算肥沃，且此宅坐乙向辛，七運入宅為旺財旺丁之局。雖然大門為五鬼，但主人房、兒子房同於吉位內，所以這麼多年來亦相安無事，生活尚算愉快，誰知會突然出事。於是我馬上到她家去，看看到底出了甚麼問題。

一進屋內，馬上發現窗外正有很大面積在動土，而且放梳化的位置，於九八年正好五黃到此（見圖三）。主人房的牀頭本在向南位置，但因當年在房內安裝了一部電視，而把牀頭轉向北面，結果引致面向窗外而受動土之影響。再加上農曆六月之流月五黃正巧到她房內，雖然窗外不是流年三煞五黃動土，但因動土的範圍實在太大，且此屋苑成U字狀，又此大廈正位於大廈群U字之底部，所以正好把煞氣兜住，繼而引發以上的問題（見圖一）。

現在建議把格局改回原來一樣，即可解決問題（見圖二）。

另再於每個窗外佈一個五行化動土局，把動土煞氣擋住，便大功告成。

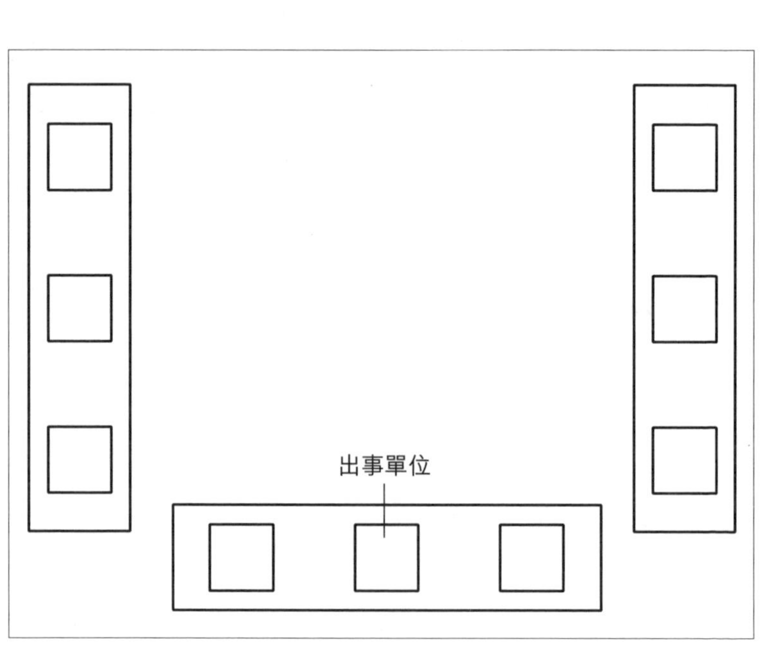

（圖一）出事單位位於大廈群U字之底部

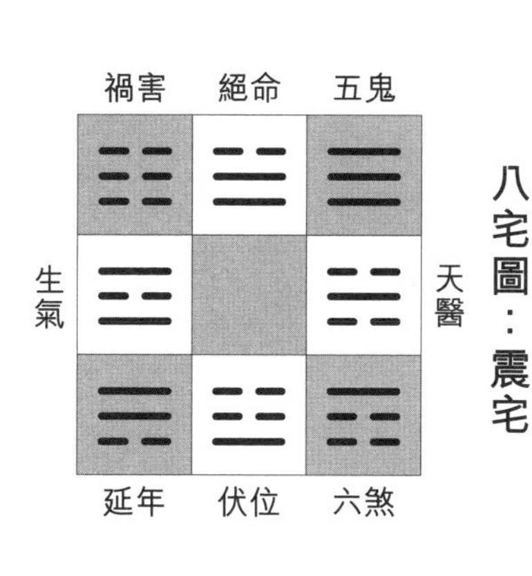

八宅圖：震宅

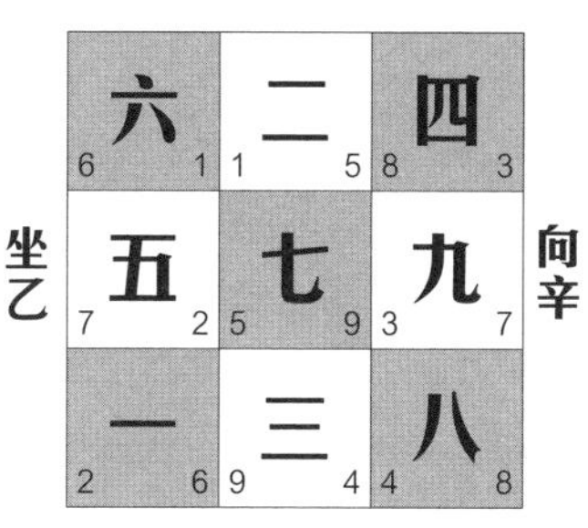

坐乙向辛七運飛星圖

5	1	3
4	6	8
9	2	7

六月流月飛星圖

1	6	8
9	2	4
5	7	3

九八年流年飛星圖

流月五黃到主人房，因窗外動土而加重五黃之力。且五黃為土，為腹、為毒瘤，所以發生以上事件。

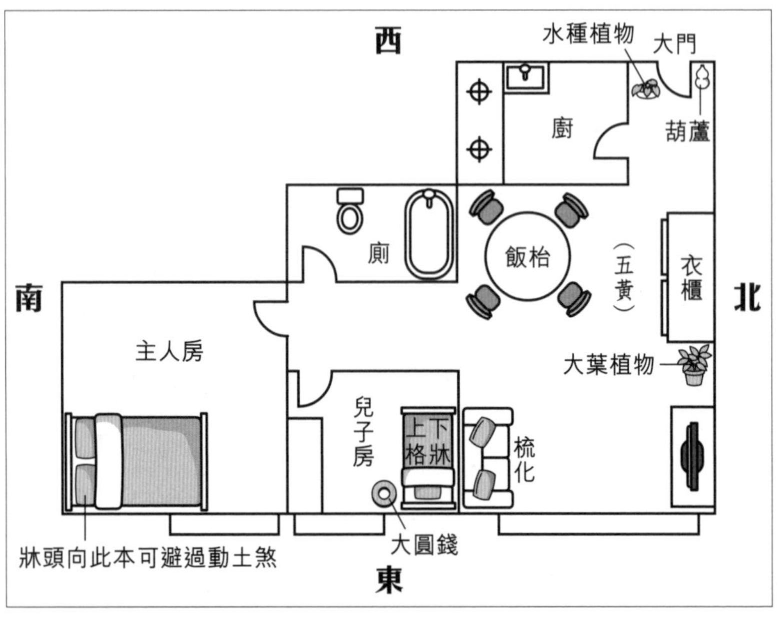

（圖二）原來之佈局

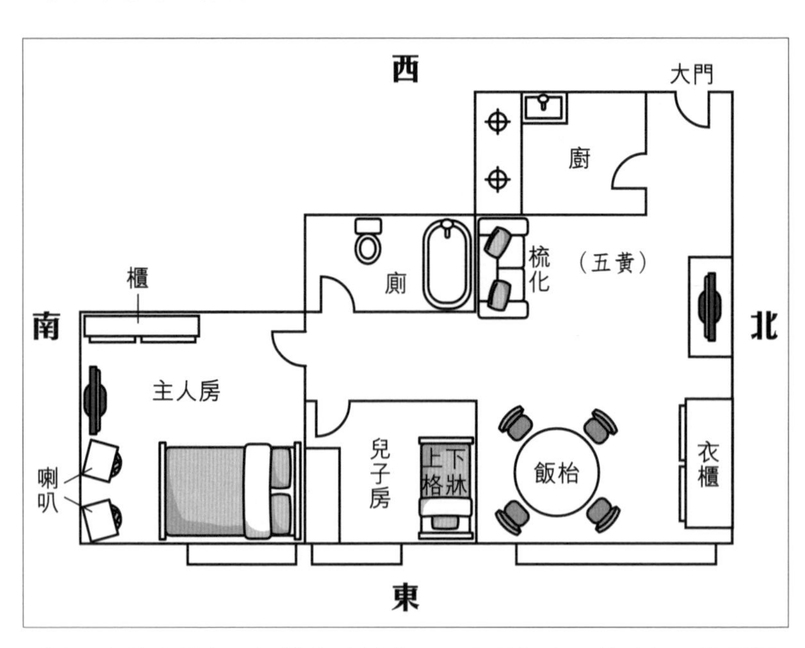

（圖三）筆者於九八年勘察時的佈局：除要把室內的陳設回復到圖二原有的佈局外，還要再把火、土、金、水、木的化煞物件放於每個窗外。

假天花欠妥，徹夜難眠

一九九九年三月二十七日星期六，我睡至中午起牀後，便看一看傳呼機有沒有留言。

那天除了幾個日常的訊息外，還出現了一個奇怪的傳呼，而且顯示了一個很奇怪的英文名字，弄得我連讀都不會讀，而且還說有急事，請我馬上回覆。

於是我立即致電給她，用我發音不大正確的英文讀出她的英文名字，誰知她真是外國人，並說是朋友介紹她來找我的。她說她出現了很大問題，而且「快要死喇」，着我盡快幫她看看家居風水。為了不用她久等，我唯有犧牲我的星期天去幫她看看吧！

她家位處干德道，面積有二千多平方呎，剛剛重新裝修過，還有很濃烈的裝修氣味，而佈置亦很凌亂。我們作過介紹後，便二話不說地開始勘察家宅。

在細心察看之下，我看不出嚴重的問題，最多只是有數處地方擺設不當，但絕非出現了大問題。但是她不停強調，自從新屋裝修再入伙後，至今已有廿多天了，她總是睡不着，所以每晚真正的睡眠時間連兩、三個小時也沒有，令她精神非常之差。於是我再到她的睡房，細心察看，終於被我發現問題所在！

我的客人住在上址已有十多年，一直無事，現在睡在同一個房間，風水理應一樣才對，因為她反正都是睡在五鬼位上，以前沒問題，現在應該也沒有問題。仔細一看，筆者發現問題原來出在天花板上！

由於她以前的睡牀設計是牀頭貼櫃而背向洗手間，而燈槽則在左右兩邊相對稱，故可說是陰陽調和（見圖一）。但現在牀頭向另一邊，而那邊剛好又正對橫樑，室內設計師於是便幫她把橫樑蓋住，變成冷氣的出風口（見圖二）。由於整個冷氣槽的闊度剛好是整張牀的闊度，故正好把牀壓住。

這樣本來問題不大，又不是單一橫樑壓下來，但最大的問題是冷氣槽剛好把房間分成兩個大小不一之空間，而睡牀就正好在中間，結果形成陰陽極度不平衡。再加上我的客人剛好六十歲屬虎，犯太歲的影響還未完結，且她本身之思想情緒亦出現了問題，而房間又為五鬼

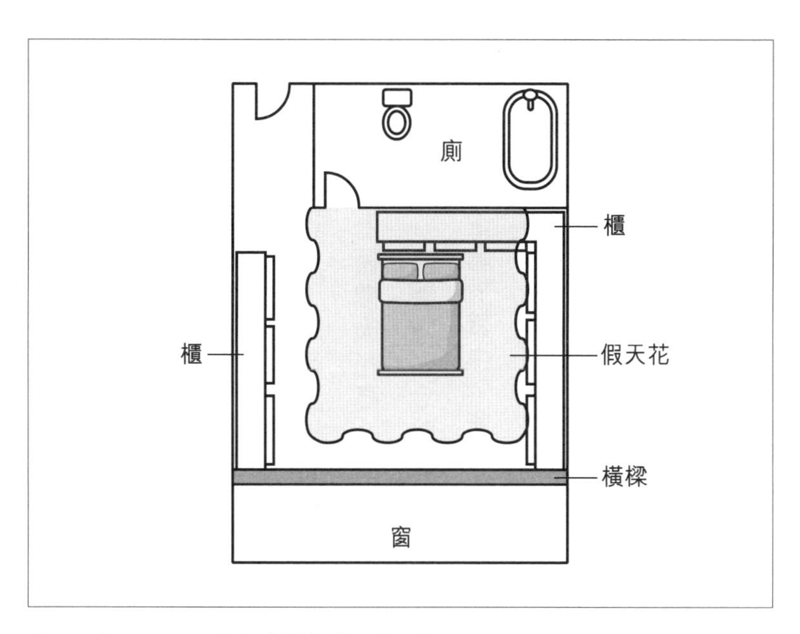

(圖一) 原局：左右設計對稱，陰陽調和。

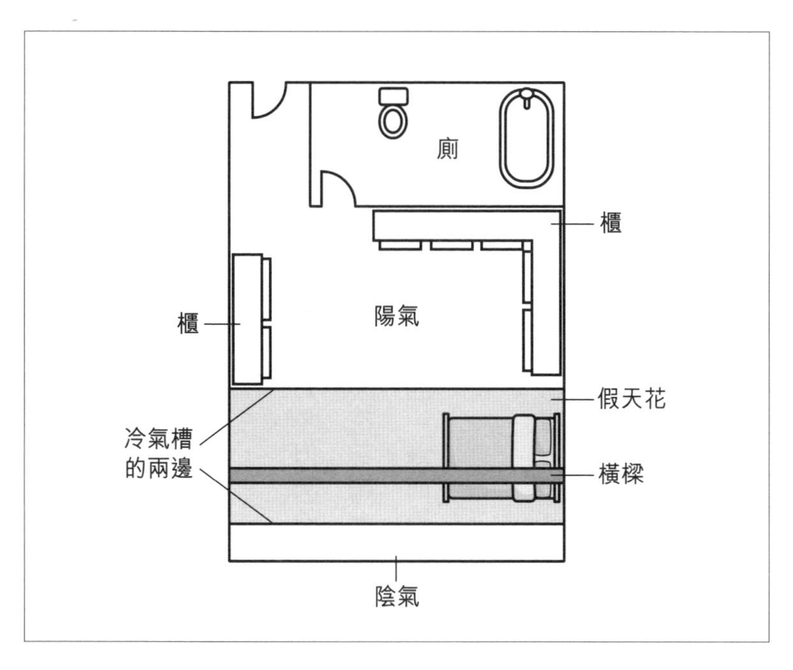

(圖二) 裝修後之設計

位，結果衰上加衰，問題更大。加上外國人很喜歡買一些獅子、老虎、麒麟等猛獸回家胡亂擺設，最終便加劇了問題。

於是，我對她說，只要把睡牀頂之天花略作修改，把麒麟等猛獸移開，勿對着大門，並將不適當的鏡子放好，問題便可解決。

從圖二可見，冷氣風槽將整個橫樑包住，雖然它比睡牀的面積更大，但因沒有橫樑壓頂的問題，加上舊樓天花高，故並無下壓的感覺。所以問題反而出於假天花不夠大，引致睡牀與窗間形成一條罅隙，令陰氣正聚於此，與牀之另一邊的陽氣不能溝通，繼而形成陰陽不調和。而睡牀正處於其中，所以睡得着才怪。

至於補救方法，就是用紗布把罅隙擋住，從而減低及阻止陰氣之形成，即可無礙。而全屋當時之佈局，現述如圖三（見圖三）。

此宅坐寅向申，乃雙星到山之局，旺丁不旺財。九九年飛星五黃到大門，二黑正為各房間之走廊，加上一對麒麟面向大門，以及玄關之鏡對着房間走廊的門和主人睡房設計錯誤，終引致以上問題。

本來主人房出了問題，可先搬往旁邊之客房暫住，誰知天才設計師竟把客房的睡牀也放正於橫樑之下，加上睡牀屬入牆式設計，真不知道他是否「靠害」，故亦不能搬往客房暫住，唯有先睡於客廳，待風水修正以後才搬回主人房去。

坐寅向申七運飛星圖

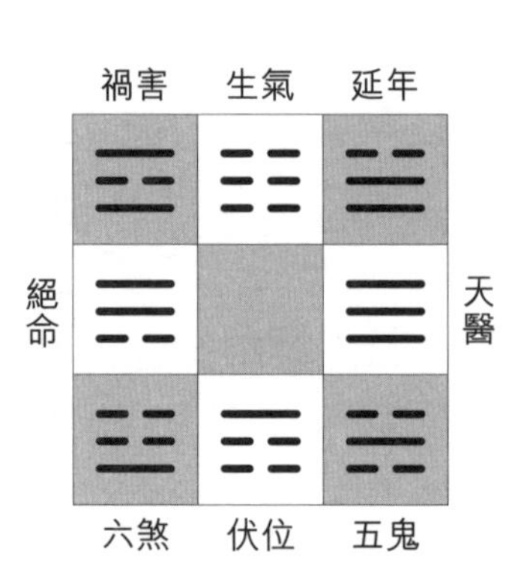

八宅圖：艮宅

9	5	7
8	1	3
4	6	2

九九年流年飛星圖

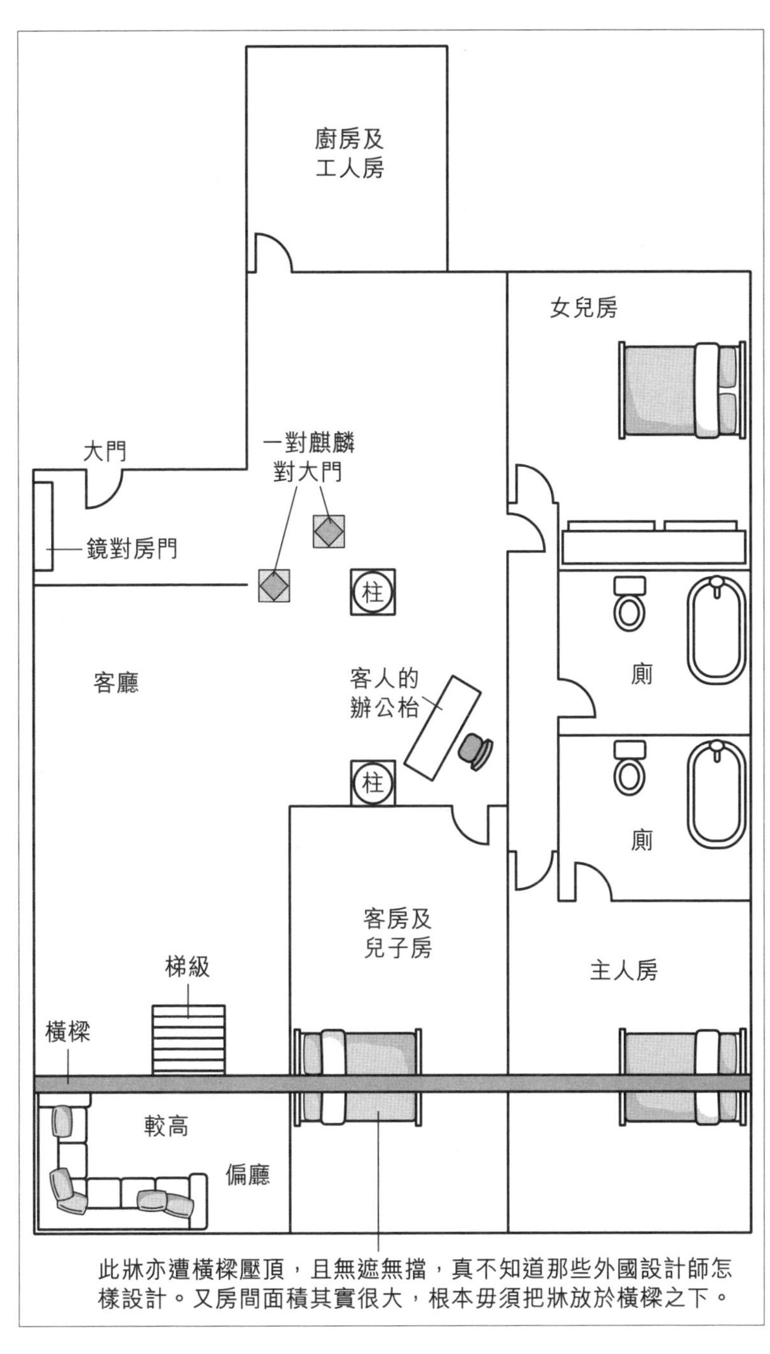
廚房及
工人房
女兒房
大門
一對麒麟
對大門
鏡對房門
柱
客廳
客人的
辦公枱
廁
柱
廁
客房及
兒子房
主人房
梯級
橫樑
較高
偏廳
此牀亦遭橫樑壓頂，且無遮無擋，真不知道那些外國設計師怎樣設計。又房間面積其實很大，根本毋須把牀放於橫樑之下。

(圖三) 裝修後之佈局

一家三個生癌，一個跳樓的風水個案

九九年，有一客人前來算命。在我為她算過命後，她說及丈夫的家宅風水非常之差——老爺因癌病逝世，而她奶奶及其丈夫的弟弟亦患癌病。她問我為甚麼會這樣，是否因為在這間屋住得太久，以致已經無運。我說我也不知道，因為未到過現場根本不能就此推算。她說已約了我在六月頭為她看風水，所以屆時便會知道詳情。

六月七日星期一，我於下午二時準時到達她在九龍塘的家。她的家位於九龍塘某處的崛頭巷內。我常說崛頭巷為陰地，每每陰陽不調和而以致聚陰。而且此宅是低層二樓，更是陰上加陰，所以我心中下意識已覺得有問題。但待進入此宅開羅庚後，卻得出此宅是坐辰向戌，為旺財旺丁之局，即使在六運不旺丁、不旺財之時，亦不會弄到如此田地，到底現在為甚麼會這樣呢？而且還不止此，她說她丈夫的女兒才從外國回來兩個星期，便從家中的露台往下跳。雖然在二樓跳下，但因頭部先着地而引致腦積血，有可能半身不遂。以我多年來的看風水經驗，亦不能把原因推算出來。另外，由於她家大門為辰戌，露台為丑未，皆為陰陽分界線，所以當她說她家常常鬧鬼時，我也不覺出奇，但奇就奇在不斷有人患絕症及跳樓自殺。

於是我把她們全家人的八字開出來，亦只發現她們全家沒有一個在行運而已，並不至於發生以上的凶事。後來在閒談間，答案便開始浮現了。原來她丈夫的家人早已移民加拿大，每年只會回來香港渡假。剛好她奶奶及小叔都是在回港後才發現生癌，而她丈夫的女兒亦只在回港後兩星期便跳樓自殺，加上她們夫妻倆長居此宅都沒有發生過任何嚴重的問題，最多只是常有小毛病或夫妻意見不合，故此我對她說並非此宅的問題，只是它聚陰而剛好把問題催化而已。我問她老爺、奶奶的家是否位於溫哥華 Main Street，她說就正在此街後面的一間大屋。我再問她那街是否與 Main Street 平衡，她又說是。答案終於浮現出來了！因為溫哥華位於太平洋之東面，所以相對而言，太平洋就在溫哥華之西面。九九年下元七運以東水西山利財丁，西水東山損財傷丁，故此以大局而言，溫哥華在七運中並非當運，而 Main Street 整條街兩旁的屋更因甲庚向而致損財傷丁。記得多年前，我亦去過此街勘察，並發現此處之風水認真不好，無奈大多真正的有錢人都聚於此區附近，因此區之住宅大多都在五千呎以上。不過由於他們很多均是退休富豪，所以即使真有損財傷丁之象，亦不會發現，因為他們都已退休，無所謂損不損財。至於身體欠佳方面，他們亦只以為是年老多病罷了，很多都沒有想過這是風水問題。於是我跟她說，如果她要看加拿大那間屋的風水，可以找我在當地執業的學生幫忙。

言歸正傳，說回我客人在九龍塘的屋宅吧！此宅坐辰向戌，七運為旺財旺丁之局，只是此宅在住了三十多年後，都沒有進行過大裝修，以致不能轉運（見圖一）。而唯今之計，最簡單的做法就是重新裝修整個廚房，並待裝修過後重新入伙，以便進入七運之中（此外尚有

坐辰向戌七運飛星圖

坐辰

六 7 9	二 2 4	四 9 2
五 8 1	七 6 8	九 4 6
一 3 5	三 1 3	八 5 7

向戌

八宅圖：巽宅

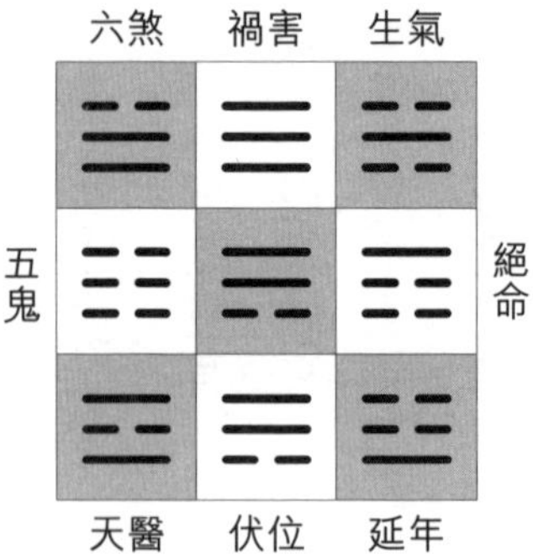

	六煞	禍害	生氣	
五鬼				絕命
	天醫	伏位	延年	

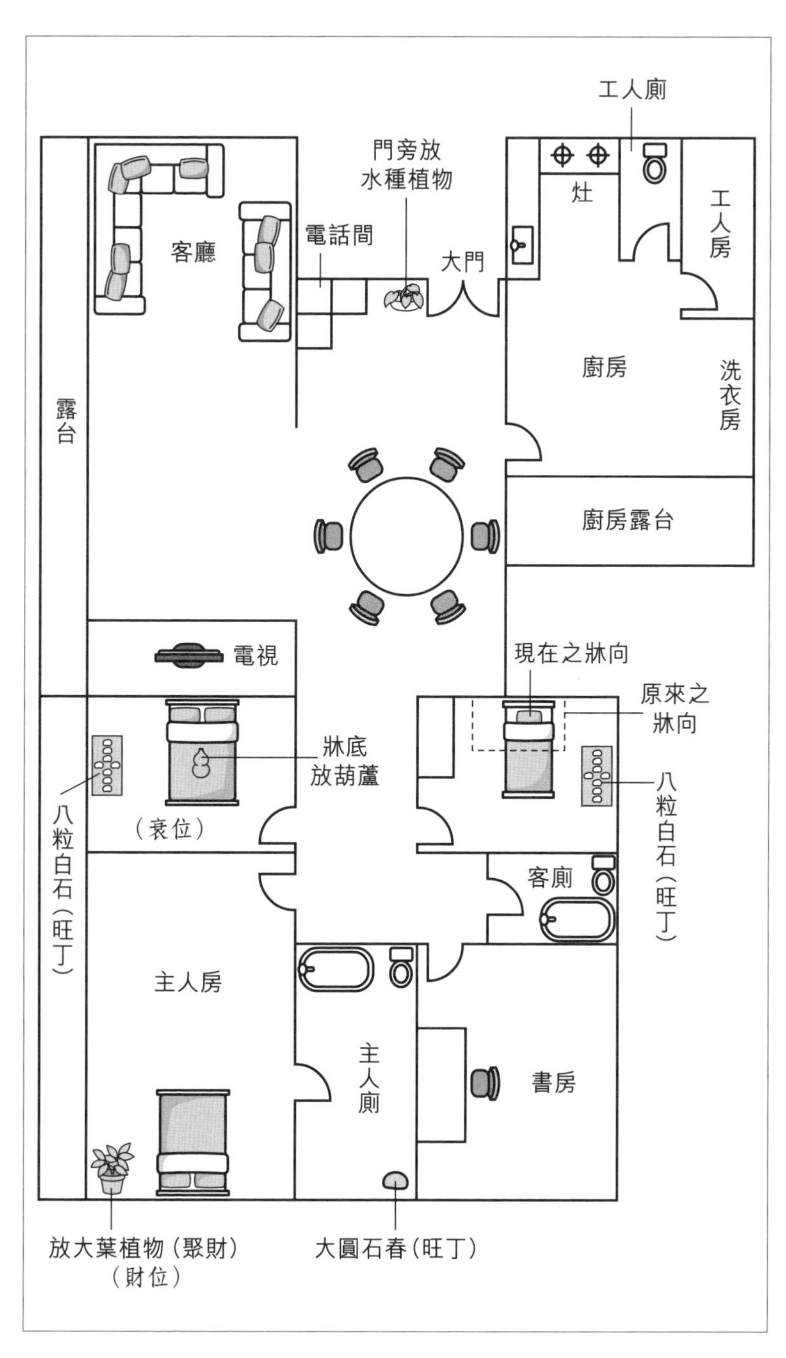

(圖一)九龍塘屋宅風水佈置圖

一句題外話。我常常聽到有人問，舊屋是否都沒有運？因為他們經常聽到某些風水師說舊屋會退運，所以最好不要買舊屋住。於是我便對他們說，我公司所在的大廈是超過三十多年的舊樓，而我家所在的大廈亦已超過二十多年樓齡。如果舊樓沒有運的話，那些住在新樓的風水師做到我一半便應已心足了）。

現詳述此屋如下：此宅地處崛頭巷陰地，且大廈位於崛頭巷之末端，加上二樓為高大之樹木阻擋，令太陽不能照入。而且此宅之窗門露台都在西南方，本來太陽已不猛烈，再加上樹木之阻隔，結果只有餘光入屋。雖然她入住後已把屋內的燈光加強，但始終是三十多年前的家宅裝修，加上大部分牆身皆用咖啡色木作裝修，所以即使怎樣加光也使人有陰森的感覺。為今之計，只有用風水佈局「搭救」。

另外，我看風水這麼久，也從沒見過人像她丈夫的女兒這樣放牀，但原來這是她自己放的。事實上，女兒在溫哥華已常常想自殺，顯見情緒有很大問題，所以才會這樣放一個「兩頭不到岸」的牀位。希望把牀頭方向改好，並在全屋設風水佈局後，能助她渡過難關！

圓石春旺丁，放水擋漏財

由於九九年間工作較為繁忙，所以很多時候，都要在星期日或晚上才能出動去幫人解決問題，處理不同的求救個案，而以下這個個案亦屬這類。

四月二日下午，接獲一個多年好友之電話，說她的朋友正急需看風水，且無論住家及大陸廠房都想一看。我對她說，上大陸看廠房比較難安排，不如先幫他勘察家居風水，看看有否幫助。於是我便約了他在四月五日晚上八時半到他家勘察。

四月五日晚上八時半，我準時到達他位於香港仔的家。甫到步，便馬上打開羅庚，看看周圍的環境。由於我對這區非常熟悉，所以即使在晚上看外局亦沒有甚麼困難。

他家一邊望到香港仔墳場，另一邊則看到隔海之悅海華庭，所以宅主人問我是否因為看見墳場而致風水不好。

我說那墳場在家的東北偏北，在風水上並無不好，所以這房子的問題其實出於內局風水及間隔問題。

此宅坐甲向庚，七運本已損財傷丁，再加上五鬼在廚房，爐灶位置亦差；財位在廁所，而主人房亦好不到哪裏，且主人房為套房，廁所門剛好對着睡牀（見圖一）。這還不止，主人房之房門正好對着屋內之廁所門，可謂衰上加衰。此屋不但無分，還要倒扣。

坐甲向庚七運飛星圖

向庚

六 4 8	二 9 4	四 2 6
五 3 7	七 5 9	九 7 2
一 8 3	三 1 5	八 6 1

坐甲

八宅圖：震宅

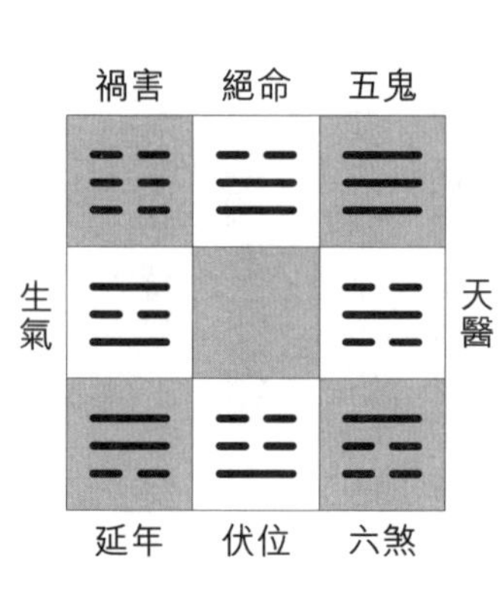

九九年流年飛星圖

9	5	7
8	1	3
4	6	2

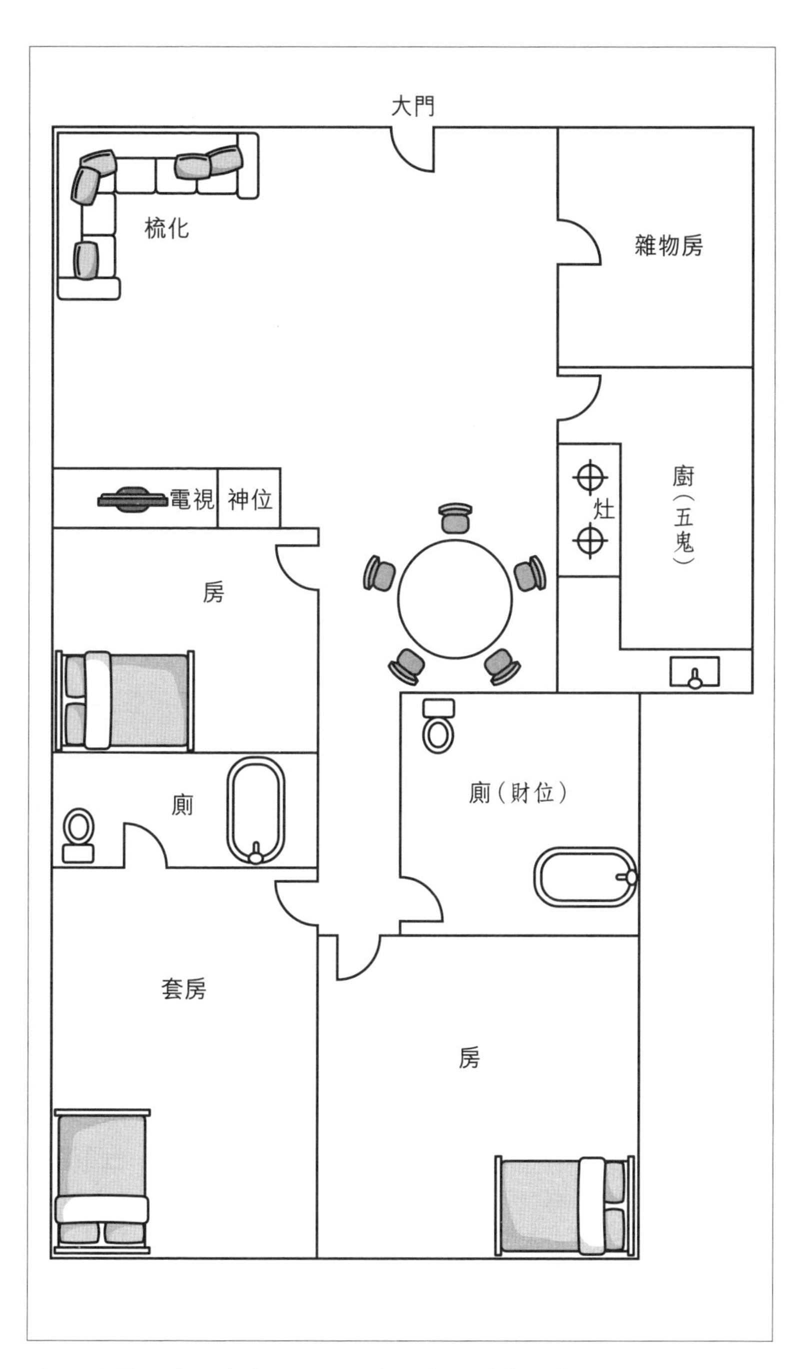

（圖一）此局坐甲向庚，上山下水，為損財傷丁之局。

尤幸宅主人為秋天出生的寒命人，故從九九年清明開始有幾年運。但其家人卻不行，大多都是夏天出生的熱命人，這幾年之運氣都不大理想。所以，真希望他一個人的運氣能「頂住」他全家及屋宅之運氣。

此局以飛星計算為坐甲向庚，上山下水，乃損財傷丁之局。它不但零正顛倒，元運不佳，且有嚴重的剋出漏財之象，所以當務之急為催財旺丁及把財倒流入屋內。

而在八宅方面，財位落廁所為漏財，而五鬼為廚房則必病。再加上主人房對着客廁與套廁，亦對身體不利，故要化解，現於圖二詳述化解方法（見圖二）。

最後還要補充的是，香港仔中心對岸的悅海華庭於九七年已開始不停動土，到九九年初才逐步完工。所以在這兩年內，此宅人口會不停有損傷、疾病，而且屢醫無效，要待對面停工後才會逐漸好轉。

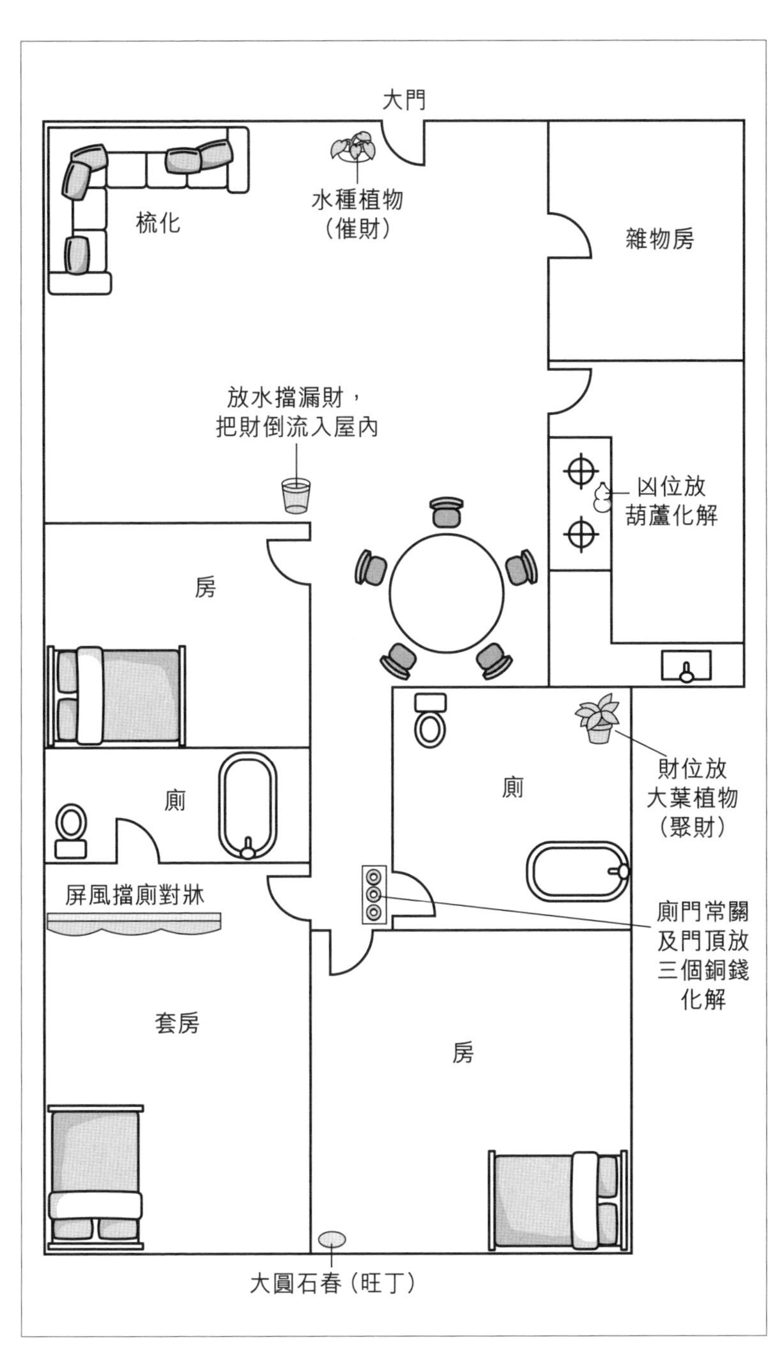

(圖二)只要再在局中化解流年五黃二黑等病星，便大功告成。

演藝界連番獲獎風水屋

九九年為一朋友勘察家居風水。

她家在加多利山某小徑內，屬陰地，旺女性而不旺男性，而其單位雖屬二樓，但因建於斜坡上，故一樓實際變成地牢，二樓則為地下，而門前就成了停車場，再對出為馬路，帶有氣沖，吉凶參半。

朋友單位之方向為坐北向南，偏東南，即坐壬向丙，屬於旺財不旺丁之局。單位面積約二千多平方呎，只有她一個人獨居，空間認真夠大。

此朋友從事演藝行業，自從九九年初遷進此屋後，可謂事事順利，不但無端獲獎，事業亦有進展。在當年這種困難的時期能有此成績，實屬少數，不知道她是因為入了大運還是「好彩」，因為她的新居無論格局及流年皆非常有利。

此宅坐壬向丙，飛星屬旺財不旺丁，乃雙星到向之局，而八宅則為坎宅。財位在飯枱及梳化，主人房為桃花位，而書枱則在五鬼（見圖一）。正常佈局為大門放水催財、屋後放假山石催丁、財位放大葉植物、衰位放葫蘆化解。最後大門直沖出窗就可放高植物擋沖，即佈局完畢。

但我們尚要注意流年佈局——九九年為一入中，又九九流年飛星正好與這間屋之佈局互相配合。

此屋大門開在東南方，而東南在流年飛星為九紫火，又九紫司喜慶，即易有喜事臨門；四綠文昌在東北方，東北為此屋之書枱位，有利文書考試；二黑偏財星在主人房，二黑為病星，亦為財星，只要配合得宜，納為我用，亦可發財；又桃花星在中宮，而此宅中間為鋼琴位，發聲可生旺桃花而使人緣更佳。所以，只要在以上位置稍為催吉，便將有不錯之效果。

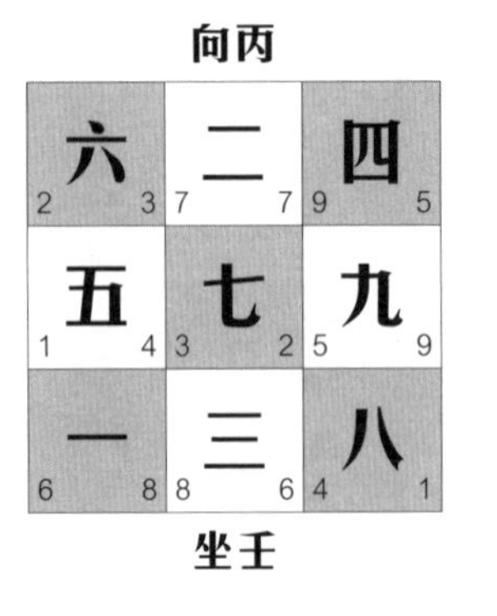

坐壬向丙七運飛星圖

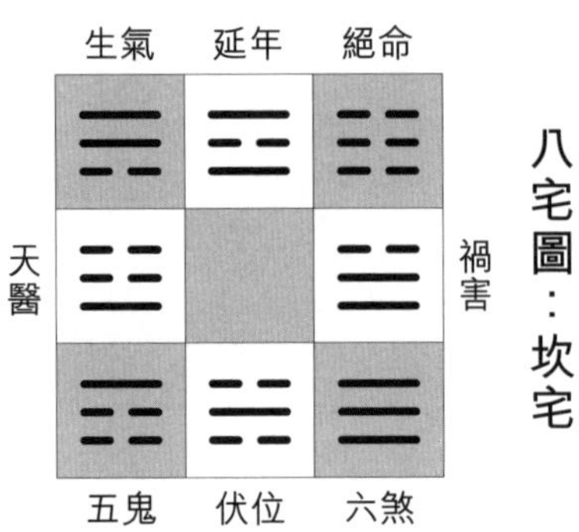

八宅圖：坎宅

9	5	7
8	1	3
4	6	2

九九年流年飛星圖

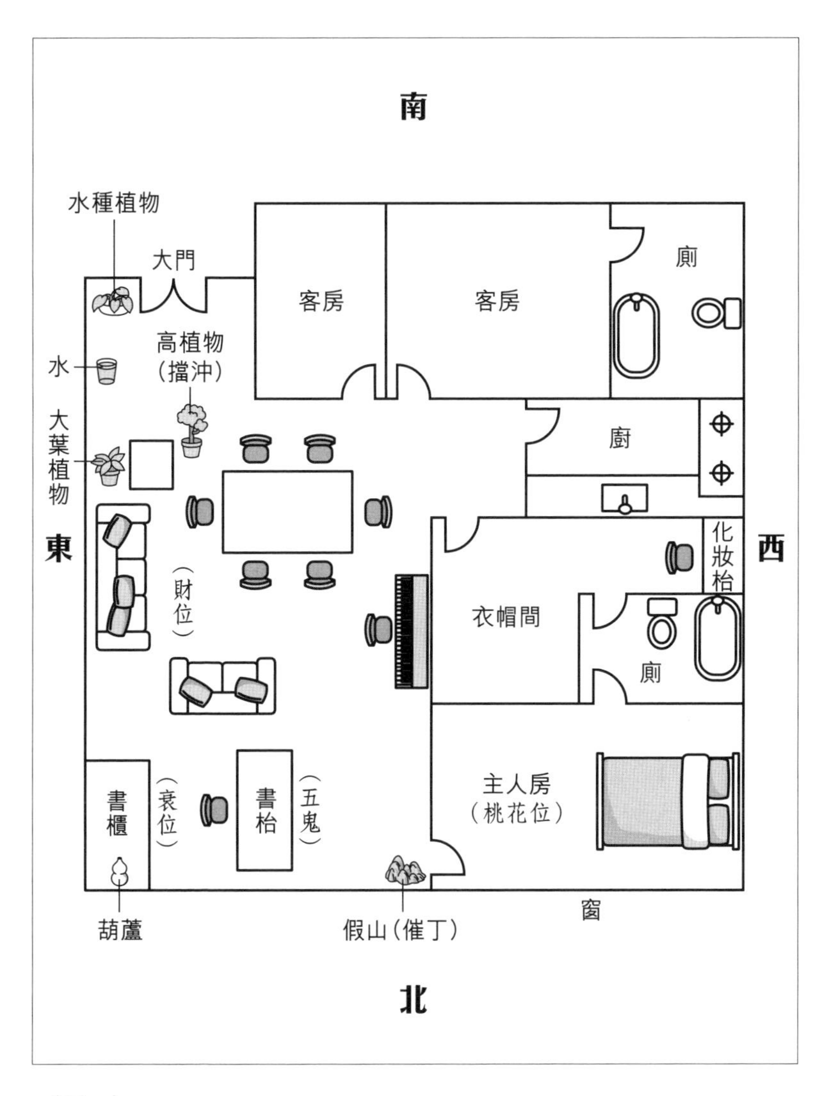
南
水種植物
大門
客房
客房
廁
水
高植物
(擋沖)
廚
大
葉
植
物
東
(財位)
化妝枱
西
衣帽間
廁
書櫃
(衰位)
書枱
(五鬼)
主人房
(桃花位)
胡蘆
假山(催丁)
窗
北

(圖一)

廚房對房門，脾氣暴躁且受股傷

二〇〇〇年，我應邀前往一舊區勘察風水。按動門鈴後，即有一群女士出來應門，年紀都在中年以上，可能是老朋友，又各自都是單身，所以住在一起，互相照應。此屋之方向是坐坤向艮，即大門向東北。二〇〇四年之前七運入伙為旺財不旺丁局，雖對財運有幫助，惟對身體卻無好處，但亦不至於損丁。又此局為三房一廳間隔，一間房在財位（B房），一間房在桃花位（C房），風水皆吉（見圖一）。惟中間房（A房）不但落在凶位，而且門口對

坐坤

3 六 2	8 二 6	1 四 4
2 五 3	4 七 1	6 九 8
7 一 7	9 三 5	5 八 9

向艮

坐坤向艮七運飛星圖

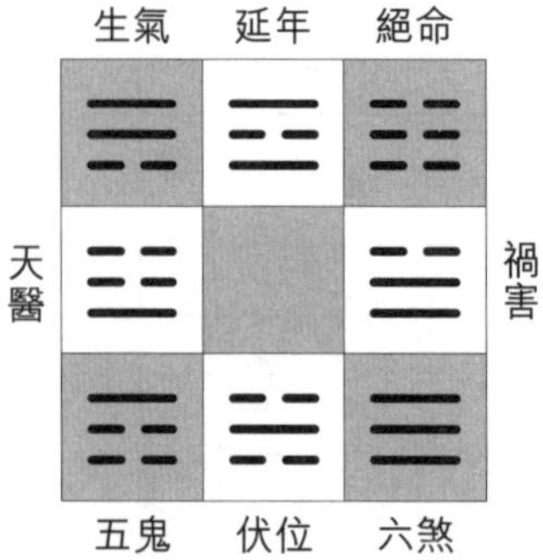

生氣	延年	絕命
天醫		禍害
五鬼	伏位	六煞

八宅圖：坎宅

8	4	6
7	9	2
3	5	1

二〇〇〇年流年飛星圖

7	3	5
6	8	1
2	4	9

二〇〇一年流年飛星圖

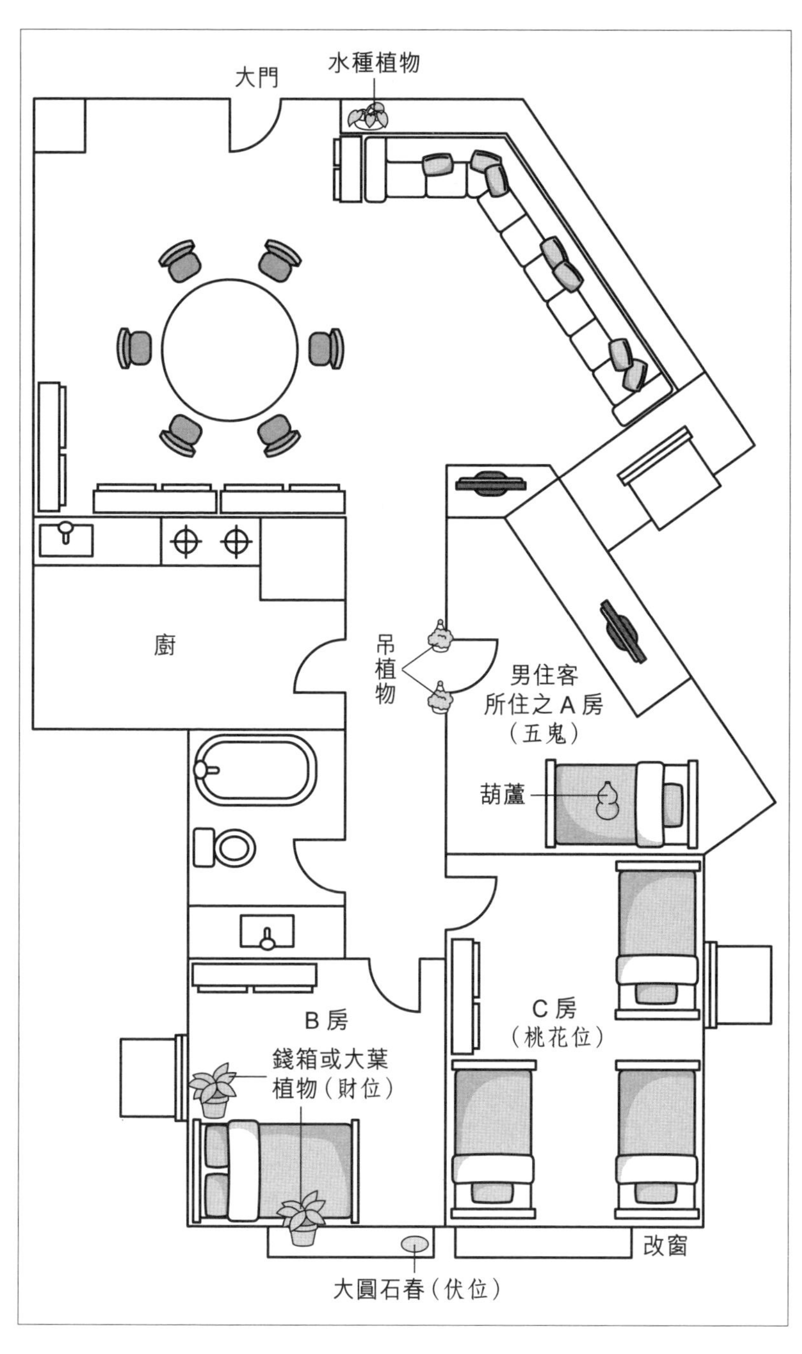

（圖一）

正廚房，犯了風水大忌，因凶位為爭吵位、病位，且對正廚房，而廚房屬火，更是火上加油，故我在看到此房之時便跟她們說，全屋唯此方位出現問題。一來這是凶位，二來面向廚房會引致身體易生疾病。且此位坐落東南方，東南為巽卦，而巽在身體部位為足、股，故判斷住於此房的人易見足、股之傷，而她們亦隨即說是。居住在此房間的人是全屋唯一的男住客，當天就正好在醫院施行割痔瘡手術。你說因風水影響也好，說巧合也好，正好應了足、股之傷。

從此宅之飛星、八宅亦可知此局大門向東北，於二〇〇四年前入住為旺財不旺丁局，而全屋唯一的問題就出於走廊中間對正廚房之房間，一來在五鬼位，二來飛星東南為永遠局、為二黑病符，三來房門對廚房門則火氣重，容易出現脾氣不佳、易生疾病的情況。又此房之方位為東南方，代表足、股部位易見損傷。由於她們是裝修後才找我去看風水，所以廚房對面的間隔不能再作改動，唯一的方法是化解。於是，我教她們擺設風水之基本佈局——大門方放水種植物、伏位放大圓石春、財位放大葉植物或錢箱、五鬼放葫蘆，然後在廚房房門間吊兩盆植物，最後只要再化解二〇〇〇年及二〇〇一年之流年五黃、二黑及其他交戰位置，便完成佈局。

但二〇〇一年又再次收到他們的傳真，說居住在正對廚門房間的人之身體還是不太好，希望看看有沒有其他解救方法。

蘇民峰師傅：

去年約十月尾左右曾請師傅到舍下看家宅風水裝修，亦依照師傅之指示擺放風水佈局，但睡在與廚房相對之睡房的人之身體卻仍不太好，請問師傅有甚麼方法可以化解，使他身體健康？

蘇宅啟

於是我再詳細看一看他的八字，發現他二〇〇一年八字日柱中剛好犯了天剋地沖，容易有損傷疾病，尤其在足股面齒方面，但只要過了〇一年後，一切便會回復正常。

以下為住在此房間的人之八字：

丙申
丙申
乙亥

1	11	21	31	41	51
丁酉	戊戌	己亥	庚子	辛丑	壬寅

此命乙亥日出生，碰上二〇〇一年辛巳年，辛巳與乙亥為天剋地沖，主易見損傷疾病。

只要二〇〇二年壬午年過後，一切便會回復正常。

坐北向南煞氣重，加上廚房對廁所，肺癌擴散成腦癌

二〇〇一年底某日，我如常在公司幫客人算八字。當某個客人算完命之後，他跟我說其太太於上月去世了。當時我還以為客人對我有甚麼不滿，想說我在為他看過家居風水後仍幫不了他，以致其妻之疾不能痊癒。

事實上，看風水只是盡人事而聽天命，並不保證一定成功。尤幸他接着告訴我，很感謝我，因為他太太於九九年底患上肺癌，後再擴散至腦癌，經已藥石無靈，其時醫生說她只有三個月命，叫她在家裏好好休養。在無計可施之下，這個客人唯有試一試看風水，看看對她有否幫助（最後在風水佈局的幫助之下，其妻身體狀況漸見好轉，而我的客人亦利用這段僅餘的時間，帶太太環遊世界，到處遊歷達九個多月。直至〇〇年十月她的病情才惡化，並於〇〇年十二月去世）。

現在回想起來，這客戶的住址是在上環某巷子走進去的，而大廈門前當時還有掘地動土。

這單位坐北向南，即坐子向午，乃煞氣較重之局，而最大的問題是廁所與廚房門相對，犯了風水大忌（見圖一）。廚房屬火，身體部位屬心、眼、皮膚、血液循環，而廁所屬水，身體部位屬腎、膀胱、泌尿系統。又廁廚相對，亦會因廚房所在的方位而有所影響。他家的廁所在東，而廚房在西，又西屬金，金在身體部位為肺、喉嚨、氣管之問題。起初她丈夫說其妻所患的是腦癌，經已無藥可救，於是我便對他說，在風水上找不到患腦癌的主因，只看出肺、喉嚨、氣管之毛病，再加上廚房所在位置為屋之西南位，而西南為坤卦，代表老母，故最不利主母，又每天都是由她負責烹調飲食之事，所以只會影響到她。

及後，她丈夫才告訴我，他太太原本是先患肺癌，然後在治療期間，癌細胞才擴散至腦部。這樣，原因便找出來了，於是我先從廚房對廁所着手，叫他在廚房及廁所門各放一盆吊下來的植物以阻隔水火交戰，然後再放一個基本風水佈局——大門旁放水種植物、屋後底部中央放一顆大圓石春、客廳財位放大葉植物、五鬼放一個葫蘆瓜乾（見圖二）。

又因此宅坐北向南，煞氣較重，故可在入門對正之處放一盆植物或吊一盆植物對着大門，以把煞氣減低。又因她太太是夏天出生之熱命人，故宜在她房內之正東位置放音樂盒，南、

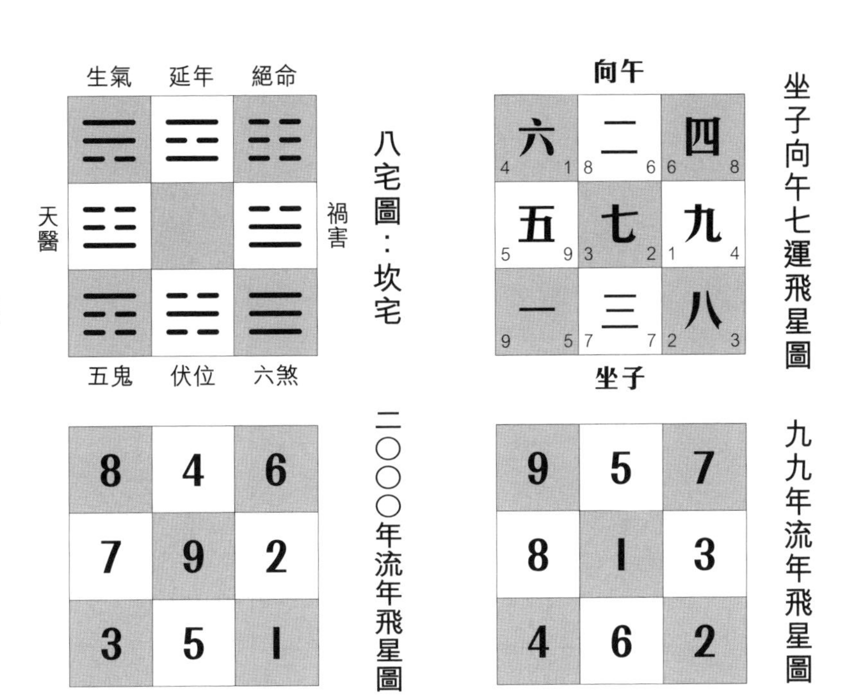

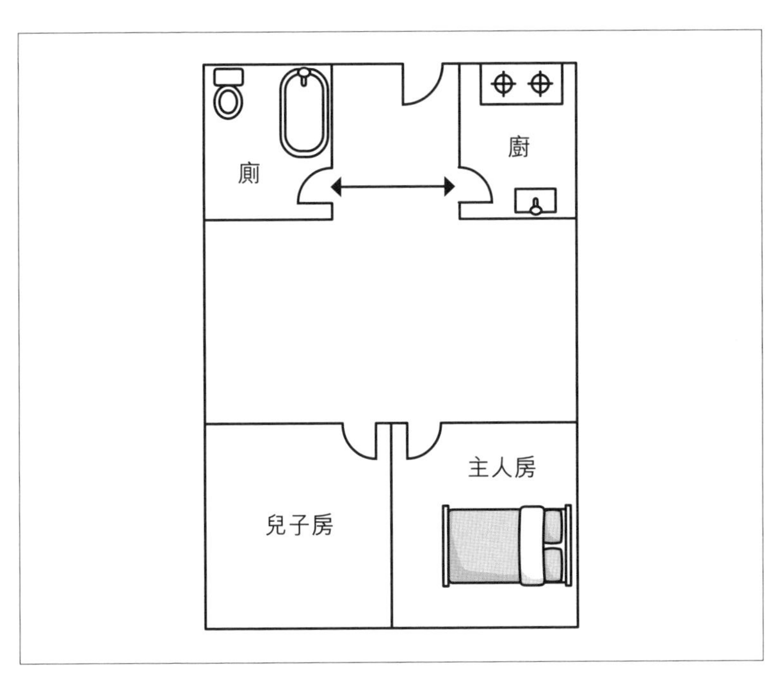

（圖一）原局最大的問題，在於廚廁相對。

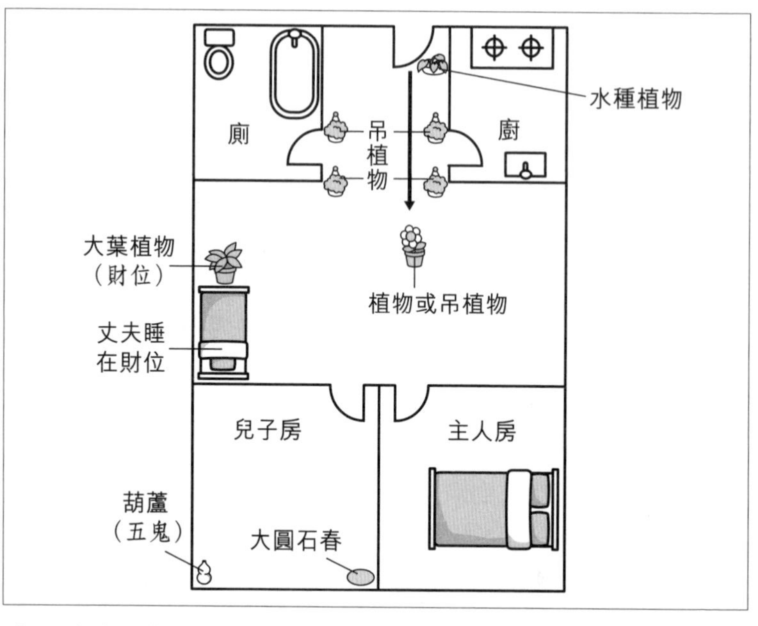

(圖二)修改後之佈局

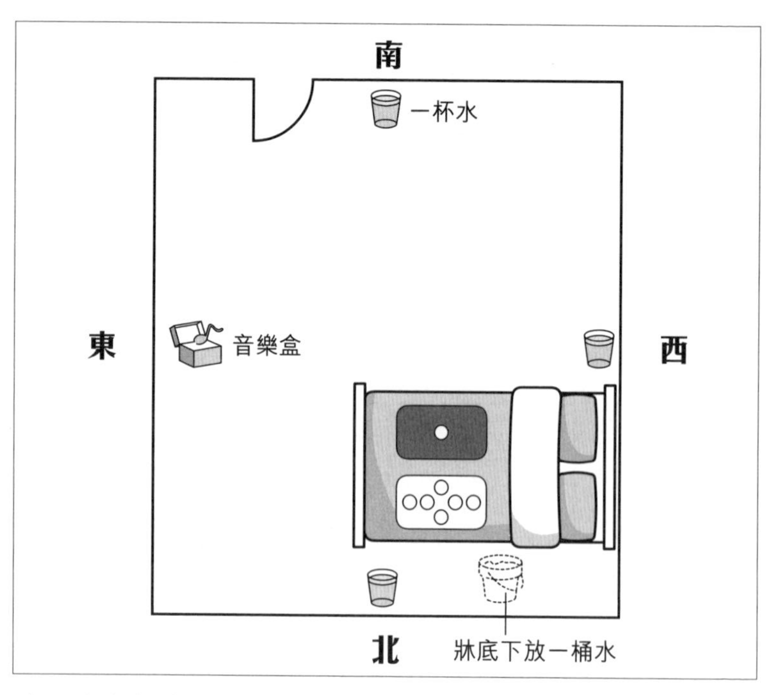

(圖三)病患房間之佈局

西、北各放一杯水以加旺金水之氣，然後再於牀底放一桶水，以減輕病情，另於牀板上、被褥下放黑布和一個女皇頭五角及白布和六個女皇頭五角如下，藉以黑布、白布及銅錢加旺金水之氣，以旺其身體（見圖三）。

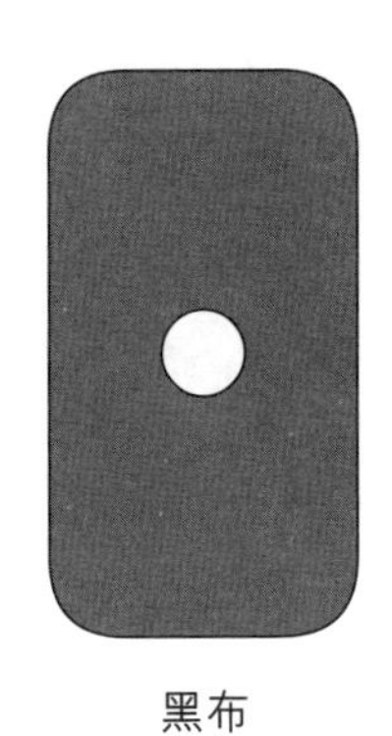
黑布

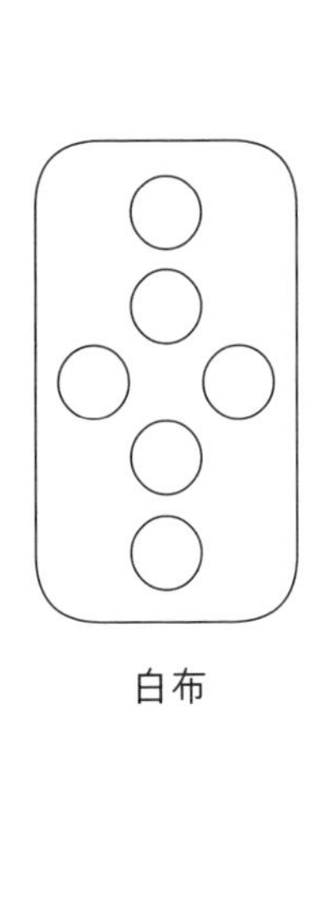
白布

除了放以上的基本風水佈局及在病患者的房間放旺身體局及化病局外，又因其丈夫為寒命人，而她為熱命人，故着其丈夫先睡在客廳的財位上。完成以上佈局後，我便大功告成，盡了人事，其他得失只有留給上天了。

以下為患癌者之八字解說：

乙酉
辛巳
丙戌
丙申

7 壬午
17 癸未
27 甲申
37 乙酉
47 丙戌
57 丁亥
67 戊子

此局丙火日元生於農曆四月，火旺進氣，且日元自坐戌土帶火，時干丙火透出，年為乙木，木生火旺，但命中年為酉金，時支申金，與日支自坐的戌土成申酉戌金局，故命中金亦相當旺，成火金同旺。再加上命中無水制火，雖有戊土洩火，但因戊為燥土，無洩火生金之力，反而碎金，使火金成交戰之勢。

此局少年走火運，相信自小肺、喉嚨、氣管已易生毛病，尤幸大運二十七至四十七歲為金運，加強金之力量，故身體無礙，惟四十七至五十七歲行丙戌大運，一來十年與日柱丙戌伏刑，二來此十年為大火運，又火旺而金愈弱。

四十七歲為壬申年，壬申至丁丑為金水流年，尚能壓住火勢，但九八年後木火進氣，再加上九九年風水之五黃大病星到門、二黑病符星到房，結果受五黃二黑之影響而加速病發，至二〇〇〇年已藥石無靈、二〇〇一年辛巳與月柱伏刑而歿。

註：正所謂一命二運三風水，單單是風水出現了問題，並不會直接引致這麼嚴重的疾病，因為風水只是起了催化作用，將原有的問題加速放大。以上述的個案為例，由於女戶主本身之八字為火金交戰，又火代表心、眼、皮膚、血液循環，金屬於肺、喉嚨、氣管，故在命中火金交戰的情況下，先天已有着肺、喉嚨、氣管之問題，再加上大運四十七至五十七歲這十年為大火運，而一九九八年至二〇〇三年又為木火之年，終令火金交戰之象變為火旺金熔，結果嚴重地影響了肺、喉嚨及氣管。再加上她住的大廈門外正在動土，而她每天又會經過大廈門口的動土之處，故間接吸收了動土煞，再加上剛才我解説的風水問題，結果便發生了以上的事故。

後記：二〇〇八年此客戶再次找我幫忙，因今年內數隻貓相繼死亡，他怕是否風水又出了事。二〇〇八流年一白入中，又是五黃到大門，二黑在他的主人睡房，而他的貓常常在他房門睡覺，而小動物一般抵抗二黑五黃的力量較弱，故相繼病亡。到訪時還見到四、五個裝着貓的骨灰龕放在他的睡牀尾，顯然對牠們十分思念。

一家四口，兩個做大手術

二〇〇三年應邀到鰂魚涌某單位勘察風水。

事緣居住在此單位內之一家四口，在〇二及〇三年年初，接連有手腳損傷，一個為腳傷斷腳，一個為嚴重之大手術，故屋主懷疑家中之風水出了問題，於是特地邀請我為她勘察。

她家之大門方向為正西，即坐卯向酉，在二〇〇四年前入伙為旺財旺丁之局，風水不但不差，而且極好，有九十分。財位在A房外，桃花位在A房，唯一問題是大門開在五鬼方，但單單大門在五鬼並不會產生如此大的問題，於是我再仔細察看窗外環境（見圖一）。

這樣一看，便給我發現了問題所在！

原來，她居室的窗外正好是一條崛頭路，而崛頭路之尾是山，又山上有兩座大型建築物，令中間形成了一條窄巷，正好構成穿心煞。再加上她窗外之對座大廈剛好在維修外牆，且外牆在維修以後，竟然被粉刷成鮮紅色，形成火煞，又其維修時間正好在二〇〇二年，故風水

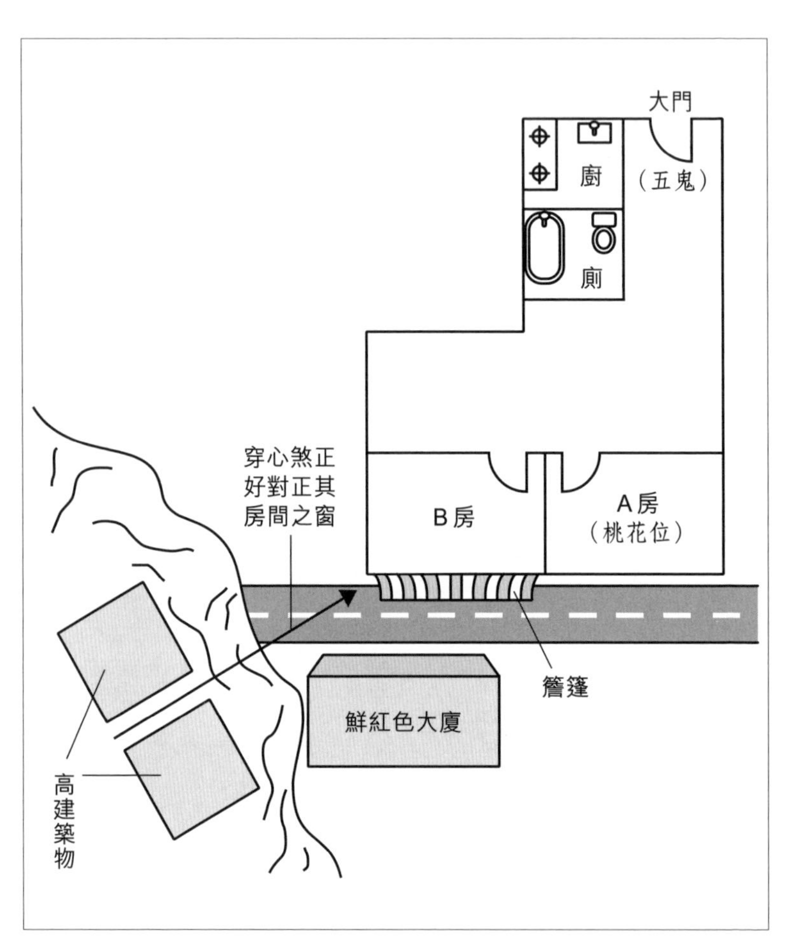

（圖一）兩座大型建築物之間形成了一條窄巷，構成穿心煞，正對屋宅。

上之原因終於給我找了出來。

她們一家四口，兩夫妻睡在B房，子女睡在A房，但兩房中各有一人動手術，碰巧動手術之兩人皆生肖屬馬，正好應驗了肖馬犯太歲易見損傷之象。

如單單犯太歲，不一定會有大損傷；而單單動土加上穿心煞，雖然容易引致意外、損傷，但亦不至於那麼嚴重。但由於兩者重疊相加，便足以發生嚴重意外或損傷手術。

意外、手術雖然發生了，但恐防接下來還會發生不祥事件，故在風水上亦要作出補救，現將化解方法及風水佈局詳列如後（見圖二）。

二〇〇二年五黃在正東，而原局正東之向星為二黑，二黑五黃疊臨而病凶。剛好兩房之入口開在五黃死符之上，故流年相當不利，加上二〇〇三年五黃在東南方，即父母所睡之房內更凶，故需作出化解，而二黑在子女房外，則無大礙，但亦可放音樂盒化解。

坐卯向酉七運飛星圖

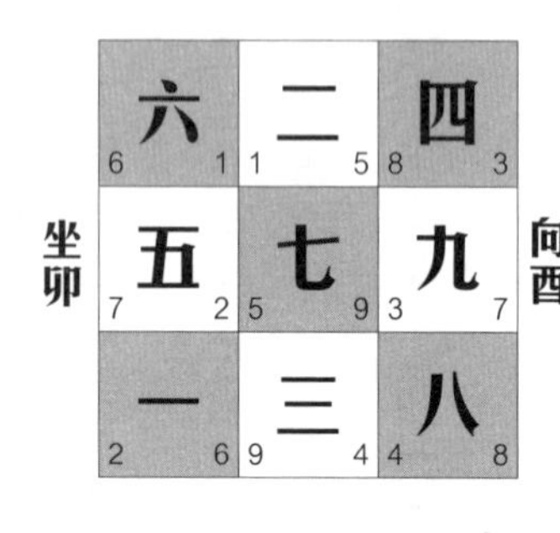

八宅圖：震宅

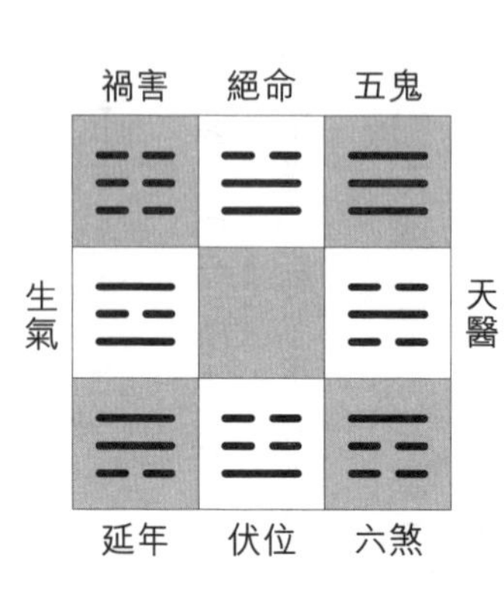

二〇〇二年流年飛星圖

6	2	4
5	7	9
1	3	8

二〇〇三年流年飛星圖

5	1	3
4	6	8
9	2	7

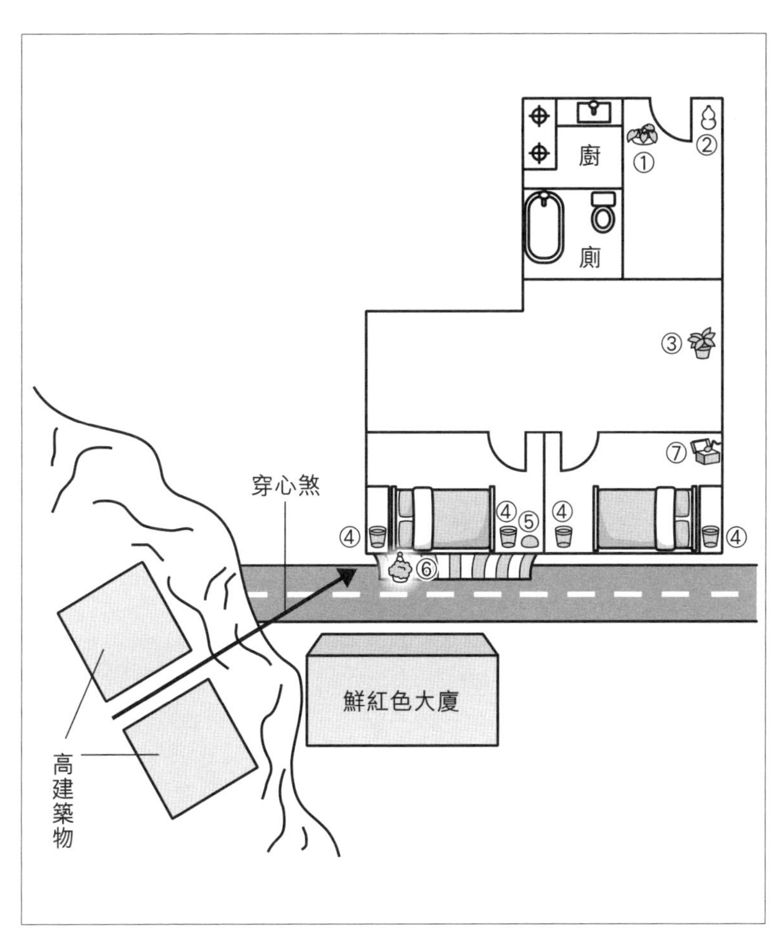

(圖二) 修改後之佈局：

① 大門方放水種植物催財；

② 門後五鬼位放葫蘆化病；

③ 財位放大葉植物聚財；

④ 窗邊吸嘴位置左右各放兩杯水擋火煞；

⑤ 伏位放大圓石春旺身體；

⑥ 窗外吊植物擋穿心煞；

⑦ 放音樂盒化二黑。

以下為他們一家四口之八字：

父
癸巳
乙卯　並無犯大歲，無損傷意外。
丙辰

母
甲午
戊辰　〇二年犯太歲，動了手術。
辛卯

長子
丁卯
己酉　並無犯太歲，亦無損傷意外。
壬戌

盪子

庚午　二〇〇三年農曆一月動了一個很大的手術，雖然已過了二〇〇二年，但因每年之

己丑　氣會延續至下年之上半年，故雖過了二〇〇二年，但仍受犯太歲影響。

丁亥

註：此外，戶主說，自從對面的大廈被粉刷成鮮紅色後，此大廈已發生了數次火災，所以各位讀者如發現住屋對面有鮮紅色外牆，便要用水去制火，以防火災。

廚廁相對——廚房門對廁所門為水火交戰，風水大忌

二〇〇三年往一屋宅勘察風水，時為西曆十一月，入住了五個月，六歲兒子發現了頸有腫瘤，父母心急如焚，除了看醫生外，亦找我看風水求救。此屋宅坐庚向甲（大門向東偏東北），二〇〇四前七運為損財傷丁局，加上宅中廚廁正對，形成水火交戰。同時，流年五黃大病位到門而加重凶患，兒子六歲剛好又是沖太歲之年，且命中喜水忌火，九七年出生，運行至九八年至二〇〇三年，皆為木火年，已經不利身體，加上風水效應，壞影響更為明顯。

坐庚向甲七運飛星圖

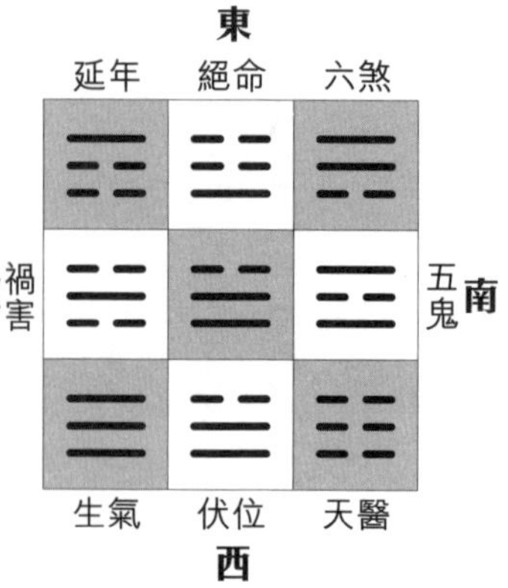

南（上）、北（下）、向甲（左）、坐庚 西（右）

六 (8 4)	二 (4 9)	四 (6 2)
五 (7 3)	七 (9 5)	九 (2 7)
一 (3 8)	三 (5 1)	八 (1 6)

八宅圖：兌宅

東（上）、西（下）、禍害（左）、五鬼 南（右）

延年	絕命	六煞
☶	☳	☴
☵	☱	☲
☰	☱	☷
生氣	伏位	天醫

二〇〇三年流年飛星圖

南（上）、北（下）、東（左）、西（右）

5	1	3
4	6	8
9	2	7

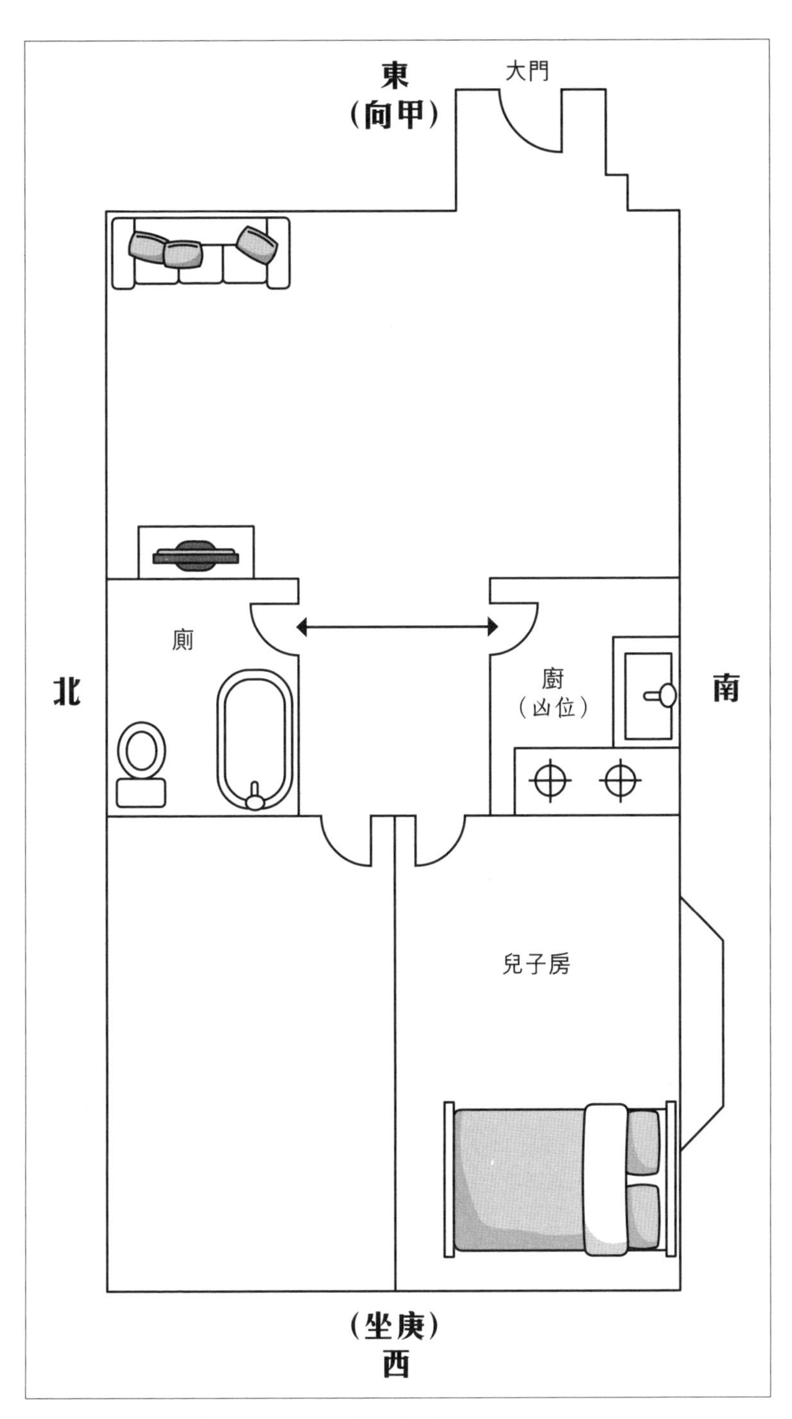

(圖一)此宅廚廁相對，形成水火交戰。

此宅七運入住已經是損財傷丁之局，加上廚廁相對，且全屋凶位在廚房，可謂凶上加凶，又廚房在正南、廁所在屋中正北，正好加重水火交戰所帶來的壞影響，更甚者二〇〇三年五黃大病星飛至東南大門位置，疾病在所難免。補救方法，詳述如下（見圖二）——

① 在大門旁放水種植物（催財）。
② 伏位放大圓石春（旺身體）。
③ 在西南財位放大葉植物、錢箱（聚財）。
④ 在廚房灶底放葫蘆瓜乾，再於灶底貼一張黃色咭紙（化解凶位，永遠病位在廚房）。
⑤ 廁廚門外各吊植物共四棵（化廚廁相沖）。
⑥ 五黃在大門，放灰地氈及六個五角（化病）。
⑦ 在大門旁放鹽水，內放一個銅鈴（此安忍水亦是用以化病）。
⑧ 在兒子牀的底牀板上貼一個銅幣，並用黑布蓋着；六個銅幣用白布蓋着（因兒子利金水，此乃旺金水之局）。
⑨ 在兒子房中正東放音樂盒，南、西、北各放一杯水，加旺金水之局，亦足以旺兒子身體。
⑩ 廁所內放音樂盒化解當年之二黑病符。

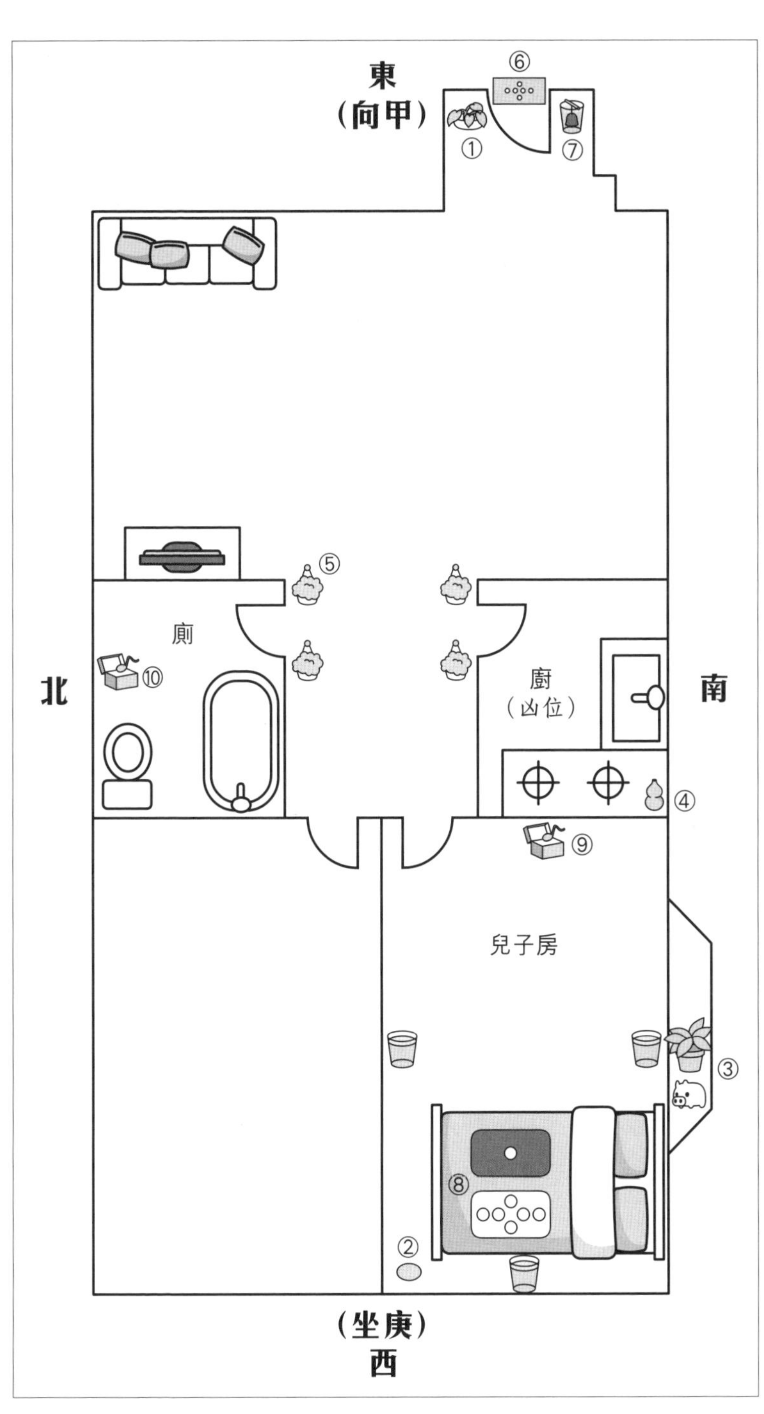

(圖二)補救方法

窗外對正棺材形建築物，家中獨子無故死亡

二〇〇五年某日，我應邀到大埔某私人屋苑勘察風水。事緣戶主之十歲兒子無故死亡，在找不出原因的情況下，他便想看一看這是否與風水不佳有關。

他的住宅單位坐南而大門向北，於二〇〇四年前入伙，為旺財不旺丁局，而去世的兒子就剛好睡在全屋的財位之內，理應身體健康，疾病少侵才對。我記得依當年的計算所得，這非關流年之五黃、二黑影響，所以一直找不出頭緒來。

雖然客廳窗外對着停車場入口，但因其單位建在平台之上，與停車場有兩、三層距離，故即使有煞氣入屋，亦不會引致疾病死亡。

而且停車場只正對家中客廳而並非對着他兒子所睡的房間，故應沒有影響。加上他兒子的房間並沒有對向停車場的窗戶，所以即使有煞氣亦不能入侵（見圖一）。在再三觀察之下，仍找不出原因來，而黃昏亦漸近。

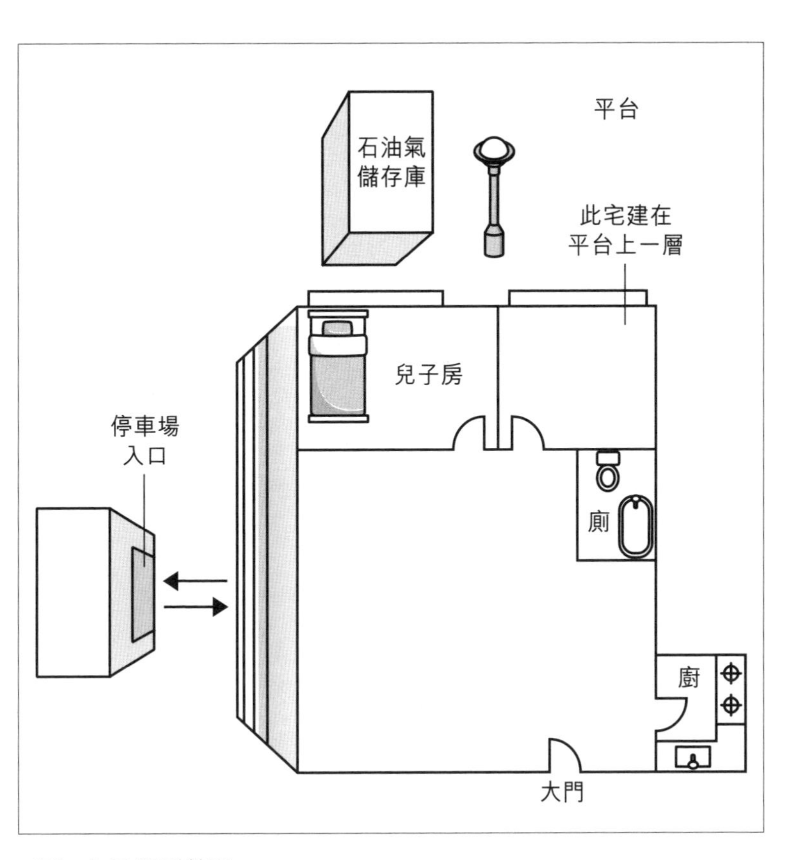

(圖一) 日間形勢圖

很多讀者皆以為看風水一定要在日頭有太陽之下才能看得清楚，但這只是就陰宅而言，因看陰宅要觀察山川形勢，故必須在有陽光的情況下才能看得清楚，惟陽宅則不然。

在陽光下固然可以看清楚陽宅之宅外形勢，但即使在晚上亦可從街外之燈光看得一清二楚，而且在某些特殊情況下，晚上察看甚至比早上察看更為準確，而這全因現代社會的生活模式與古代的作息時間不同。

在太陽下山之後，我們往往還會有很多活動，所以如家中剛好面對球場，則在早上可能完全察看不到任何煞氣，但只要到了晚上球場亮燈之時，就能看到亮燈後強光對室內所造成之影響，從而判斷此宅是否犯了光煞。此外，路燈、街燈、霓虹燈等皆要待晚上才能看得清楚。而這個案，亦要等到黃昏天色漸暗時，煞氣才顯現出來。

原來，此單位之窗外正好對正一個石油氣儲存庫。此儲存庫在日頭看來，只像一間小屋，看不出任何不妥當的地方，但在日落以後，當這石油氣儲存庫旁的燈光亮起來時，在微光照耀之下，就像極一副棺材，而旁邊的燈則好像一個招魂幡，這樣一看，便把原因找出來了（見

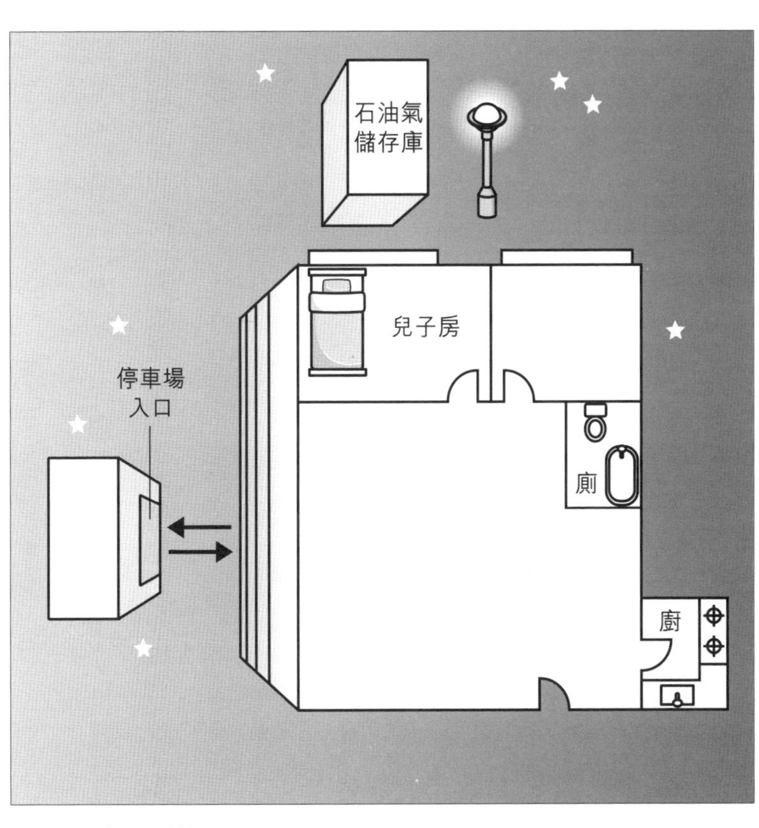

(圖二) 夜間形勢圖

圖二）。

由於宅主的兒子之睡房窗口剛好正對那石油氣儲存庫，且睡牀牀頭向窗，正正就好像躺在那棺材之上。你說巧合也好，真的是給風水影響也好，但有時世事就是這麼玄的了。

面對紅色與尖頂建築物，引發紅斑狼瘡

二〇〇八年應邀往將軍澳某屋苑勘察，原因是女戶主失業近一年，開始患上抑鬱症及紅斑狼瘡。

此局坐癸向丁，二〇〇三年前入伙為旺丁不旺財，住了數年一直安然無恙，直至二〇〇六年尾患上紅斑狼瘡，〇七年病情開始嚴重，二〇〇八年還因失業加上屬鼠犯太歲而開始患上抑鬱症。

其實那個屋苑我勘察了很多次，外局風水是沒有問題的，直到對面的尖頂學校翻新刷上紅色後，筆者已接過數個求救個案，但以這個最為嚴重（見圖一）。

坐癸向丁飛星圖

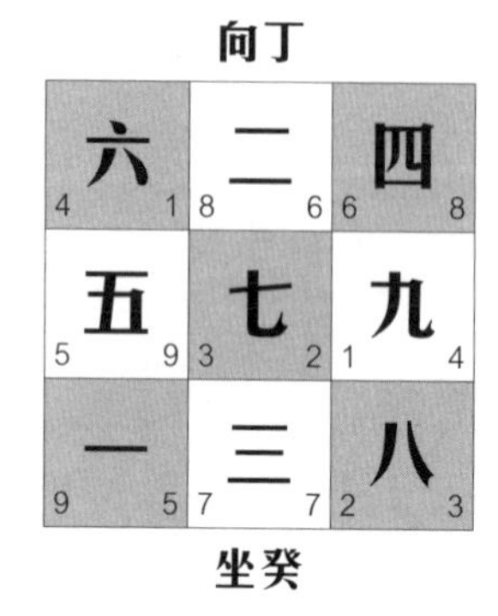

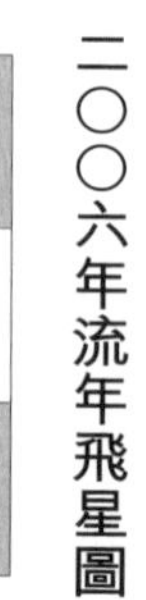
二〇〇六年流年飛星圖

2	7	9
1	3	5
6	8	4

八宅圖：坎宅

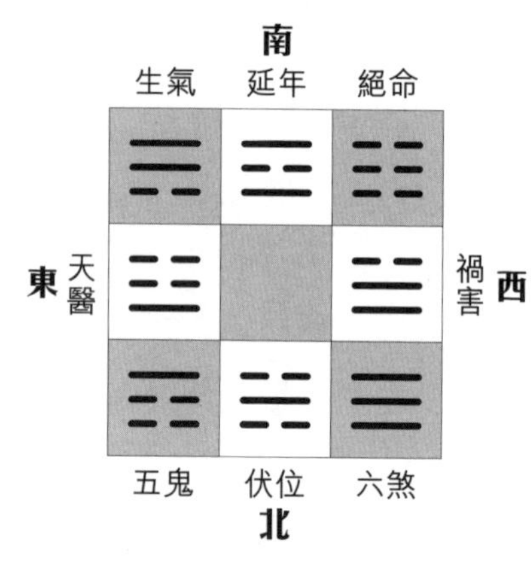

二〇〇七年流年飛星圖

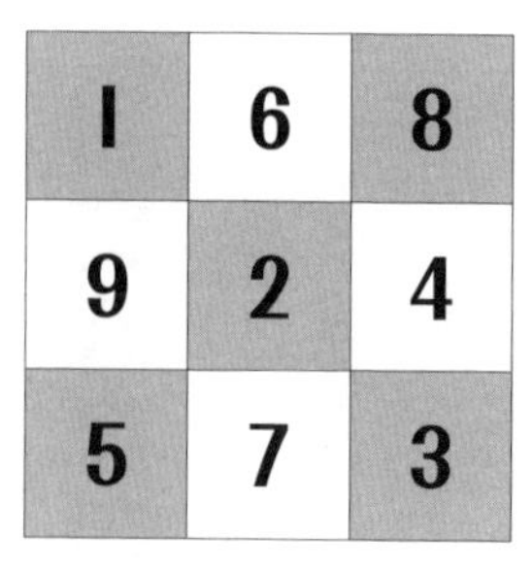

二〇〇八年流年飛星圖

9	5	7
8	1	3
4	6	2

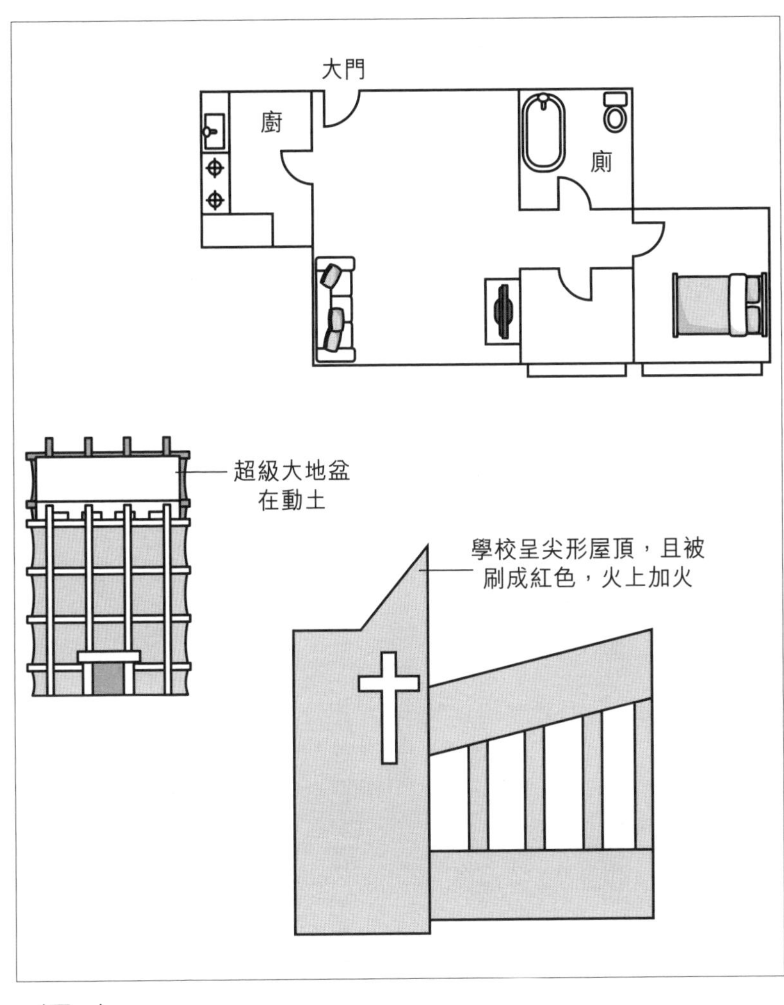

（圖一）

自從對面學校刷成紅色以後，女戶主便開始慢慢生病，因尖形建築物屬火，紅色又屬火，火上加火，火為心、眼、皮膚、血等部位，遇上火煞則這些部位會特別容易產生毛病，再加上東北方有超級大地盤在動土，把煞氣加強，而動土煞亦容易引致損傷疾病。

另外，二〇〇六年二黑飛到大門，〇七年在房門走廊位置，〇八年在主人睡牀。二黑病符最不利女主人，加上女主人屬鼠，剛踏入三十六歲犯太歲之年，負面情緒已經嚴重，〇六年轉換工作一年多後又不太理想，〇七年尾開始失業，〇八年犯太歲心情悲觀，而且一直未找到新工作，再加上風水不佳，多重夾擊之下，心幾乎快要崩潰。

風水方面不難解決，只要在窗台上多放水，再於東北角放五行化動土局，然後再放基本催財、聚財、旺身體、化疾病局便可。

至於犯太歲所引致的情緒問題，唯有叫她樂觀一點及快些找一份新工作，就算不太理想也總比待在家裏胡思亂想為佳。

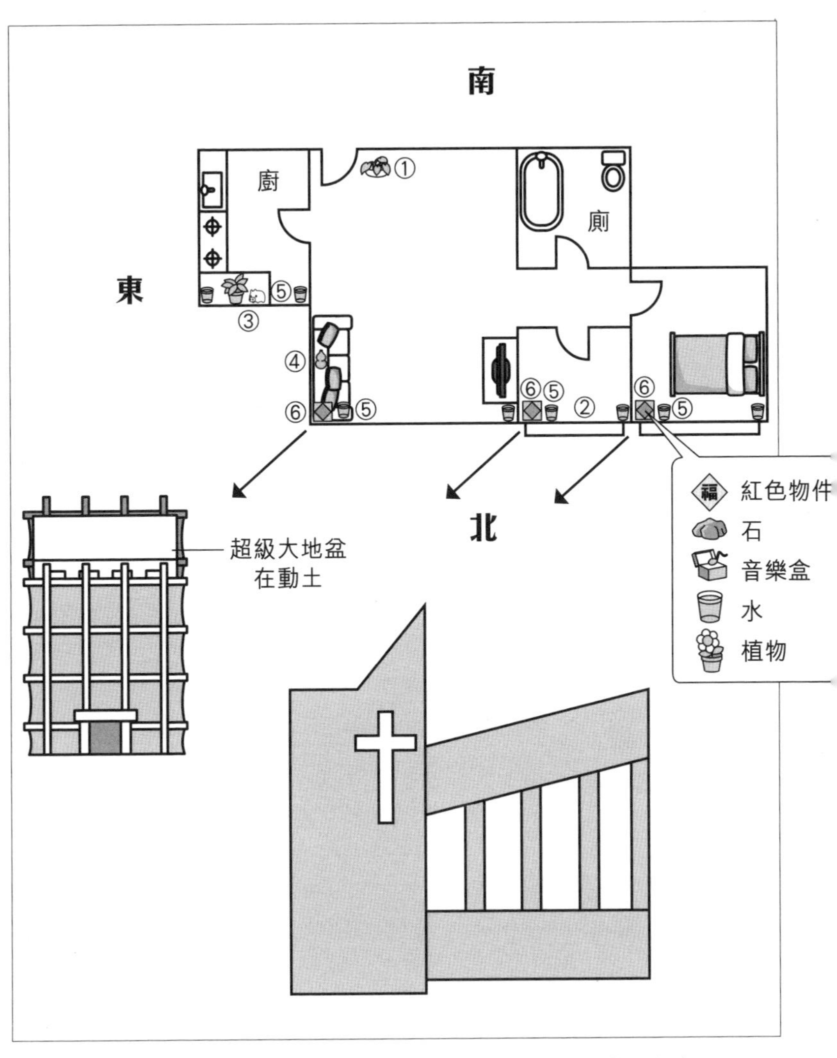

(圖二) 擺放五行化動土局時，五行物件要整排斜向動土之處。

由於東北位置動土，所以放置五行化動土局時，先把植物放在最前方，然後放水、音樂盒、石頭、紅色物件化解動土煞。

另外，此局財位在正東，凶位在東北，桃花位在西北，文昌位在正西，穩位在正北，風水佈局如下。

① 在大門旁邊放一棵水種植物催財。
② 在正北伏位放大圓石春旺身體、人緣。
③ 在正東財位放大葉植物、錢箱聚財。
④ 東北角凶位內放一個葫蘆瓜乾化疾病、化爭吵。
⑤ 在每一個見到紅色尖頂之建築物之窗戶左右，各放一杯水以阻截火煞。
⑥ 在每個空間的東北角放一個五行化動土局去化動土煞。

後記：二〇一四年春，女客戶重臨諮詢流年運程，説公司一片混亂，要不要另謀高就。由於女客戶一生運程平平，難有突破，其實不太適宜常常轉工，但因她肖鼠，在馬年沖太歲，故心有動象，但我常説：好運轉好工，衰運轉衰工，以她的運程而言，實不宜主動去變，我叫她等待公司關門大吉或被辭退再尋找新工作，這樣會較為適合。

大門對廁所（二）——入住四個月，做了兩次子宮手術

此個案之戶主，於二〇〇八年入住坐申向寅、損財傷丁的居室，再加上大門對廁所，不利女性之泌尿系統。五月入住，女戶主至九月已經做了兩次子宮手術，在無計可想下，唯有一試風水。

坐申向寅八運飛星圖

南　坐申

東 \ 西		
七 (4 1)	三 (9 6)	五 (2 8)
六 (3 9)	八 (5 2)	一 (7 4)
二 (8 5)	四 (1 7)	九 (6 3)

向寅　北

八宅圖：坤宅

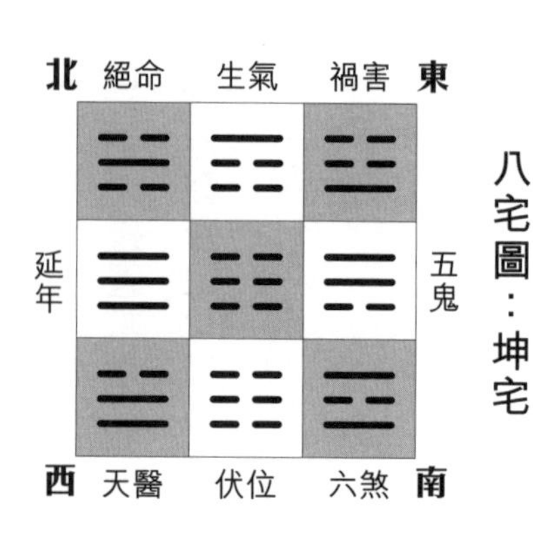

二〇〇八年流年飛星圖

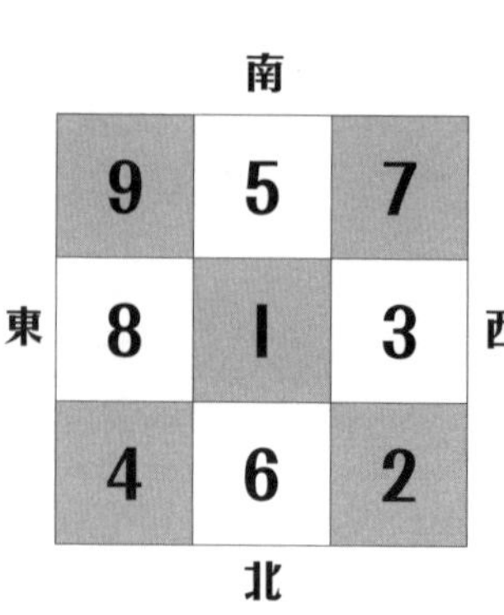

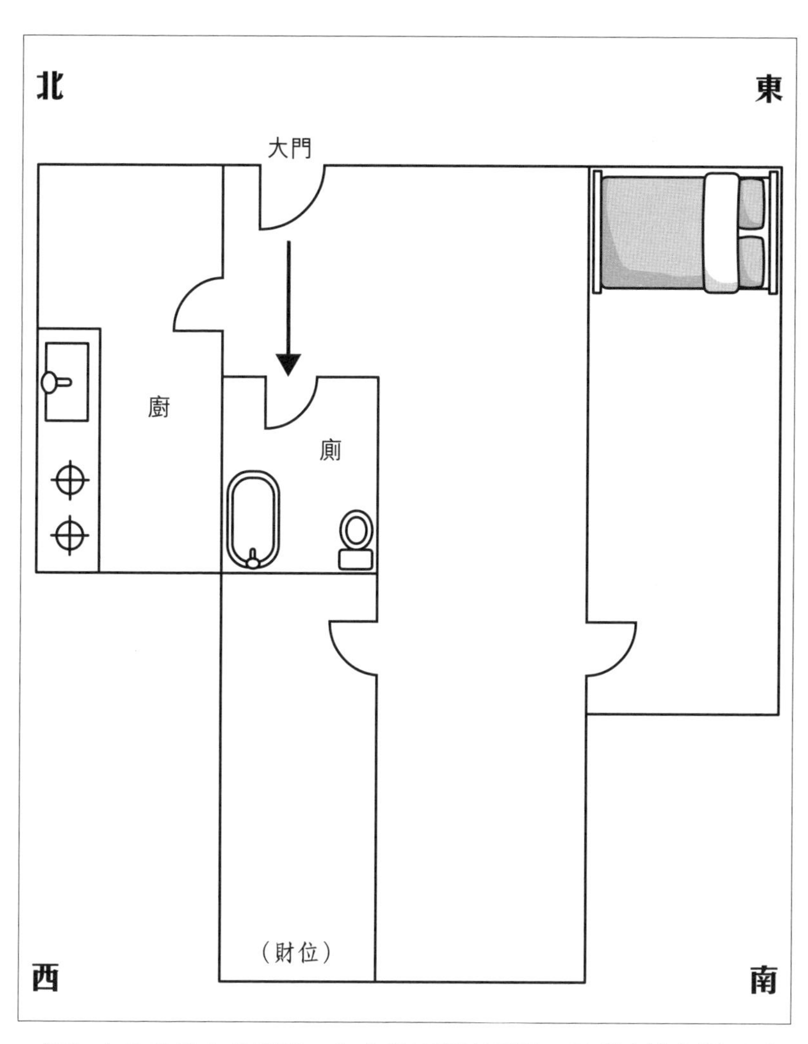

(圖一) 此宅最大的問題，為大門正對廁所門，不利女性之泌尿系統。

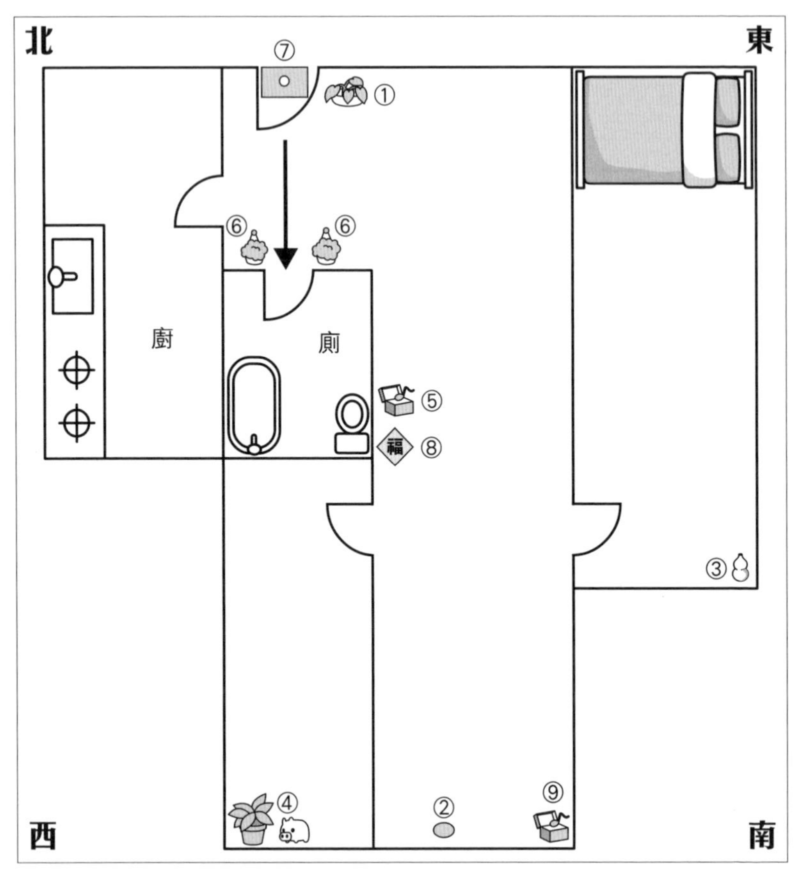

（圖二）化解方法：

① 大門旁放水種植物（催財）。

② 伏位放大圓石春（旺身體人緣）。

③ 睡房右角凶位放葫蘆瓜乾（化病化爭吵）。

④ 正西財位放大葉植物、錢箱（聚財）。

⑤ 全局中宮二五疊臨位置，永遠放置一個音樂盒（⑧但二〇〇八年二、一相遇，土水交戰，則宜放紅色物件）。

⑥ 廁所門外左右角各吊一盆盆栽化大門對廁所。

⑦ 二〇〇八年七遇六成交劍煞而易見損傷，宜在大門放灰地氈，並在地氈下放一個銅幣化解。

⑧ 二〇〇八年中宮土水交戰宜放紅色物件化解水旺土蕩。

⑨ 二〇〇八年五黃位置，宜放音樂盒化解。

此局坐申向寅，八運入宅為損財傷丁局，加上大門對廁所，不利女性之腎、膀胱、泌尿系統，手術損傷，乃遲早之事，只是沒想到來得那麼急而已。

此局原局飛星中宮五二，二為坤、為母、為腹，已經不利女性，流年一白入中，土水交戰而不利腎、膀胱、泌尿系統；且北為大門，原局向星為七，〇八流年正北為六，七遇六為交劍煞，當有損傷手術之應。

大門對廁所（二）

數年前到訪油塘一間舊屋宅，單位是大門對廁所，但方位已經忘記了，應該不是很差的方向，最大問題是大門正對廁所。

他們之所以找我看風水，是因為女兒回港在娘家短住後，便馬上因子宮毛病而去求醫。這位女兒是在此屋出生的，從小到大子宮疾病都未好過，直至結婚以後隨丈夫遷移他國，子宮毛病即不藥而癒。

誰知，這次回家短住不到一個月，子宮毛病便嚴重復發，而其母亦因子宮毛病，早已把子宮切除，所以不問而知，必然是風水出了問題。再加上這次回來短住時，窗外近距離有兩個地盤在動土，因而加速了病應。

此局的化解方法，除了放催財、催丁、化病、旺身體局外，首要是在廁所門外左右角吊植物化解（但長遠計宜改廁所門向），然後再於窗的兩邊放五行化動土局（見圖一）。

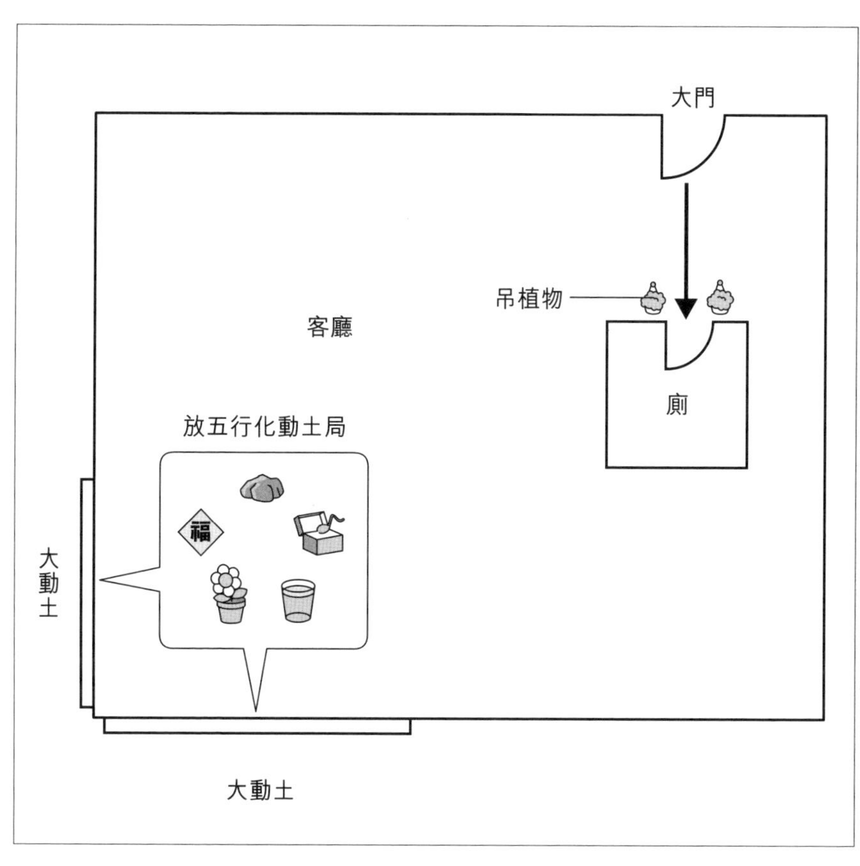

（圖一）如窗外見動土，而不知煞在何方，便可將五行物件──水、植物、紅色物件、石頭、音樂盒圍成圓形，對着動土之方向。

廚廁相對案例

多年前應邀到港島東區某私人屋苑勘察風水，此宅為屋苑中六百多呎的單位，而屋苑中所有這個呎數的單位都是廚房門對廁所門，所以如在裝修前勘察的話，都會提議更改廁所門或廚房門，令到廚廁兩門不相對。

然而，此客戶聘我看風水時，剛好完成了裝修，所以廚廁相對的問題，只能透過在廚廁的左右角吊兩盆植物來化解。然而，此單位最大的問題，其實是其方向為損財傷丁，而且窗外對着護土牆（見圖二）。

綜觀此局，既不能改門，又廚廁相對，加上全屋窗戶都對着護土牆，最可行的方法，是馬上把屋賣掉，但偏偏女戶主不捨得。如是者，筆者於兩年後再度登門，其時，女戶主的事業開始出現危機；又過了兩年，失業再加上和男朋友分手，且面上皮膚出現暗黑色，女戶主才捨得把屋賣掉，而筆者唯有幫她放一個賣樓局先把屋賣掉，再重新找尋一間旺財旺丁的屋。

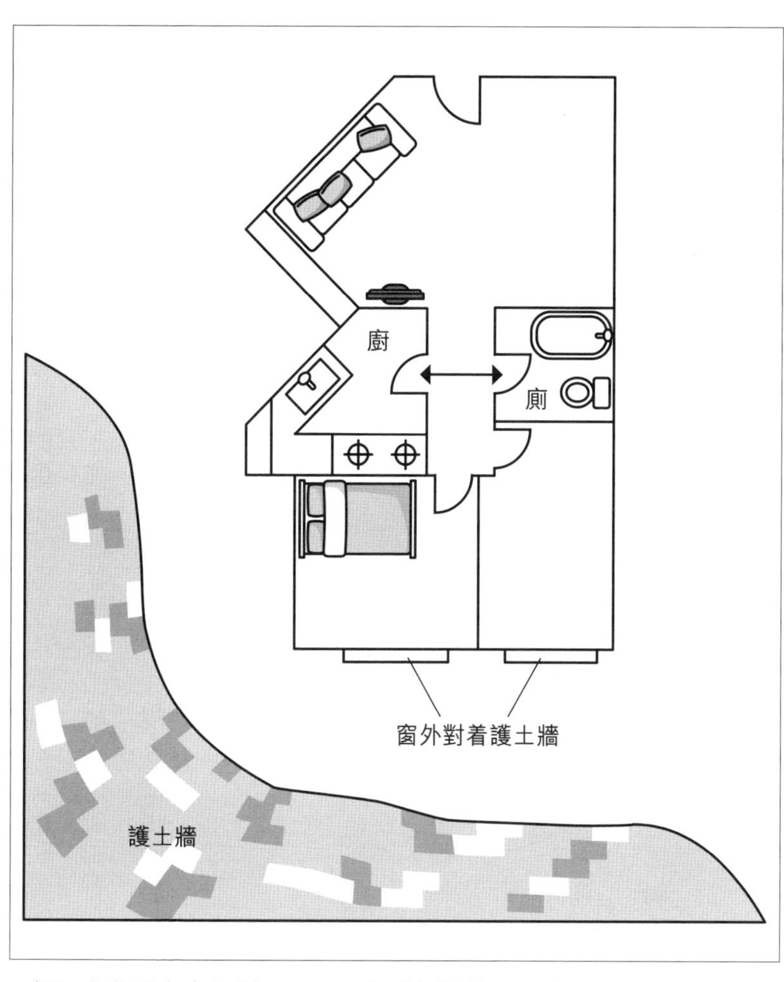

(圖一)此局廚廁相對，且全屋窗戶都對着護土牆，犯了風水大忌。

此屋方位已經忘記了，只記得是損財傷丁，廚廁相對，近距離對着護土牆，就這三樣都已經夠致命了。又這些損財傷丁的方向，如果無其他如上局的極壞影響和情況，上班一族一般長住的話，只要放一個特別旺身體、人緣、人丁局便可以。不過，對於從商或收入不穩的人，即使佈局也只能收一時之效，長遠還是要改門或遷居。

補救方法（見圖二）：

①大門旁放水種植物（催財）。

②伏位放大圓石春（旺身體人緣）。

③廚廁門外左右角各吊兩盆植物。

④對着護土牆的窗，在窗外貼上反光玻璃紙。

⑤對着護土牆的窗台多放植物去擋。

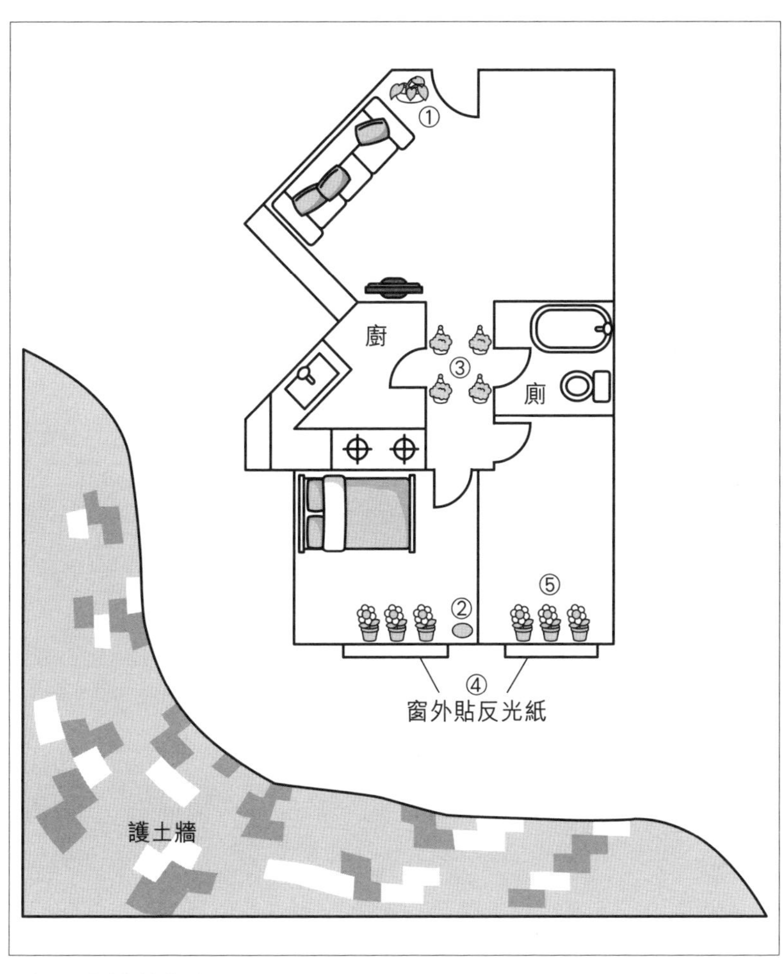

(圖二) 補救方法

獨創寒熱命論，盡釋命理懸案，
玄學大師蘇民峰，公開成名絕學——八字論命！

- 本書為作者修習八字期間所沿用的筆記，亦為今日教授命理時的重要參考；
- 附有「八字秘法」，以口訣總結其多年的論命經驗；
- 援引大量實例，解構不同的命造及格局；
- 適合進階的八字研習者，內容涵蓋極豐。

風生水起例證篇

作者

蘇民峰

編輯

吳惠芳

美術統籌及設計

Amelia Loh

美術設計

Man Lo

插畫

Wall E

出版者

圓方出版社

香港北角英皇道 499 號北角工業大廈 18 樓

營銷部電話：(852) 2138 7961

電話：2138 7998

傳真：2597 4003

電郵：marketing@formspub.com

網址：http://www.formspub.com

http://www.facebook.com/formspub

發行者

香港聯合書刊物流有限公司

香港新界大埔汀麗路 36 號

中華商務印刷大厦 3 字樓

電話：2150 2100

傳真：2407 3062

電郵：info@suplogistics.com.hk

承印者

中華商務彩色印刷有限公司

香港新界大埔汀麗路 36 號

出版日期

二O一四年五月第一次印刷

ISBN 978-988-8237-87-6

Published in Hong Kong

歡迎加入圓方出版社「正玄會」

登記成為「正玄會」會員
• 可收到最新的玄學新書資訊 •
• 書展"驚喜電郵"優惠 * •
• 可優先參與圓方出版社舉辦之玄學研討會及教學課程 •
• 每月均抽出十位幸運會員，可獲精選書籍或禮品 •
* 幸運會員將會收到驚喜電郵，於書展期間享有額外購書優惠

• **您喜歡哪類玄學題材？**（可選多於 1 項）
□風水 □命理 □相學 □醫卜 □星座 □佛學 □其他 ______
• **您對哪類玄學題材感興趣，而坊間未有出版品提供，請說明：**
______
• **此書吸引你的原因是？**（可選多於 1 項）
□興趣 □內容豐富 □封面吸引 □工作或生活需要
□作者因素 □價錢相宜 □其他 ______
• **您從何途徑擁有此書？**
□書展 □報攤 / 便利店 □書店（請列明：______）
□朋友贈予 □購物贈品 □其他 ______
• **您覺得此書的價格：**
□偏高 □適中 □因為喜歡，價錢不拘
• **除玄學書外，您喜歡閱讀哪類書籍？**（可選多於 1 項）
□食譜 □旅遊 □**心靈勵志** □**健康美容** □語言學習 □小說
□兒童圖書 □**家庭教育** □**商業創富** □文學 □**宗教**
□其他 ______

姓名：______ □男 / □女 □單身 / □已婚
聯絡電話：______ 電郵：______
地址：______
年齡：□ 20 歲或以下 □ 21-30 歲 □ 31-45 歲 □ 46 歲或以上
職業：□文職 □主婦 □退休 □學生 □其他 ______
填妥資料後可：
寄回：香港英皇道 499 號北角工業大廈 18 樓「圓方出版社」
或傳真至：(852) 2597 4003
或電郵至：marketing@formspub.com

* 請剔選以下適用的項目
□我已閱讀並同意圓方出版社訂立的《私隱政策》聲明# □我希望定期收到新書及活動資

有關使用個人資料安排
您好！為配合《2012 年個人資料（私隱）（修訂）條例》（《修訂條例》）的實施，包括《2012 年個人資料（私隱）（修
條例》中的第 2(b) 項，圓方出版社（香港）有限公司（下稱"本社"）希望閣下能充分了解本社使用個人資料的安排。
為與各曾跟圓方出版社（香港）有限公司接觸的人士及已招收的會員保持聯繫，並讓閣下了解本社的最新消息，包括新
介、會員活動邀請、推廣及折扣優惠訊息、問卷調查、其他文化資訊及收集意見等，本社會不時向各位發放相關信息。
會使用您的個人資料（包括姓名、電話、傳真、電郵及郵寄地址），來與您繼續保持聯繫。
除作上述用途外，本社將不會將閣下的個人資料以任何形式出售、租借及轉讓予任何人士或組織。